L'autobiographie de Raymond Loewy *La laideur se vend mal* (Éd. Gallimard) est un classique des écoles d'art. Chaque année, des centaines d'apprentis graphistes se plongent dans ce petit livre drôle et désuet, écrit en 1952, qui retrace la trajectoire d'un jeune Français, curieux et touche-à-tout. Débarqué à New York avec vingt dollars en poche après la Première Guerre mondiale, Raymond Loewy est vite devenu le plus grand designer de l'*American way of life*. Locomotives, voitures, machines en tout genre, électroménager, Loewy a embelli la consommation. Il dessina le Frigidaire – le modèle de réfrigérateur le plus vendu pendant trente ans –, l'élégante Studebaker sport, qui inspira la ligne de toutes les voitures américaines de l'après-guerre, ou le paquet de cigarettes Lucky Strike, avec sa cible rouge jaune et noire.

Au détour d'un chapitre, le lecteur de 2012 découvre avec surprise son éloge du journalisme américain, dont il exalte *« le souci de l'exactitude et du fair-play »* et *« les milliers de journaux fonctionnant selon des principes d'honnêteté, de loyauté et d'intégrité professionnelle »*. Raymond Loewy raconte : *« J'ai la chance de connaître un grand nombre de journalistes et j'estime qu'ils forment un groupe brillant de chic types à l'esprit vif et dynamique. [...] Le domaine des magazines est peut-être le groupement professionnel le plus remarquable que j'aie eu le privilège de rencontrer. On y trouve un mélange fascinant de talent, d'humour et d'imagination. »*

Soixante ans plus tard, cet enthousiasme détonne. On parierait que les Raymond Loewy d'aujourd'hui seraient bien en peine de confesser la même admiration pour les journalistes. La profession serait-elle peuplée d'hommes et de femmes moins intelligents, moins cultivés et moins drôles en 2012 qu'en 1952 ? C'est statistiquement peu probable.

En fait, la société a changé en profondeur – et la perception des médias avec. Une étude de l'université de Californie à San Diego a mesuré que la consommation d'information a augmenté de 350 % entre 1980 et 2008. Un Américain moyen absorbe plus de 100 000 mots chaque jour, sur papier ou sur écran. Ce score est évidemment décuplé pour les journalistes. Ils développent une dépendance physiologique à la lecture compulsive d'e-mails, SMS, dépêches ou « alertes ». Les scientifiques ont pu mesurer le taux de dopamine dans le cerveau : il augmente avec ces stimuli qui agissent comme une drogue. Sous tension permanente, tout se vaut, tout s'annule, le sens disparaît. Les méthodes industrielles de production de l'information renforcent encore la pente.

Comment trouver la fraîcheur, l'allant, la curiosité nécessaires ? Le journalisme a besoin de caractères, de fouille-merdes, de dandys, de dingos, de talents de plume, de regards. Il doute de tout et ne préjuge de rien. Il gagne à vagabonder et à suivre les chemins de traverse. Il surprend, détonne, décape, enchante. Il se fond dans la foule, pour mieux la raconter, s'approche au plus près des conflits, pour les comprendre.

À la rédaction de *XXI*, nous avons rencontré quelques-uns de ces caractères qui ne rentrent dans aucun moule. Des fêlés qui laissent passer la lumière, comme le disait Michel Audiard. Marie-Dominique Lelièvre a délaissé Françoise Sagan et Brigitte Bardot – ses précédents sujets de livres – pour suivre la trace d'une employée de maison aux Philippines. Jean-Philippe Stassen a rendu ses planches comme d'habitude l'avant-veille du départ à l'imprimerie. Célia Mercier a eu chaud au Pakistan – et ceux qui connaissent les services secrets pakistanais mesurent ce que cela veut dire. Anne Brunswic a quitté la Sibérie pour le 9-3... Derrière chaque récit, il y a tout un monde.

Bref, c'est un numéro de *XXI*.

**Laurent Beccaria
et Patrick de Saint-Exupéry**

COURRIER DES LECTEURS

Voiture 5, place 34

Mercredi 8 août 2012, retour de vacances en train avec mon fiston Félix, 20 mois. Halte à Bordeaux, j'achète, fébrile, mon *XXI*, léger investissement financier pour ma maigre bourse, mais qui m'offre tellement de bonheur en échange, toute impatiente de le savourer dans le bercement ferroviaire. Gare de Poitiers, fin du voyage, descendre les sacs, le fiston, le biberon, les doudous… Horreur, une fois sur le quai alors que le train redémarre, je réalise que j'ai laissé mon *XXI* sous ma tablette. Amertume qui s'ajoute à celle de la fin des vacances. Je n'aurais lu que le courrier des lecteurs. Je ne saurais rien de ces héros d'Amérique latine. Alors je me console en me disant que, peut-être, quelqu'un aura découvert cette merveilleuse revue grâce à moi, voiture 5, place 34 du TGV Bordeaux-Lille…

Claire M.

V'là t'y pas que je te recroise

Cher *XXI*,
Je suis une radine de première, telle que me l'a bien appris mon papa. Je t'ai vu pour la première fois il y a quelques jours à l'aéroport. Je me suis dit : « Tu es très beau et tu as l'air vraiment intéressant, mais pour moi qui ne lis jamais un magazine… 15,50 euros, c'est bien trop cher. » Et puis une semaine après, je suis à Tanger chez des amis et v'là t'y pas que je te recroise… Cette fois-ci, je te prends avec moi avec la permission de mes amis. Tu m'accompagnes à la plage, sur la terrasse et tu entames les nuits avec moi. De retour à Paris, banlieusarde que je suis, je me suis déplacée exprès dans une grande gare parisienne pour te trouver, et cette fois-ci ma CB s'est mise à chauffer sans problème. Désolée, papa… Je n'ai pu résister et me suis posée tout de suite dans la gare pour te parcourir du regard. Tu m'as ainsi mis l'eau à la bouche. Demain, cher *XXI*, tu seras un de mes compagnons de voyage. Merci donc à toi de me donner accès à une presse que j'ai souvent renoncé à lire, peu attrayante, même si elle n'est pas chère.

Fanny P.

De plus en plus insupportable à lire

J'ai décidé depuis plusieurs mois de ne plus me réabonner à *XXI*. L'ayant découvert à ses débuts avec le ravissement dont vous faites état dans le « courrier des lecteurs » – de plus en plus insupportable à lire au fil des mois –, j'en vois toujours les qualités, mais aussi les limites et les défauts. J'ai nettement l'impression que les lecteurs servent à payer des baroudeurs de tout poil, qui sillonnent le monde en aventuriers et nous le livrent chaud et palpitant, non sans se permettre des tics d'écriture lassants. Il y a des articles dont le style est rebutant. De temps en temps, oui, un dossier bien travaillé, comme celui sur la famine en Chine. Et un immense coup de chapeau aux graphistes, aux illustrateurs. Je ne manquerai pas de regarder la revue en librairie.

Sylvie Koller

Une copie très très proche

Le style *XXI* a fait des petits qui s'étalent joyeusement à ses côtés dans les librairies. Ils s'approchent de votre formule – prix, pagination, fréquence, de belles illustrations, BD, distribution en librairie… J'ai reçu un numéro promotionnel de *L'Express* à mon domicile avec à l'intérieur une publicité pour un nouveau petit. Après consultation, je constate que ce nouveau venu est une copie très très proche de vous. Le groupe *L'Express* a poussé le vice jusqu'à ne pas mettre de pubs ; je trouve ça déprimant de leur part de manquer d'imagination à ce point. Ce genre de constat sur notre société du profit me met le moral à plat pour toute la semaine. Heureusement, le soleil brille et vous êtes en train de préparer un nouveau numéro.

Thomas Gauchet

Vous allez m'aider à me déconnecter d'Internet

J'ai passé deux mois sans ordinateur, et maintenant je n'ai qu'une hâte, que mon nouvel ordi tombe en panne – ou soit loin de moi, au moins –, pour mieux vous retrouver. J'ai acquis d'anciens numéros et je réalise tout ce que j'ai perdu depuis que vous existez, et dont je deviens riche maintenant. Vous allez me suivre en vacances et je vais faire votre ardente promotion là où je vais. Vous allez m'aider à me déconnecter d'Internet, à retrouver goût pour ce qui prend du temps.

Ressac

Kidnapping sauvage

J'ai découvert la revue chez des amis. Comme je suis archi-myope, de loin j'ai cru qu'il s'agissait d'un catalogue. De près, j'ai dévoré le numéro qui était là. De retour chez moi, je me suis précipitée à la bibliothèque

– désolée pour votre chiffre d'affaires –, j'ai kidnappé sauvagement les n°s 10, 11, 12. Depuis, j'ai acheté le dernier numéro pour en faire profiter : en un, mon chéri, en deux mon chérubin, en trois tous les potes qui viendront à la maison et, en quatre, j'ai décidé de l'offrir en cadeau quand nous serons invités. Amoureusement vôtre.

Frédérique A.

Un vent frais

À l'occasion de mon réabonnement pour deux ans, je voulais vous redire à quel point je suis enthousiasmé par la qualité des articles, des photos, des dessins, de l'iconographie. Se réabonner pour deux ans, ce n'est pas rien. C'est une vraie preuve de fidélité ! Mais en même temps, un vent frais qui vient vous fouetter agréablement les neurones. Tous les trois mois, on veut le garder le plus longtemps avec soi.

Thibault

Me pardonnerez-vous ?

La nouvelle livraison de *XXI* de cet été est superbe, à lire de bout en bout, avec des sujets tabous, ou tout du moins invisibles sur la pauvre pitance que nous livrent nos médias habituels... Me pardonnerez-vous d'avoir fait de la publicité pour *XXI* sur Facebook ?

Jean-Louis Hardy

Faute de partir en voyage

Y a-t-il un espoir pour qu'il y ait des numéros spéciaux, tout au moins en plus, entre deux parutions trimestrielles ? J'ai bientôt fini le numéro en cours, et je suis triste d'avance à l'idée de devoir attendre si longtemps avant le prochain ! Faute de partir en voyage cet été, je m'évade une à deux heures par jour grâce à vos reportages.

Samy Badr

Ne me refaites plus jamais ça !

C'est grâce à ma petite sœur que j'ai découvert votre revue, elle m'a abonné de force. Elle a tout d'une grande, ma sœur... Le dernier numéro de *XXI* a mis beaucoup de temps à arriver, j'étais marri. Dans une attente insoutenable, je compensais avec *GQ*. Ma main fut tentée de nombreuses fois en effleurant la couverture du dernier *FHM* de mon colloc. Et allez, je l'avoue, j'ai lu l'article « Comment avoir des abdos en béton en mangeant des Chocapic ». Ne me refaites plus jamais ça !

Emmanuel

En clinique

Il y a quelques semaines, j'entre en clinique pour une petite intervention, j'arrive dans une chambre où ma voisine est déjà installée et réagit timidement à mon bonjour tant elle est accaparée par une revue. Discrètement, j'essaie de regarder ce qu'elle lit. C'est épais, la première de couverture est colorée, j'entrevois « Kinshasa », mais bon sang, suis-je en train de me demander, quelle peut être cette BD ? Ma voisine de chambre est devenue une amie et j'ai pu lui demander enfin sur quoi elle était concentrée. Depuis, je me suis procuré la revue et j'aime vos articles. Tous ! Sauf peut-être Michel Drucker !

Aurore

Le début d'un désamour

Je ne vais y aller par quatre chemins... À partir du jour où mon regard est tombé sur votre revue, j'en suis devenue accro. J'ai tout aimé et tout pris : le format, la mise en page, les couleurs, le papier, le toucher, l'odeur, et surtout les récits, enquêtes, reportages photos, tout, vous dis-je ! Je me suis jetée sur le *6Mois* dès sa parution, les photos y sont incroyables et si vivantes. Et pourtant, avec le temps, une sorte de lassitude me vient, le début d'un désamour. Comme si le monde ne pouvait être raconté que par ses aspects les plus sombres : dans *6Mois*, une femme unijambiste ; dans *XXI*, cet homme amputé des deux bras : c'est une réalité de l'Afrique, mais tant d'autres plus gaies existent. Je ne cherche pas à me voiler la face, mais j'aimerais aussi trouver dans *XXI* des sujets plus gais, porteurs d'espoir, et dans *6Mois* des reportages plus optimistes. Nous vivons une époque compliquée et incertaine, mais aussi tellement énergique et pleine d'espérance. La joie, la futilité et la légèreté sont autant d'émotions indispensables à nos vies, pourquoi s'en priver ? Moi je veux boire un verre à moitié plein !

Blandine L.

Ouvrier à la retraite

Pour ses 76 ans, j'abonne mon beau-père à votre revue. Il a dévoré trois ans de la revue et les trois *6Mois* pendant un séjour chez nous. Il n'est pas intello. Ouvrier à la retraite, il n'a pas été autant à l'école qu'il l'aurait souhaité mais n'a pas hésité à reconnaître la qualité, la clarté et la diversité de vos reportages. Merci pour nous deux... et quelques autres autour de nous.

Henriette T.

Bouffée d'oxygène

Votre revue m'arrive chaque trimestre comme une bouffée d'oxygène de l'autre côté de l'Atlantique. Un mot d'encouragement et de remerciement pour louer vos efforts de rédacteurs indépendants et l'intelligence de vos propos. J'aime l'indépendance d'esprit, la liberté de ton. *XXI* prend le temps de parler à son lecteur.

Thomas G.

SOMMAIRE

28 DOSSIER
SECRETS DE FAMILLE

8 Par Dominique Lorentz
DANS L'ŒUF

12 DÉTONNANT

14 FLASHBACK

18 DE L'INTÉRIEUR

20 IL A DIT

22 CONTRECHAMP

24 Par Mathilde Boussion, Marion Quillard et Léna Mauger
ILS FONT AVANCER LE MONDE

30 D'ENCOMBRANTS SECRETS
Synthèse
Par Patrick de Saint-Exupéry

32 L'ARMOIRE AUX LETTRES
Une jeune Israélienne découvre qu'elle a une famille palestinienne.
Par Adrien Jaulmes

44 L'ENFANT DE L'AMOUR
Tamara est la fille de Nili, juive, et Hamoudi, arabe.
Par Justine Augier

56 LES ARPENTEURS
En Ukraine, un jeu de piste planétaire à la recherche des disparus.
Par Renaud Lavergne

Illustration de couverture : Petica

XXI – OCTOBRE/NOVEMBRE/DÉCEMBRE 2012

68
LES ROBINSONS D'AMÉRIQUE
Reportage photo de **Lucas Foglia**

90
LA DOUBLE VIE DE KRYS
Employée de maison en France, elle était chef d'entreprise aux Philippines.
Par Marie-Dominique Lelièvre

104
LE DIPLOMATE DU 9-3
Conciliateur à Drancy, il dénoue les mille et un conflits du quotidien.
Par Anne Brunswic

118
À LA RECONQUÊTE DE GELA
La petite ville du sud de la Sicile a longtemps subi la loi de la Mafia. **Par Agnès Gattegno**

130
« LE THÉ OU L'ÉLECTRICITÉ »
L'entrée dans la modernité d'un village perché dans le Haut Atlas marocain.
Par Jérôme Le Maire

142
ENQUÊTE SUR LE PARRAIN DE BOMBAY
La légende de Dawood Ibrahim. **Par Célia Mercier**

154
ENTRETIEN AVEC RITHY PANH
« Je travaille comme un paysan, je laboure toujours la même terre ». **Par Anne-Laure Porée**

168
LES REVENANTS
Récit graphique de **Jean-Philippe Stassen**

202
« L'ÉNIGME DU SERPENT ET DE LA MURAILLE »
Par Claude Wainstain

206
LES AUTEURS DE XXI

207
LES ILLUSTRATEURS DE XXI

208
LA VIE DE XXI

210
LE PROCHAIN NUMÉRO DE XXI

DANS L'ŒUF

66 milliards de dollars pour moderniser le Brésil

Rio de Janeiro, mai 2012. AFP/VANDERLEI ALMEIDA

Le gouvernement brésilien a annoncé un plan de modernisation des routes, des voies ferrées, des ports et des aéroports, qui devrait générer 66 milliards de dollars d'investissements au cours des vingt-cinq prochaines années, dont les deux tiers dans les cinq ans.

La présidente, Dilma Rousseff, veut doter rapidement le pays d'infrastructures adaptées à ses besoins, pour soutenir la croissance, et préparer l'organisation du Mondial de football en 2014 et des Jeux olympiques en 2016.

« Nous sommes un pays émergent, a expliqué le vice-ministre des Transports, Luis Fernandes. Accueillir les deux plus grands événements sportifs mondiaux est une chance historique de stimuler notre développement. » Sixième économie de la planète, le Brésil a vu sa croissance passer de 7,5 % en 2010 à 2,7 % en 2011. Le gouvernement prévoit moins de 2 % pour cette année.

La médiocrité des infrastructures de transport est l'une des principales causes de ralentissement économique. Le Brésil est le cinquième pays le plus vaste au monde, derrière la Russie, le Canada, la Chine et les États-Unis. Son réseau routier s'étend sur 1,6 million de kilomètres, dont seuls 10 % sont bitumés.

Sur les 30 000 kilomètres de voies ferrées, à peine 1 600 kilomètres sont électrifiés. Les ports sont sous-équipés et engorgés par une fréquentation en hausse de 75 % en une décennie.

Résultat, « il est quatre fois plus coûteux de faire parcourir 100 kilomètres à un chargement de céréales au Brésil qu'aux États-Unis », note la revue en ligne Géoconfluences. Quant au trafic aérien, il a bondi de 25 % l'année dernière, et les aéroports frôlent la surcapacité.

Le plan du gouvernement repose sur l'octroi de concessions à des entreprises du secteur privé, un choix jusqu'alors écarté par la coalition de centre-gauche qui a porté Dilma Rousseff au pouvoir, en 2010. « Nous ne démantelons pas le patrimoine public, a affirmé la présidente brésilienne, nous nouons des partenariats pour rattraper des décennies de retard. »

L'AFP, pionnière de la Twitter-diplomatie

Barack Obama répond publiquement à un « twéet », 2011. AFP/MANDEL NGAN

L'Agence France presse (AFP) a lancé au début de l'été « e-Diplomacy », une application internet qui présente en temps réel l'activité des personnalités et des institutions les plus influentes de la planète sur le site de micro-blogging Twitter.

« Pour la première fois, tous ces acteurs sont référencés dans un seul outil public », a déclaré le président de l'agence, Emmanuel Hoog. « L'AFP, agence mondiale, est dans son rôle en fournissant une clé supplémentaire pour comprendre l'actualité », a-t-il ajouté.

Disponible en français et en anglais, e-Diplomacy dispose d'une base de données de 4 200 comptes Twitter, dans 120 pays. Les messages (tweets) sont présentés dans leur langue d'origine, avec une possibilité de traduction instantanée.

Les « acteurs » sont répartis entre « chefs d'État et de gouvernement », « officiels », « experts » et « activistes », et classés par ordre de popularité.

La rubrique « actu chaude » présente les dossiers qui génèrent le plus de messages, de la guerre en Syrie aux Jeux olympiques de Londres cet été, par exemple. Des cartes permettent de visualiser les flux de messages, ou de se pencher sur les principaux « conflits » dans le monde.

L'AFP définit la diplomatie numérique comme l'« usage des réseaux sociaux par les États et la société civile pour influencer l'opinion et transformer les relations internationales ».

Le département d'État américain a vite manifesté son intérêt pour e-Diplomacy. Cent cinquante personnes travaillent à la stratégie internet de la Maison Blanche : « Les réseaux sociaux sont à l'origine du plus grand changement dans les pratiques diplomatiques américaines depuis l'invention du télégraphe en 1840 », a expliqué un membre de l'équipe.

Une étude du cabinet Burson-Marsteller parue en juillet montre que deux tiers des chefs d'État et de gouvernement en exercice, dont seize membres du G 20, sont actifs sur Twitter. Parmi les grands, seule la Chine est absente.

Découverte d'un rare squelette d'australopithèque

Un chercheur sud-africain montre la dent de l'hominidé. WITS UNIVERSITY

Le paléoanthropologue américain Lee Berger, de l'université sud-africaine du Witwatersrand, Wits, à Johannesburg, a annoncé la découverte du *« squelette d'ancêtre de l'homme le plus complet jamais trouvé »*.

Baptisé Karabo, le nouveau venu est un *Australopithecus sediba*, ancêtre des espèces du genre *Homo*, notamment *Homo sapiens*.

Vieux d'environ deux millions d'années, il est apparu en juin dans une roche prélevée en 2009 et oubliée dans un coin de laboratoire. Un assistant qui voulait déplacer le bloc a remarqué une protubérance. Il a appelé le professeur Berger : *« Je crois que c'est une dent d'hominidé… »*

Au scanner, les chercheurs ont trouvé un squelette, avec d'importantes parties de la mâchoire et du corps, notamment *« un fémur complet, les côtes, des vertèbres, et d'autres éléments des membres, dont certains jamais vus en si bon état pour un fossile humain »*.

Le premier *Au. sediba* a été exhumé en Afrique du Sud par Lee Berger, qui l'a présenté en 2010 dans un article choc paru dans la revue *Science*. Cet australopithèque intrigue, car il présente des caractéristiques des hominidés modernes et anciens : il se tenait debout, comme un homme, mais avait des pieds et des bras qui montrent qu'il pouvait vivre dans les arbres, comme un chimpanzé, par exemple.

Selon Lee Berger, *Au. sediba* permet de comprendre la *« période cruciale »* durant laquelle la vie des hominidés *« a cessé de dépendre des arbres, pour s'établir sur le sol »*.

Âgé de 9 à 12 ans au moment de sa mort, Karabo est issu de fouilles opérées dans la grotte de Malapa, près de Johannesburg. Ce site inscrit au patrimoine mondial de l'Unesco abrite l'une des réserves de squelettes fossiles les plus importantes de la planète.

Avant de lancer l'étude de Karabo, qui devrait pouvoir être suivie sur Internet à partir de novembre, les chercheurs ont dû fracturer la roche et séparer l'*Au. sediba* du squelette d'antilope auquel il était emmêlé.

Le cognac surfe sur la croissance asiatique

Tonneau de cognac exposé à Pékin, 2010. AFP/ZHANG PENG

D'une popularité grandissante en Asie, notamment en Chine, où il est devenu un signe extérieur de réussite, le cognac affiche un chiffre d'affaires en hausse de 13 %, à 2,2 milliards d'euros, et un volume en progression de 4,3 %, pour la « campagne d'expédition 2011-2012 ».

Le digestif s'est repositionné comme un produit de luxe, pour dépoussiérer son image, conquérir des parts à l'export, et dégager des marges. La moindre augmentation de son volume (+4,3 %) par rapport à son chiffre d'affaires (+13 %) illustre le succès de cette montée en gamme.

Selon le Bureau national interprofessionnel du cognac (BNIC), dont les comptes sont arrêtés au 31 juillet, les expéditions ont grimpé de 4,5 % sur les marchés étrangers, et reculé de 0,5 % en France.

Les cognacs d'appellation commerciale VS (« Very Special », au moins deux ans d'âge pour la plus jeune eau-de-vie de l'assemblage) ont progressé de 6 % en valeur, les VSOP (« Very Superior Old Pale », quatre ans d'âge) de 8,6 %, et les XO (« Extra Old », six ans d'âge) de 22,9 %.

Au plan géographique, le chiffre d'affaires de la zone Extrême-Orient (Chine, Hongkong, Singapour, Japon, Corée du Sud…) a pour la première fois dépassé le milliard d'euros. Son volume est en hausse de 9,9 %, alors que la zone Aléna (États-Unis, Canada et Mexique) ne progresse que de 1,9 %. En Europe, le volume est en repli de 1,5 %.

À elle seule, la Chine, troisième marché du cognac, augmente son volume de 20,8 %. Les deux premiers marchés, États-Unis et Singapour, ne progressent que de 2 %, et 1,8 % respectivement.

Sur cinq campagnes, soit de 2008 à aujourd'hui, les expéditions en Chine ont bondi de 129,3 %, et celles à Singapour de 33,4 %. Les envois aux États-Unis ont chuté de 4,7 %, ceux au Royaume-Uni de 13,2 %, et ceux en Allemagne de 0,9 %.

DANS L'ŒUF

Un « réservoir » inattendu de cellules souches

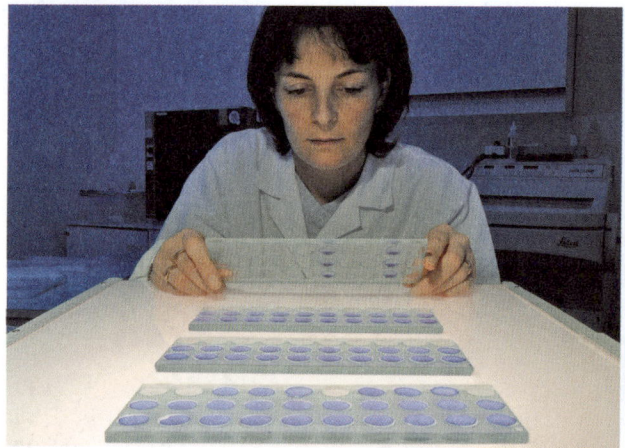

Culture de cellules en virologie, 2011. AFP/CHRISTOPHE LEPETIT

Une équipe de chercheurs conduite par les professeurs Chrétien et Tajbakhsh, de l'Institut Pasteur, a montré que des cellules souches pouvaient survivre au moins dix-sept jours après le décès de l'homme, seize après celui de la souris.

Pour leur étude, publiée au début de l'été par *Nature Communications*, les scientifiques ont prélevé quatre grammes de muscle sur le corps d'une femme morte dix-sept jours plus tôt, à l'âge de 95 ans.

Ils ont mis des cellules en culture, et « *obtenu des millions de cellules souches* », raconte le Pr Chrétien, qui a eu l'idée de cette expérience au cours d'une autopsie, lorsqu'il a croisé des cellules à l'aspect étonnamment frais.

Vérification faite, les cellules du corps autopsié étaient vivantes, et il s'agissait de cellules souches, au cœur des recherches en thérapie cellulaire et génique.

Selon les chercheurs, les cellules souches cessent de respirer lorsqu'elles se trouvent en situation hostile. Elles plongent dans un « *état de dormance* » proche de l'hibernation, et reprennent leur activité une fois le calme revenu.

Le phénomène se produit en cas de lésion musculaire, par exemple. Les cellules souches connaissent une phase de quiescence – un temps de repos – avant de commencer à réparer le tissu endommagé. Le décès déclenche le même processus.

Au cours de l'étude, les scientifiques ont greffé sur des souris myopathes des cellules souches prélevées post-mortem. L'intervention a relancé la production d'une protéine défaillante, la dystrophine, et conduit à la fabrication de nouvelles cellules musculaires, parfaitement saines.

Le Pr Chrétien considère que « *le réservoir de cellules souches viables dans l'organisme humain après la mort* » pourrait servir dès à présent à faire « *des greffes de moelle osseuse, très utilisées dans les hôpitaux* », notamment pour traiter les leucémies et autres maladies du sang, « *et pour lesquelles on manque de donneurs* ». La découverte a fait l'objet d'un dépôt de brevet international.

La Russie place les ONG sous contrôle

Vladimir Poutine présente le projet de loi, juillet 2012. AFP/ALEXEI NIKOLSKY

Le président russe, Vladimir Poutine, a signé le 21 juillet une loi qui impose le statut d'« *agent de l'étranger* » aux ONG qui exercent une activité « *politique* » et bénéficient de financements étrangers.

Les ONG concernées doivent se déclarer aux autorités, et seront soumises à des contrôles serrés de leurs comptes. Elles sont tenues de mentionner leur qualité d'« *agent de l'étranger* » sur leurs publications. Les contrevenants s'exposent à une amende, et jusqu'à quatre ans de prison.

Proposé par le parti Russie unie au pouvoir, le texte a été voté « *en urgence* » par les deux chambres du Parlement, à la mi-juillet. Il avait été précédé d'une loi destinée à sanctionner les personnes qui manifestent sans en avoir l'autorisation.

Le Kremlin compte sur cet attirail pour désamorcer la contestation apparue en décembre 2011, lors des élections législatives, et montée en puissance en mars, durant la présidentielle.

L'ONG russe Golos, spécialiste de l'observation des élections, et qui a dénoncé des fraudes aux législatives, se dit « *convaincue* » d'être « *la première visée* ».

« *La loi sur les ONG viole la Constitution russe, et elle est en contradiction avec le Code civil et la loi sur les partis politiques* », s'est indigné le président du Conseil des droits de l'homme auprès du président russe, Mikhail Fedotov.

Le porte-parole du département d'État américain, Patrick Ventrell, a fait part de la « *préoccupation* » de son pays, tandis que la haute représentante de l'Union européenne pour les Affaires étrangères, Catherine Ashton, dénonçait une « *entrave à la société civile en Russie* ».

« *L'État russe ne va pas incarcérer les défenseurs des droits de l'homme* », a voulu rassurer Vladimir Poutine, avant de nuancer : « *Je n'exclus pas la situation où une personne qui défend les droits d'autres citoyens provoque le mécontentement de gens ou d'organisations qui s'attaquent à elle en utilisant, entre autres, les moyens coercitifs publics.* »

L'Australie impose le paquet de cigarettes unique

Imitations de cigarettes allumées. AFP/GREG WOOD

La justice australienne a définitivement débouté le 15 août les géants du tabac Philip Morris, British American Tobacco, Japan Tobacco International et Imperial Tobacco, qui contestaient une loi instaurant un paquet de cigarettes neutre, identique pour toutes les marques.

Les industriels arguaient que le texte, adopté à l'automne 2011, viole le droit sur la propriété intellectuelle. *« L'emballage sans marque ne permet pas aux consommateurs de différencier notre produit des autres »*, a expliqué une porte-parole d'Imperial Tobacco, Cathie Keogh : *« Pour nous, cela a un prix. »* En outre, la loi faciliterait la contrefaçon, et profiterait au *« crime organisé »*, selon British American Tobacco.

La Haute Cour de Sydney, dont l'arrêt n'est pas susceptible d'appel, n'a pas suivi les plaignants. À partir du 1er décembre, tous les paquets de cigarettes distribués en Australie seront vert olive, avec des avertissements sanitaires, et des images de maladies reconnues liées au tabagisme.

Les logos disparaîtront, et les noms des marques seront tapés dans les mêmes caractères sur tous les produits. L'objectif est de briser les codes du marketing, pour rendre la cigarette la moins attractive possible, surtout chez les jeunes.

L'Australie est le premier pays au monde à voter une loi aussi stricte, et le seul à mettre en application la directive de 2008 de la CCLAT (convention cadre pour la lutte antitabac) sur le paquet neutre.

Adoptée en 2003 par les États membres de l'OMS (Organisation mondiale de la santé) et ratifiée par 171 pays, la CCLAT est le premier traité international de lutte contre le tabagisme.

La directrice de l'OMS, Margaret Chan, a salué une décision *« historique »* de l'Australie. Philip Morris a promis de porter l'affaire devant les instances internationales.

Trois pays producteurs de tabac, la République dominicaine, l'Ukraine et le Honduras, contestent déjà le paquet neutre à l'OMC (Organisation mondiale du commerce).

Singapour en mal de bébés

École primaire à Singapour, 2011. AFP/CAROLINE CHIA

Alors que les Singapouriens s'apprêtaient à célébrer leur fête nationale, le 9 août, un clip de rap financé par la marque de bonbons Mentos a relayé l'injonction gouvernementale de faire des enfants.

« C'est le moment d'accomplir notre devoir civique, dit le rappeur à une jeune femme. *Je ne parle pas de discours, de feux d'artifices, ou de défilés : je parle du truc qu'on fait après tout cela, je parle de faire un bébé. Tu es prête ? »*

Singapour, qui est une des économies les plus florissantes d'Asie, a un des taux de natalité les plus bas de la planète, avec 1,2 enfant par femme. Le problème est apparu en 1983, lorsque le taux a chuté de 2,1 enfants par femme – chiffre du milieu des années 1970 – à 1,6 enfant, un niveau auquel une population ne se renouvelle pas.

Depuis, les autorités de la cité-État tentent d'enrayer la dégringolade. Mais ni les incitations fiscales, ni les primes de naissance instaurées dès le début des années 2000, ni le cours intitulé *« Comprendre les relations : amour et sexualité »*, proposé en 2008 aux étudiants du Ngee Ann Polytechnic, n'ont inversé la courbe.

En parallèle, l'espérance de vie a fortement augmenté. Elle est passée de 72 ans en 1980, à 82 ans en 2010, pour devenir l'une des plus élevées au monde.

Le résultat est une *« bombe à retardement démographique »*, selon des analystes cités par le quotidien singapourien *The Straits Times*. En 2011, l'île comptait 6,3 actifs par citoyen de plus de 65 ans. À ce rythme, et si rien ne change, elle ne disposera que de 2,1 actifs par retraité en 2030 : une situation intenable.

Dans une étude publiée au printemps, l'agence nationale démographique (National Population and Talent Division, NPTD) affirme que *« 2012 est une année charnière »*. En 2011, près de 15 800 personnes ont acquis la nationalité singapourienne. Pour empêcher le déclin de la population, la NPTD préconise de naturaliser chaque année de 20 000 à 25 000 étrangers, jusqu'en 2025.

DÉTONNANT

Une dette vieille de quatre cents ans réclamée à l'Espagne

Le député polonais Marek Poznański, du mouvement Palikot (gauche), réclame à l'Espagne le remboursement d'un prêt de 430 000 ducats, en or, accordé par son pays au XVIᵉ siècle.

L'emprunt a été contracté par le roi Philippe II d'Espagne (1527-1598) auprès de la reine de Pologne, l'Italienne Bona Sforza (1494-1557), pour financer la guerre entre l'Espagne et la France pour le contrôle du Royaume de Naples. La Pologne a récupéré 10 % de la somme et a cessé ses tentatives de recouvrement au XVIIIᵉ siècle.

Des historiens avancent que la reine de Pologne, Bona Sforza, morte en exil à Bari (Italie), aurait été empoisonnée pour le compte du roi

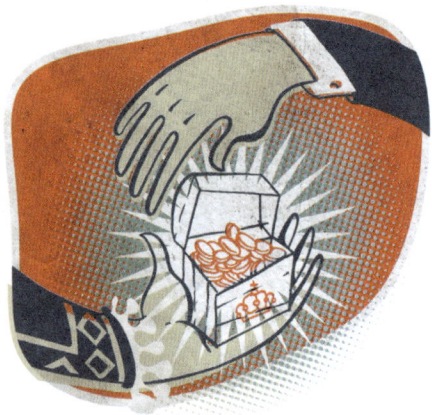

d'Espagne, Philippe II, qui se serait ainsi débarrassé du problème du prêt. Depuis, les Polonais parlent de *« sommes napolitaines »* pour qualifier des créances irrécouvrables.

Un ducat d'époque était fait avec 3,5 grammes d'or. Le député polonais estime qu'au cours actuel du métal jaune, la valeur de l'emprunt est de 57,4 millions d'euros, sans compter les intérêts.

Âgé de 28 ans, Marek Poznański a remis sa requête au ministre polonais des Affaires étrangères, afin de *« sensibiliser la classe politique aux conséquences des prêts accordés à des pays étrangers »*.

La Pologne est membre de l'Union européenne depuis le 1ᵉʳ mai 2004.

Des hackers « hackés »

Une entreprise française, qui s'était discrètement appropriée l'image du collectif Anonymous pour l'exploiter commercialement, a été obligée de faire marche arrière.

Pour 225 euros, la société Early Flicker avait déposé à l'Inpi (Institut national de la propriété intellectuelle) le nom, le logo et le slogan du collectif international de hackers. Le gérant de l'entreprise, Apollinaire Auffret, qui avait déjà lancé la vente de t-shirts à l'effigie des Anonymous, revendiquait le *« monopole »* de la marque en France pour trois familles de produits : *« le cuir »*, *« l'habillement »* et *« divers ustensiles »*.

Dès que l'information a filtré, fin juillet, les sites internet et les boîtes e-mail d'Early Flicker ont été attaqués par des hackers, et mis hors service. *« Notre logo et notre slogan ont été détournés à des fins marketing par une société peu scrupuleuse »*, faisaient savoir les Anonymous dans un message vocal diffusé sur Internet.

Contacté par les pirates, et sommé de *« retirer »* son dépôt de marque *« sous peine de déchaîner leur colère »*, Apollinaire Auffret a vite donné son accord.

Selon le magazine américain *Forbes*, l'Inpi a reconnu que le dépôt de la marque Anonymous n'était peut-être pas *« valide »*, en raison de possibles *« conflits d'antériorité »*.

Des tatouages nazis sous la chemise d'une star de l'opéra

Stupéfaction dans le petit monde de l'opéra lorsque la chaîne de télé allemande ZDF diffuse fin juillet des images du baryton Evgueni Nikitine, avec une croix gammée tatouée sur le torse.

Le chanteur russe, âgé de 38 ans, doit tenir quelques jours plus tard le premier rôle dans *Le Vaisseau fantôme*, en ouverture du très chic festival de Bayreuth, dédié aux opéras de Wagner. Le compositeur était un antisémite notoire, et le favori d'Hitler.

La presse publie alors deux autres tatouages cachés du baryton. Il s'agit de runes (caractères d'un alphabet d'anciens peuples germaniques) utilisées par les nazis pendant la guerre. L'une symbolise le « combat », et servait de signe de reconnaissance à des SS. L'autre se réfère à la « vie ». Elle a été l'emblème de l'organisation Lebensborn, chargée de favoriser la naissance d'enfants aryens.

Écarté du festival, Evgueni Nikitine a juré qu'il ne *« connaissait pas le sens »* de ses tatouages, faits à l'adolescence, à l'époque où il appartenait à un groupe de heavy metal : *« Je ne mesurais pas l'étendue des irritations et des blessures que ces signes et symboles pouvaient causer. »*

Le chanteur doit se produire à Paris au printemps, dans un autre opéra de Wagner, *Le Crépuscule des dieux*.

Explosion du chômage dans la zone euro

Le taux de chômage dans la zone euro a atteint le niveau record de 11,2 %, selon les chiffres publiés cet été par l'office statistique européen, Eurostat.

En juin, 17,8 millions d'actifs de la zone monétaire étaient sans emploi, soit 123 000 de plus que le mois précédent. Il s'agit du quatorzième mois consécutif au cours duquel le taux de chômage atteint ou dépasse le seuil de 10 %.

En un an, 2,02 millions d'actifs de la zone euro ont rejoint les rangs des sans-emploi. À l'échelle de l'Union européenne, la tendance est à la dégradation, avec un taux de chômage en hausse dans dix-neuf des vingt-sept États membres, dont la France.

Eurostat a observé les taux de chômage les plus élevés en Espagne, avec 24,8 %, et en Grèce, où le dernier chiffre disponible, 22,5 %, remonte à avril. Dans ces pays, plus d'un jeune de moins de 25 ans sur deux est sans emploi.

Les niveaux les plus bas ont été enregistrés en Autriche (4,5 %), aux Pays-Bas (5,1 %), en Allemagne et au Luxembourg (5,4 % chacun). La France a affiché un taux de chômage de 10,2 %.

Selon l'analyste Howard Archer, du cabinet IHS Global Insight, une « *contraction de l'économie* » dans la zone euro pourrait entraîner une « *augmentation considérable du chômage* ». Il parie sur un franchissement de la barre des 12 % en 2013.

« Sept minutes de terreur » pour la Nasa

La Nasa a mis en ligne au début de l'été une vidéo d'animation en images de synthèse intitulée *« Seven Minutes of Terror »*.

Le film, dont « *le suspense et les qualités cinématographiques* » seraient, selon le *New York Times*, dignes d'une « *bande-annonce* » hollywoodienne, montre l'atterrissage sur Mars du robot américain Curiosity, prévu quelques semaines plus tard.

Les sept minutes de tous les dangers sont le délai nécessaire à la capsule pour passer de 21 200 à 2,7 kilomètres par heure, et « amarsisser » en douceur.

En réalité, l'angoisse durera vingt et une minutes, le temps pour les informations radio de parcourir la distance entre Mars et la Terre.

« *Si quoi que ce soit ne fonctionne pas,* explique d'un air lugubre un ingénieur de la Nasa face à la caméra, *c'est "game over".* »

La Nasa, organisme fédéral, n'a pas le droit de faire de la pub. « *Nous n'avons rien à vendre*, a assuré un porte-parole de l'agence. *Notre travail consiste à nettoyer les fenêtres, pour donner au public une meilleure vue sur son programme spatial.* » Et à justifier un projet à 2,5 milliards de dollars.

Le jour J, tout s'est bien passé. *« Comme dans un film d'aventure ! »*, s'est écrié un cadre de la Nasa, avant d'ajouter : *« Un film qui a coûté moins de sept dollars par Américain. »*

Un uniforme « made in China » fait scandale aux États-Unis

Polémique aux États-Unis : la tenue que portaient les athlètes américains au défilé de la cérémonie d'ouverture des JO de Londres a été fabriquée en Chine.

Des membres du Congrès, conduits par le chef de la majorité démocrate du Sénat, Harry Reid, ont violemment critiqué début juillet le Comité olympique américain :

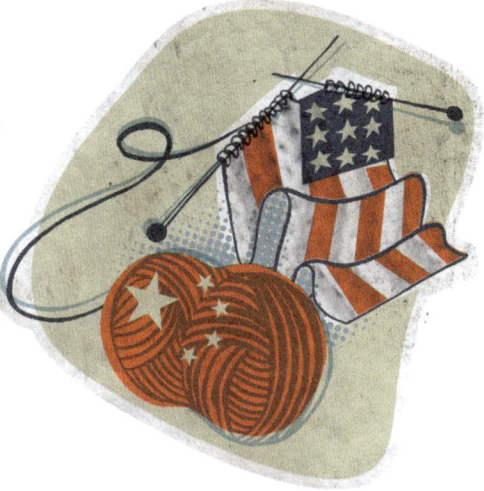

« *Il faudrait prendre tous les uniformes, en faire une grosse pile, les brûler, et tout recommencer.* »

Réponse cinglante du gouvernement chinois, par un communiqué de l'agence officielle Xinhua : « *Si quelque chose doit être brûlé, c'est l'hypocrisie de la politique américaine.* »

« *La question des tenues a touché l'un des thèmes les plus sensibles de la campagne pour la présidentielle, la délocalisation des emplois, à une période où le taux de chômage aux États-Unis dépasse les 8 %* », ont expliqué les Chinois.

« *M. Reid compte-t-il brûler son Blackberry, ses appareils électroménagers, et la moitié de sa garde-robe, eux aussi fabriqués en Chine ?* », a questionné un internaute sur le site du *Washington Post*.

Griffée Adidas, la tenue des athlètes français n'a pas, elle, été fabriquée en Chine, où la marque jugerait le coût du travail trop élevé, mais au Laos.

Le culte de l'exonération fiscale

2004 La justice confirme un redressement fiscal de 45 millions d'euros aux Témoins de Jéhovah
AUJOURD'HUI La Cour européenne des droits de l'homme condamne l'État français à rembourser

Les Témoins de Jéhovah viennent de remporter une manche dans le bras de fer qui les oppose depuis quinze ans à l'État français. La Cour européenne des droits de l'homme juge qu'un paiement effectué à l'issue d'un redressement fiscal confirmé par toutes les juridictions hexagonales doit être *« remboursé »*.

En 1995, la première commission parlementaire sur les sectes en France publie un rapport, avec une liste d'organisations qualifiées de sectaires du fait de leur possible dangerosité pour les individus, ou la collectivité. Les Témoins de Jéhovah (TJ) sont pointés, en tant que *« secte apocalyptique »*.

Héritiers d'un mouvement américain né au XIXe siècle, les TJ se réclament du christianisme. Ils pratiquent le prosélytisme, s'opposent aux transfusions sanguines, même lorsque le pronostic vital est engagé, et reçoivent des fonds de leurs membres. Ils affichent 7,65 millions d'adhérents, dont 250 000 en France, et leur siège mondial est à New York.

« DONS MANUELS » OU « OFFRANDES » ?

Dans la foulée du rapport sur les sectes, les TJ sont visés par un contrôle fiscal. En 1997, le Trésor public les met en demeure de s'acquitter de taxes sur les *« dons manuels »* perçus au cours des trois années précédentes, et imposés à 60 %. Pénalités de retard incluses, la note s'élève à 295 millions de francs (45 millions d'euros).

Les TJ refusent de payer. Ils avancent que leur association devrait bénéficier d'une exonération fiscale, puisqu'elle *« répond »* selon eux *« à la définition d'association cultuelle »*. Les *« dons manuels »* comptabilisés par le Trésor public seraient des *« offrandes »*, issues de quêtes ou de collectes auprès de *« fidèles »*.

En clair, les TJ revendiquent le statut de religion, qui permet aux associations reconnues *« cultuelles »* de relever d'un régime fiscal particulier, au titre de la loi de 1905 sur la séparation de l'Église et de l'État. Mais aucune association de leur réseau n'a reçu cet agrément du ministère de l'Intérieur, à l'époque seul compétent en la matière – depuis les lois sur la décentralisation, la formalité est du ressort des préfectures.

UNE « EXCOMMUNICATION FISCALE » CONFIRMÉE EN CASSATION

Le Trésor public notifie un redressement fiscal. Les TJ saisissent la justice, en vue de faire annuler la procédure. En 2000, le tribunal de grande instance de Nanterre rejette leur demande, au motif qu'ils ne disposent pas d'*« une autorisation ministérielle ou préfectorale de recevoir des dons manuels exonérés »*.

Deux ans plus tard, la cour d'appel de Versailles confirme le jugement. Les TJ dénoncent une *« excommunication fiscale »*. Ils sont définitivement déboutés par la Cour de cassation, à l'automne 2004.

L'association règle 4,5 millions d'euros au fisc, soit 10 % de la somme due. Ses biens immobiliers, dont la valeur ne couvre pas le montant de la dette, sont saisis à titre conservatoire.

En 2006, la presse évoque des négociations entre le fisc et l'association, mais aucun accord ne voit le jour.

UN RECOURS AU NOM DE LA « LIBERTÉ DE RELIGION »

Les TJ déposent alors un recours devant la Cour européenne des droits de l'homme (CEDH), à Strasbourg. Ils invoquent l'article 9 de la Convention européenne, qui garantit le *« droit à la liberté de pensée, de conscience et de religion »*.

Au printemps 2011, la CEDH estime que le redressement porte atteinte à la liberté de religion des TJ, non dans son principe, mais parce que l'article 757 du Code des impôts sur lequel s'appuie l'administration fiscale n'a pas été *« énoncé »* de façon *« suffisamment précise »* pour être *« prévisible »*.

Le gouvernement a renoncé à faire appel devant la juridiction supérieure de la CEDH, la Grande Chambre. Une tentative de règlement amiable, souhaitée par la Cour, a échoué.

La CEDH a donc rendu son arrêt, le 5 juillet dernier. La France est condamnée à *« rembourser »* les 4,5 millions d'euros. Le redressement fiscal n'est pas annulé. Paris peut saisir la Grande Chambre.

Au Brésil, le barrage de la discorde

2005 Brasilia impose par décret législatif la création d'un barrage contesté, en Amazonie
AUJOURD'HUI La justice ordonne l'arrêt des travaux, le temps de consulter les habitants du site

La justice brésilienne a ordonné cet été la suspension des travaux du barrage de Belo Monte, un chantier pharaonique que le gouvernement avait imposé après des décennies de négociations infructueuses avec les riverains.

Le projet de barrage de Belo Monte est né en 1975, sous la dictature : l'idée était de construire un gigantesque complexe de six usines hydroélectriques sur la rivière Xingu, affluent de l'Amazone, dans l'État du Pará, au nord du Brésil.

La mise en service s'assortirait de l'inondation de 1 200 kilomètres carrés de terres, avec le déplacement des populations indigènes, un bouleversement de l'écosystème, la disparition des activités de pêche et de navigation, dont vivent les Indiens de la région, et l'implantation irréversible des industries de l'énergie dans la forêt amazonienne.

UNE CAMPAGNE INTERNATIONALE PORTÉE PAR RAONI

Dans les années 1980, alors que la démocratie est restaurée, le projet se heurte à une campagne internationale portée par le chef indien Raoni, soutenu par le chanteur anglais Sting, et appuyé par l'Église et des ONG environnementales.

En 1990, le gouvernement brésilien revoit le projet à la baisse, dans l'espoir de calmer les opposants. Les plans ne comportent plus qu'une seule usine, avec une surface de terres inondées de 500 kilomètres carrés.

Cela reste un ouvrage colossal, qui requiert *« des excavations équivalentes à celles du canal de Panamá »*, selon le procureur Ubiratan Gazetta.

Dans cette configuration, Belo Monte serait le troisième plus grand barrage au monde, après celui des Trois-Gorges en Chine, et celui d'Itaipu, construit et exploité en commun par le Brésil et le Paraguay.

Les adversaires du projet ne baissent pas la garde. Des manifestations sont organisées dans le pays, et la mobilisation internationale prend de l'ampleur : la lutte contre Belo Monte devient un symbole de la cause environnementale.

LE PASSAGE EN FORCE DE LULA

Élu président à la fin 2002, Lula da Silva fait du barrage une priorité. Compte tenu de sa croissance, le Brésil va multiplier ses besoins énergétiques par deux et demi d'ici à 2030. À plein régime, Belo Monte pourrait couvrir 11 % de ces besoins. Cela reviendrait à alimenter vingt millions de foyers.

Puisqu'il ne trouve pas de terrain d'entente avec la partie adverse, Lula da Silva passe en force. En 2005, le Parlement approuve la construction du barrage, par décret.

En retour, l'État du Pará attaque les autorités fédérales en justice. Il conteste le décret, au motif que les Indiens du secteur n'ont pas été consultés avant son adoption, comme l'impose la Constitution. Le dossier est à nouveau bloqué.

À l'automne 2006, Lula da Silva est réélu. Il attend la fin de son second mandat pour relancer le barrage.

Le 1er février 2010, le ministère de l'Environnement donne son feu vert à Belo Monte. Le 20 avril, après le rejet par la justice fédérale de plusieurs recours d'opposants, le consortium public Norte Energia remporte l'appel d'offres pour la construction de l'ouvrage.

« UNE VICTOIRE DU SECTEUR ÉNERGÉTIQUE »

Le 26 août, le président Lula signe le contrat des travaux, devant des caméras : *« Nous réalisons un projet qui semblait impossible il y a trente ans*, déclare-t-il. *C'est une victoire du secteur énergétique. »*

Le 31 octobre, son ancienne ministre de l'Énergie, Dilma Rousseff, est élue présidente. Le 1er juin 2011, les travaux démarrent. Trois mois plus tard, l'action intentée par l'État du Pará arrive devant un tribunal régional fédéral, à Brasília.

Dans son ordonnance, rendue le 14 août dernier, le juge Prudente motive sa décision d'arrêter le chantier par le fait que les Indiens n'ont pas été consultés au préalable. Il fixe à 250 000 dollars l'amende journalière en cas d'infraction, et impose de réécrire le décret de 2005, contraire à la Constitution.

« Nous ne combattons pas le projet économique du gouvernement, a expliqué le magistrat, *mais cela ne peut pas se faire de manière dictatoriale. »*

La réussite du patron sans visage

2001 Amancio Ortega introduit discrètement Inditex, société mère de Zara, à la Bourse de Madrid

AUJOURD'HUI Toujours incognito, il devient le troisième homme le plus riche du monde

Fils d'un cheminot castillan, Amancio Ortega, 76 ans, fondateur de l'enseigne Zara, vient de détrôner le milliardaire américain Warren Buffett à la troisième place du classement Bloomberg de l'homme le plus riche du monde. D'une discrétion légendaire, il a fait sien cet adage de Rockefeller : « *Tu ne dois apparaître que trois fois dans les journaux, quand tu nais, quand tu te maries, et quand tu meurs.* »

Amancio Ortega grandit à Busdongo de Arbás, un village du nord de l'Espagne. L'année de ses 13 ans, la famille s'installe à La Corogne, un port de Galice, au bord de l'océan Atlantique. Il quitte l'école, et devient coursier, puis employé de La Maja, une boutique de mercerie.

Un atelier de fortune dans son appartement

La Maja, qui porte le nom d'un nu du peintre Goya, sort un déshabillé rose, avec des broderies bleues. Ravissant, mais très cher, le peignoir est hors de portée de la plupart des femmes, dont Rosalia, la fiancée d'Amancio Ortega.

Le jeune homme se dit qu'il pourrait reproduire le déshabillé avec un tissu et des parements moins onéreux, et le distribuer dans la région. Il dessine, coud, et diffuse ainsi son premier modèle.

Puis il installe un atelier de fortune dans l'appartement où il vit avec Rosalia, devenue son épouse. Épaulé de son frère, Antonio, et de sa sœur, Josefa, il fabrique quelques pièces de lingerie et de prêt-à-porter dont les coupes sont inspirées par l'air du temps, et par les vitrines des couturiers.

En 1963, Amancio Ortega investit ses économies dans la création d'une usine de confection, Goa. Il est accompagné d'Antonio et Josefa, qui seront associés à son aventure entrepreneuriale.

Parallèlement aux produits qu'il fabrique pour des clients, Amancio Ortega crée et diffuse ses propres modèles. La réussite de Goa se bâtit sur un pull en shetland, qui emballe les étudiants d'une université de Galice.

La recette Ortega

En 1975, Amancio Ortega crée la première boutique Zara, dans le centre de La Corogne. Il propose une mode tendance, à petits prix. Le succès est immédiat : en 1980, Zara compte six points de vente.

La recette d'Amancio Ortega, aujourd'hui étudiée dans toutes les écoles de commerce, tient dans le renouvellement des modèles : finies les collections printemps-été, et automne-hiver, ou même de demi-saisons : les rayons sont changés tous les quinze jours.

En 1985, il fonde le groupe Inditex, dont la locomotive est Zara, et qui agrège rapidement une demi-douzaine d'enseignes. L'entreprise se développe aussi à l'étranger. En 1996, Amancio Ortega est à la tête de 8 400 employés, 17 usines, et 564 boutiques à travers le monde.

Pourtant, à part sa famille et ses collaborateurs, personne n'a vu son visage, ni entendu sa voix. Il fuit la presse, n'accorde aucune interview, et refuse d'être photographié.

En 1997, alors qu'Amancio Ortega est âgé de 61 ans, le quotidien *El País* publie un Photomaton vieux de plusieurs décennies, qui ne permet pas de l'identifier.

L'image alimente tous les fantasmes : des journaux étrangers se demandent si le patron de Zara « *existe* » vraiment, ou s'il a des raisons d'avancer masqué.

« Pas formel pour un sou »

À La Corogne, où sont implantés le siège et les usines d'Inditex, on s'amuse de la rumeur : « *Le mystère d'Amancio Ortega, cela ne vaut que pour les gens de l'extérieur*, explique un employé à un enquêteur du *Point*. *Nous, on le voit tous les jours. C'est quelqu'un de simple, pas formel pour un sou.* »

L'introduction en Bourse d'Inditex oblige Amancio Ortega à se montrer, le jour J, puis une fois par an, pour l'assemblée générale du groupe. En 2004, *Forbes* révèle qu'avec 61 % des parts du holding, sa fortune s'élève à 9,2 milliards d'euros. Il est l'homme le plus riche d'Espagne, et le trente-troisième à l'échelle mondiale.

Cet été, il est monté sur la troisième marche du podium, derrière le Mexicain Carlos Slim et l'Américain Bill Gates. Il n'a fait aucun commentaire.

Un demi-siècle d'enquête pour un meurtre

2011 Des policiers britanniques recherchent une empreinte génétique sur des preuves vieilles de quarante-cinq ans
AUJOURD'HUI Un sexagénaire est condamné pour un crime commis l'année de ses 19 ans

Confondu grâce à une nouvelle technologie, David Burgess, 64 ans, déjà incarcéré pour un double meurtre, a été condamné cet été à vingt-sept ans de prison pour un assassinat qu'il refusait d'avouer.

À l'automne 1966, Yolande Waddington, 17 ans, s'installe comme jeune fille au pair à Beenham, un village du comté de Berkshire, dans le sud de l'Angleterre.

Dans la soirée du 28 octobre, elle fait un saut au pub, pour acheter un paquet de cigarettes. David Burgess, de deux ans son aîné, est présent.

Le corps nu de Yolande Waddington est découvert deux jours plus tard, dans un fossé. Elle a été abusée sexuellement, poignardée, et étranglée. À deux pas de là, dans une grange, les enquêteurs relèvent des traces de sang sur un sac d'engrais et sur des effets personnels de la victime : un pull, un bandeau, un peigne…

QUATRE MILLE INTERROGATOIRES, PAS DE COUPABLE

David Burgess est l'une des dernières personnes à avoir vu la jeune femme vivante. Il a des griffures sur le visage, et une coupure à un doigt. Sur la scène du crime, les policiers ont trouvé un couteau d'un modèle dont il a acheté un exemplaire, et qui est maculé de sang. Il est le principal suspect.

Scotland Yard prend l'affaire en main, et lance l'une des premières campagnes massives de tests sanguins, sur les deux cents hommes du village âgés de 15 à 60 ans. Mais ni l'échantillon de David Burgess ni aucun autre ne correspondent.

Les enquêteurs conduisent plus de quatre mille interrogatoires, qui ne donnent rien non plus. Placé en garde à vue, David Burgess est relâché, faute de preuve. Début 1967, les investigations sont suspendues.

LA PRISON À VIE POUR UN DOUBLE ASSASSINAT

Le 17 avril de la même année, toujours à Beenham, deux fillettes âgées de 9 ans, Jeanette Wigmore et Jacqueline Williams, sortent jouer ensemble. Elles disparaissent. Leurs corps sans vie sont retrouvés quelques heures plus tard, à l'issue d'une battue à laquelle participe David Burgess. L'une des enfants a été égorgée, l'autre noyée.

L'enquête remonte sans difficulté à David Burgess, qui nie les faits. En juillet, il est reconnu coupable de l'assassinat des deux fillettes, et condamné, rapporte la BBC, à la *« prison à vie »*, avec *« quarante-cinq ans minimum »*. Le meurtre de Yolande Waddington reste impuni.

Durant son incarcération, David Burgess confie avoir assassiné Yolande Waddington à plusieurs gardiens, à qui il livre des versions différentes du crime. *« Mais lorsque des enquêteurs vont l'interroger en prison, et lui disent qu'ils pensent qu'il est coupable, il répond : "Oh, vraiment ? Vous allez devoir le prouver" »*, raconte le *Telegraph*.

En 2011, une unité de la police de Thames Valley spécialisée dans les affaires non résolues, et dirigée par Peter Beirne, décide de soumettre les traces de sang du meurtrier de Yolande Waddington au MiniFiler.

Ce procédé d'analyse ADN, tout juste agréé par la NDIS, la base de données génétiques des services de renseignement américains, permet d'obtenir des résultats *« à partir d'échantillons altérés ou dégradés »*.

Certaines pièces à conviction ont disparu, mais il reste le sac d'engrais, ainsi que le bandeau et le peigne de la jeune femme. Ils sont soumis au MiniFiler, qui identifie l'empreinte génétique de David Burgess.

PAS LIBÉRABLE AVANT SES 92 ANS

Lors de son procès devant la cour d'assises de Reading, David Burgess a refusé de s'exprimer. Le 20 juillet, il a été condamné. Il n'est pas libérable avant l'âge de 92 ans.

D'ici là, Peter Beirne, le patron de l'unité spécialisée dans les affaires non résolues, devra se pencher sur d'autres crimes. Son enquête a révélé qu'en septembre 1996, David Burgess s'est échappé de la *« prison ouverte »* de Leyhill, un établissement pour détenus non dangereux où il avait été placé.

David Burgess avait alors été à nouveau arrêté en février 1998, après un braquage de banque raté. Pendant ses dix-huit mois de cavale, deux adolescentes de 13 et 14 ans et une femme de 25 ans ont été assassinées par un inconnu.

DE L'INTÉRIEUR

Urbanisme : la Chine reprend le fil de son histoire

Selon le chercheur JEAN-FRANÇOIS DOULET, la Chine est en train de s'organiser en « mégarégions urbaines » de plusieurs dizaines de millions d'habitants, dans lesquelles le TGV fait office de métro.

XXI : Quand est apparu l'urbanisme en Chine ?
La Chine est une des plus anciennes civilisations urbaines : elle a émergé autour du fleuve Jaune (Huang He), deux mille ans avant l'ère chrétienne.

Quel rôle a joué ce fleuve ?
Il a permis l'implantation d'une agriculture, sur laquelle s'est appuyé le fait urbain. Dans la Chine impériale (-221 à 1911), les villes étaient des espaces économiques, où se déroulaient les transactions, et des lieux de pouvoir, qui abritaient les mandarins, les représentants du pouvoir central. Au fil des siècles, les empereurs ont instauré un maillage serré du territoire.

L'économie ne reposait pas sur la seule agriculture...
La Chine a été un géant commercial, bien avant l'ère chrétienne, avec les routes de la soie, qu'elle a empruntées pour distribuer toutes sortes de marchandises – les *« chinoiseries »*, comme on les appelait dans l'Europe de la Renaissance. Elle a aussi ouvert des routes maritimes, dès le XIVe siècle, vers l'Asie du Sud-Est, le continent indien, les côtes africaines...

Depuis quel port ?
Canton, dans le sud du pays, qui est devenu la plaque tournante des échanges entre la Chine et le reste du monde... Ce système bien réglé a été mis à mal par l'entrée, en force, de puissances étrangères.

Que s'est-il passé ?
Au milieu du XIXe siècle, dans le contexte des colonisations, le Royaume-Uni, la France, l'Allemagne, etc. ont imposé à la Chine les *« traités inégaux »*, des accords qui plaçaient les villes portuaires maritimes et fluviales sous leur juridiction. Les Européens ont ainsi pris le contrôle du commerce entre la Chine et l'Europe.

Avec quelles conséquences pour la Chine ?
Une perte de souveraineté, accompagnée d'un affaiblissement du pouvoir central, et d'un délitement des pouvoirs régionaux. Résultat, la Chine a manqué le rendez-vous de la révolution industrielle, qui se produisait alors en Europe.

La Chine aurait-elle pu prendre ce virage à l'époque ?
Tous les ingrédients qui auraient pu déclencher la révolution industrielle étaient réunis dans la ville portuaire de Shanghai, sur la côte : de l'activité, des banquiers, des industriels et des commerçants.

Comment la Chine a-t-elle rebondi ?
En 1912, l'empereur a abdiqué, et la République a été proclamée, dans un climat toujours instable. Dans les années 1930, la Chine a été envahie par le Japon. Le conflit sino-japonais a duré jusqu'à la fin de la Seconde Guerre. Il a été suivi d'une guerre civile, remportée par les communistes. En 1949, Mao Zedong a proclamé la République populaire de Chine.

Quelle place a tenu l'urbanisme sous Mao ?
La révolution n'a pas été faite par les villes, mais par les campagnes. Le pays ne s'est donc pas rebâti sur une culture urbaine, comme ce fut le cas en Europe, et en Russie, mais en prenant racine dans les campagnes. Mao a anéanti l'héritage urbain du pays.

De quelle façon cela s'est-il traduit ?
Les villes sont redevenues des courroies de transmission du pouvoir,

Maquettes de nouveaux logements examinés par leurs futurs occupants, Canton, 2011. AFP/CHINAFOTOPRESS

mais elles ont perdu la capacité, acquise sous la présence étrangère, de prospérer par elles-mêmes. Shanghai, créée par les Européens, est devenue une ville à abattre, la prostituée de l'Occident, de même que toutes les villes portuaires qui avaient servi de support au commerce, et à l'ouverture sur le monde.

Que sont devenues les villes ?
Mao leur a imposé de devenir des lieux de production, avec le projet de rattraper l'Occident sur son terrain, l'industrie, mais selon un modèle de développement différent. Les villes de l'intérieur, telles Xi'an ou Chongqing, ont été privilégiées, au détriment des ports.

Quel a été le résultat ?
Des villes grises, taciturnes, caractérisées par le labeur, les contrôles policiers, et où les conditions de vie se sont considérablement détériorées dans les années 1960 et 1970, du fait de l'échec de l'expérience. Lorsque Deng Xiaoping est arrivé au pouvoir, en 1978, le taux d'urbanisation de la Chine était de 20 %, soit l'équivalent de celui de l'Europe à la fin du XVIIIe siècle, avant la révolution industrielle.

Qu'a fait Deng Xiaoping ?
Il a rouvert le pays, en s'appuyant sur les villes portuaires de la façade maritime, et il a instauré une économie dite *« socialiste de marché »*, qui était en fait néolibérale.

L'urbanisme a-t-il aussitôt été relancé ?
Dès les années 1980, Canton s'est réveillée, et des villes nouvelles sont apparues dans le Sud, dont Shenzhen, où se sont concentrées des unités de production occidentales. Les années 1990 ont été celles de Shanghai et de l'est du pays, avant que l'ouverture ne s'étende à l'ensemble du territoire.

Le rythme s'est accéléré au début des années 2000...
L'entrée de la Chine à l'Organisation moniale du commerce (OMC) a dynamisé l'économie, soutenue par les exportations. L'accès au monde est devenu un enjeu pour toutes les villes. Souvent en concurrence les unes avec les autres, elles font en sorte d'être les plus attractives possible, pour attirer les investisseurs étrangers.

Comment se présente le territoire ?
Les villes poussent comme des champignons. Le taux d'urbanisation vient de passer les 50 % – en Europe occidentale, il est de 75 %, un plafond. Des mégarégions urbaines sont en train d'apparaître, constituées de zones rurales et citadines, et traversées de réseaux de transport à grande vitesse, tel le TGV. Aujourd'hui, il en existe deux, dotées l'une et l'autre d'une population équivalente à la moitié de la population française : Canton et le delta de la rivière des Perles ; Shanghai et le delta du Chang Jiang.

Ce processus va-t-il se poursuivre ?
Vingt-huit espaces urbains sont identifiés comme de possibles mégarégions, qui devraient émerger au cours des prochaines décennies. En 2050, la Chine aura achevé son développement.

Propos recueillis par Dominique Lorentz

Jean-François Doulet *est maître de conférences à l'Institut d'urbanisme de Paris et directeur adjoint du Centre franco-chinois Ville & Territoire à l'université Paris-Est.*

IL A DIT

JANVIER 2002
« Nul doute que les guerriers tribaux vont cesser les combats et afficher un sourire pastèque pour regarder le grand chef blanc descendre de son grand oiseau blanc payé par les contribuables britanniques. »
Raille Tony Blair, alors Premier ministre, en voyage au Congo ; « The Telegraph »

JUILLET 2003
« J'ai à peu près autant de chances de devenir Premier ministre que d'être décapité par un frisbee, ou de me réincarner en olive. »
Interrogé sur ses ambitions ; « The Independant »

OCTOBRE 2003
« J'ai essayé de toutes mes forces, je ne pouvais pas regarder une courbe de croissance et rester éveillé. »
À propos d'un job de consultant où il a tenu une semaine ; « Lend Me Your Ears »

BORIS JOHNSON
- **2012** réélu maire de Londres
- **2008** élu maire de Londres
- **2004** entre au cabinet fantôme des Tories
- **2001** élu député du Parti conservateur
- **1987-2005** journaliste et rédacteur en chef, diplômé de lettres classiques à Oxford
- **1964** naissance à New York

20

JUILLET 2005

« Nous ne pouvons pas laver le cerveau des kamikazes de leurs croyances fondamentalistes. Il faudra beaucoup de courage et d'habileté pour convaincre les musulmans qui sont dans le même état d'aliénation que leur foi doit être compatible avec les valeurs britanniques et avec la loyauté envers la Grande-Bretagne. »
Au lendemain des attentats suicides du 7 juillet à Londres (56 morts et 700 blessés), commis par des Britanniques musulmans ; « The Spectator »

SEPTEMBRE 2006

« J'ajouterai la Papouasie-Nouvelle-Guinée à mon parcours mondial d'excuses. »
Après avoir comparé les luttes dans son parti à des « orgies de style Papouasie-Nouvelle-Guinée de cannibalisme et de meurtre du chef » ; BBC News

AOÛT 2008

« Je le dis avec respect pour les Chinois, qui ont excellé dans ce sport à Pékin : le ping-pong a été inventé sur les tables de salle à manger des Britanniques, au XIXe siècle, et il s'appelait le "wiff-waff". »
À la fin des JO de Pékin, alors que le drapeau olympique vient de lui être remis pour « Londres 2012 » ; BBC TV

AVRIL 2007

« Portsmouth est une des villes les plus tristes du sud de l'Angleterre, un endroit avec sans doute trop de drogue, trop d'obésité, trop d'échec scolaire, et trop de députés travaillistes. »
« GQ »

AVRIL 2012

« Il est clairement offensant de dire que l'homosexualité est une maladie : je ne suis pas prêt à voir cette idée se propager dans Londres sur nos autobus. »
Appuie l'interdiction d'une campagne d'affichage chrétienne suggérant que l'homosexualité peut être guérie ; « The Guardian »

JUILLET 2010

« En 1904, 20 % des déplacements dans Londres se faisaient à vélo. Je veux revoir cela. Si l'on ne peut pas remonter le temps jusqu'en 1904, à quoi sert d'être conservateur ? »
Lors de l'inauguration du vélo en libre-service à Londres ; London SE1

AOÛT 2012

« Qui voudrait élire un abruti resté coincé sur une tyrolienne ? »
Alors qu'un sondage le place en tête pour le poste de Premier ministre, évoque le jour où il est resté suspendu au-dessus d'un jardin public ; Reuters

JUILLET 2012

« Je ne veux pas que les Jeux olympiques se transforment en festival de la paresse. »
Réagit à une disposition du gouvernement qui favorise le télétravail pendant les JO, pour ne pas engorger les transports ; « Daily Mail »

ILLUSTRATION : OLIVIER DANGLA

CONTRECHAMP

Le « cloud computing », une révolution méconnue

Tout le monde utilise le « cloud »

Des usines grandes comme vingt terrains de football

Selon une étude publiée en août, la plupart des Américains pensent que le terme *cloud*, qui signifie « nuage » en anglais, se réfère à la météo. Le *cloud computing* désigne en réalité le stockage de données informatiques à distance.

« *Alors que "cloud" est le mot high-tech à la mode, de nombreux Américains sont dans le brouillard quand il s'agit de dire ce que c'est, et comment cela marche* », constate le cabinet américain Citrix, parmi les leaders mondiaux des solutions de *cloud*, qui a commandé l'enquête.

Réalisée par Wakefield Research, l'étude montre que 51 % des sondés, dont une majorité des jeunes de moins de 30 ans, croient qu'une tempête peut affecter le fonctionnement de l'« *informatique en nuage* ».

Le *cloud computing* permet d'accéder à une ressource informatique depuis n'importe quel point du globe, et à partir de n'importe quel terminal connecté à Internet (ordinateur, tablette ou téléphone portable).

Le grand public utilise depuis longtemps ses services, souvent sans le savoir. Les messageries Hotmail et Gmail, les réseaux sociaux, les albums photo et le shopping en ligne, ou encore les espaces sécurisés de gestion de ses comptes bancaires, par exemple, sont des applications de *cloud computing*.

Dans l'étude réalisée aux États-Unis, 95 % des gens qui disent ne jamais avoir recouru au *cloud* sont des utilisateurs réguliers. Près d'un tiers des personnes interrogées voient le *cloud computing* comme un « *sujet d'avenir* », alors qu'elles sont 97 % à l'utiliser aujourd'hui.

Le fonctionnement du *cloud computing* repose sur des *data centers*, des « centres de données ». Il s'agit de gigantesques usines high-tech, dont le site peut s'étendre sur une surface équivalente à dix ou vingt terrains de football.

Ils abritent des milliers de serveurs informatiques connectés à Internet, qui hébergent les données de leur propriétaire, ou de leurs clients, et les mettent à disposition des utilisateurs.

Les premiers *data centers* sont apparus à la fin des années 1990, lors du boom de l'Internet grand public. Ils succédaient aux salles informatiques utilisées à partir des années 1940 pour abriter les ordinateurs de la première génération, très volumineux.

Il en existe dans toutes les régions du monde. Le plus grand de France est en cours de construction à Pantin, dans la banlieue parisienne, sur le site d'un ancien centre de tri postal de la SNCF.

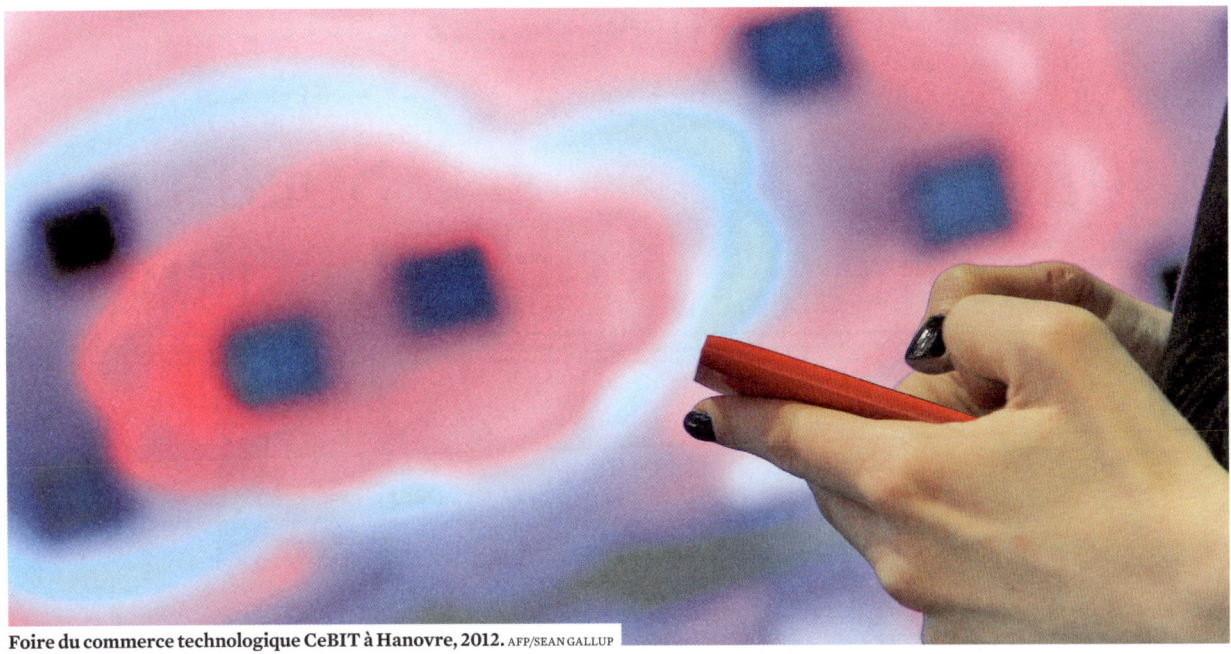

Foire du commerce technologique CeBIT à Hanovre, 2012. AFP/SEAN GALLUP

L'entrée dans une « ère post-PC »

La part des données personnelles stockées en ligne par les particuliers devrait passer de 7 % en 2011 à 36 % en 2016, estime le cabinet américain Gartner.

Les consommateurs, souvent connectés à plusieurs appareils (PC, tablette, *smartphone*...), utilisent des applications de plus en plus nombreuses, et gourmandes en puissance et en mémoire.

Cela entraîne une *« augmentation massive »* des besoins de stockage, à laquelle les ordinateurs personnels ne peuvent pas répondre : *« Nous entrons dans l'ère post-PC »*, résume une analyste de Gartner, Shalini Verma.

Une étude anglaise parue cet été montre que sur les *smartphones*, la fonction « appel téléphonique » arrive en cinquième position, derrière Internet, les réseaux sociaux, la musique, et les jeux.

En France, selon l'autorité française de régulation des communications (Arcep), la consommation de données au premier trimestre sur les téléphones portables est en hausse de 73,4 % par rapport à l'année précédente.

Un marché de 241 milliards de dollars en 2020

Le marché mondial du *cloud* pourrait passer de 40,7 milliards de dollars en 2011 à 241 milliards en 2020, relève la société d'études Forrester Research.

Dans le rapport *« Compétition pour 2020 »*, le groupe IDC annonce une féroce *« bataille »* pour le leadership entre les principaux acteurs de ce marché *« à croissance rapide »* : Amazon, Microsoft, HP, Google, IBM, Oracle... et dans une certaine mesure Apple, et Facebook.

Le cabinet Gartner prévoit une croissance du *cloud* d'environ 20 % en 2012, avec un doublement du marché d'ici à 2016. Le directeur du *cloud* chez IBM France, Christian Comtat, estime que durant cette période *« la quasi-totalité des entreprises vont se convertir »* à l'informatique dématérialisée.

Le « cloud gaming » cherche son modèle économique

Le *cloud gaming*, qui consiste, sur le mode de la « vidéo à la demande », à utiliser les ressources du *cloud computing* pour jouer à des jeux vidéo depuis un *smartphone* ou un ordinateur sans acheter ni jeux ni console, vient de perdre deux de ses principaux acteurs.

Les sociétés Gakai et Onlive, l'une et l'autre créées en 2009, ont disparu cet été, rachetées la première par le Japonais Sony (380 millions de dollars), la seconde par un fonds d'investissement.

Potentiellement menaçantes pour les fabricants de consoles, les distributeurs de jeux (dont Sony), et les majors du *cloud computing*, ces deux start-up étaient considérées en sursis.

Un troisième acteur, Playcast, s'est implanté dans une douzaine de pays, où il a passé des accords avec des diffuseurs de télévision et des fournisseurs d'accès à Internet.

Le marché traditionnel du jeu vidéo, promis à la dématérialisation, est estimé à 52 milliards de dollars en 2011.

La Nasa sous-traite son « cloud » du voyage sur Mars

Parmi les leaders mondiaux du *cloud computing*, et numéro un du commerce en ligne, Amazon a été choisi par la Nasa pour gérer les données recueillies sur Mars.

« Depuis la salle de contrôle à Pasadena, Californie, la Nasa utilise Amazon Web Services (AWS) pour enregistrer et stocker les images et métadonnées récoltées » par Curiosity, a annoncé le groupe début août, lors de l'atterrissage du robot sur Mars.

Le géant américain du *cloud*, qui a *« plusieurs centaines de milliers de clients dans 190 pays »* et travaille avec *« les 185 agences fédérales »* des États-Unis, était déjà chargé des données du robot Opportunity, sur Mars depuis janvier 2004.

Le vice-président d'AWS, Andy Jassy, a confié cet été au *Figaro* que le *cloud* était, selon lui, *« aussi important que le e-commerce »*. Il ambitionne d'égaler le chiffre d'affaires de la branche « distributeur » du groupe : 40 milliards de dollars en 2011, en progression de 35 %.

ILS FONT AVANCER LE MONDE

Arnaud Poissonnier

La lassitude des riches

Quand il a abandonné les hautes sphères de la finance, ses amis se sont moqués : *« Tu vas faire quoi, du microcrédit ?! Mais ça gagne combien ? »* Arnaud Poissonnier a rigolé, troqué le costard pour un jean, les séminaires à New York pour des séjours dans les bidonvilles, et marqué cette rupture dans la géographie parisienne, quittant les grands boulevards pour une banlieue rouge.

Babyloan, l'entreprise qu'il a cofondée, est au bout d'une impasse arborée, à l'étage d'une maisonnette avec canapé clic-clac, douche, et console Wii à disposition des salariés. Jamais le banquier social n'avait passé tant d'heures au bureau, jamais il ne s'était senti *« aussi heureux »*, connecté à un monde découvert sur le tard.

Il a grandi à Roubaix, où l'argent ne manquait pas. Fils de notaire, le ch'ti gâté, né en 1966, est du genre indiscipliné. Il finit par avoir le bac, fait droit comme papa. La logique aurait voulu qu'il atterrisse dans l'étude familiale, mais il suit à Paris sa future femme, chargée de com'. Il s'y découvre une vocation pour la finance, entre chez De Baecque Beau, où il gère la fortune de ceux qui ont beaucoup.

Directeur adjoint de la clientèle privée, il s'ennuie. C'est le début de la bulle Internet, il rêve de vivre cette folie spéculative, se fait débaucher par Merrill Lynch. Le monde des courtiers et la culture anglo-saxonne lui parlent : *« Tu réussis, tu gagnes ; tu rates, tu vires. C'est brutal, mais très sain. »* Il *« adore la bulle financière »*, *« moment humainement passionnant, où les gens perdent la raison »*.

En 2000, le *« relationship manager »* harponne le plus gros client de l'année, lourd de 80 millions d'euros : *« Mon plus beau souvenir commercial. Avec un coup comme ça, tu es un peu la star, tu entres dans des clubs de valorisation, avec des bonus à la clé… »* Le jeune père gagne 12 000 euros par mois, habite un bel appartement, achète un chalet…

Après l'euphorie vient la débâcle. il subit la chute des marchés, revient au conseil patrimonial, au sein de la banque OBC. Mais cet *« univers des riches »*, de *« ceux qui attachent plus d'importance à l'argent qu'au reste »*, le lasse. Il a envie de créer. Une série de hasards dessine un chemin.

En décembre 2004, un tsunami ravage l'Asie du Sud-Est. Comme beaucoup, OBC récolte des fonds, qu'elle verse à l'ONG Acted. Chargé de l'opération, Arnaud Poissonnier est initié au microcrédit, trouve ce mécanisme de prêts entre particuliers *« simple, évident, intelligent »*. Une mission d'audit dans un bidonville du Tadjikistan le convertit : *« J'avais peu voyagé, ça a été un choc. J'ai réalisé que mon destin était d'aider les autres. »*

Il lit alors un article sur Kiva, un site américain permettant aux internautes de prêter de l'argent à des institutions de microcrédit dans les pays pauvres. Il démissionne, assure ses arrières en créant un cabinet de conseil en gestion de fortune, lève des fonds et, en 2008, monte Babyloan, devenue la première plate-forme européenne de microcrédit, finançant des projets dans quatorze pays, dont la France.

Babyloan n'a pas atteint l'équilibre, mais il est confiant : *« Il faut des années pour évangéliser les gens ! »* À droite dans un milieu où c'est un gros mot, il se dit en harmonie avec lui-même : *« Si on me propose d'aller vivre six mois dans un bidonville, j'y vais. Je n'ai jamais senti autant d'énergie positive que dans les pays où les gens n'ont rien. »* Crise de la quarantaine ? Arnaud Poissonnier évoque un retour aux sources : *« Petit, je voulais être curé. »* Le voilà prêtre banquier.

Léna Mauger

Solange Lusiku

Forte tête

À l'est de la République démocratique du Congo, dans la province du Sud-Kivu, une femme tempête. Elle veut envoyer sa fille à l'école, son mari s'y refuse. Le chef du village est convoqué. Face aux colères des adultes, le sage tranche : l'enfant sera scolarisé. La mère, tenace, victorieuse, exulte. Dans les cabanons fangeux du village, on la surnomme désormais « Solange Lusiku ».

L'anecdote fait sourire l'intéressée. Son nom est synonyme d'obstination ; les orgueilleuses l'arborent pour jouer les fortes têtes, les timides pour se donner du courage. Solange Lusiku, la vraie, est rédactrice en chef du *Souverain*, le seul journal d'une province balayée par les guerres : *« Un homme sous-informé est un danger public »*, clame-t-elle. Alors, militante, féministe, la journaliste porte à bout de bras sa feuille de chou.

Sans bureau ni ordinateur, elle a longtemps rédigé ses articles à la main, sur des feuilles qu'une autre saisissait sur clé USB. Elle partait ensuite pour Kinshasa, où confiait le précieux fichier à un pilote d'avion qui rejoignait la capitale. Il était récupéré par deux amis journalistes qui l'imprimaient et le renvoyaient à Bukavu. La parution était aléatoire, bien sûr.

Le Souverain est désormais imprimé au Burundi voisin. Solange Lusiku traverse la frontière avec des cartons qui pourraient l'envoyer en prison : son équipe n'hésite pas à y débattre de la tumultueuse géopolitique des Grands Lacs. Pas de quoi l'effrayer : *« Mon espérance de vie a toujours été de vingt-quatre heures, renouvelables ! »* Dans la soufrière des Kivu, les violences ont rendu les longs termes impossibles.

Petite, déjà, elle observe *« la clochardisation »* d'un père qu'elle vénère. *« À une époque, les filles se battaient pour épouser un enseignant.*

Jose Antonio Vargas

Rêveur démasqué

Je suis née en 1972, quand la dictature de Mobutu battait son plein, et j'ai toujours vu mon père galérer. Mais il répétait que l'enseignement était le plus noble des métiers. C'était un intellectuel, un vrai.»

Ironie du sort, l'honnête homme sans le sou ne peut envoyer sa fille à l'université. La jeune Solange est embauchée comme secrétaire dans une association de défense des droits des femmes. Puis présente des émissions sur Maendeleo, une radio communautaire. *«Chez nous, les femmes n'ont pas le droit de parler devant les hommes. Dans mes chroniques, je les encourageais à voler la parole et à exprimer des idées bien agencées pour qu'ils la bouclent.»*

En 2001, elle rejoint Maria, une radio catholique, et reprend des études de commerce : *«C'était la course, cette année-là. J'ai accouché un vendredi, quitté la maternité le dimanche, passé mon examen de comptabilité analytique le lundi. La semaine suivante, j'ai attaché mon bébé sur le dos pour me rendre à Kinshasa, à plus de 2 000 kilomètres, pour couvrir un congrès!»*

Solange Lusiku est repérée par le fondateur du *Souverain* qui lui demande, en 2007, quelques semaines avant sa mort, de reprendre un journal moribond : avec la guerre, la gazette n'est plus tirée qu'à quelques dizaines d'exemplaires, placardés sur les murs et les arbres de la ville. Contre l'avis de ses proches, elle accepte.

Depuis, elle est soumise à toutes les pressions. Des politiques profèrent des menaces à peine voilées : *«On m'appelle: "Solange, tu crois vraiment qu'on te paierait le luxe d'aller en exil?" Alors je les nargue: "En exil, mais où ça? J'ai déjà donné des conférences dans tous les pays, je n'ai plus besoin de faire du tourisme. Et j'aime mon Bukavu natal".»*

Marion Quillard

Il pensait en finir avec son arme, les mots. Débarqué des faubourgs de Manille, happé à 12 ans par le *«rêve américain»*, Jose Antonio Vargas avait vu dans la langue anglaise son ascenseur social, exercé sa plume dans les plus grands journaux et décroché le prix Pulitzer à 27 ans. Au sommet de sa carrière, le journaliste a tombé le masque en révélant son imposture dans le *New York Times* : il est un clandestin dans un pays qu'il aime, mais qui n'est pas le sien.

Chez Jose Antonio Vargas, la tromperie a fugacement le goût du jeu. À l'aéroport de Manille, sa mère glisse : *«Si on te demande pourquoi tu te rends aux États-Unis, réponds que c'est pour voir Disneyland.»* C'est son premier vol en avion et c'est fabuleux. Dans la baie de San Francisco, Lolo et Lola, les grands-parents, se sont occupés de tout. Le petit Jose s'adapte à sa nouvelle culture et se découvre une passion pour l'anglais, qu'il peaufine en regardant en boucle films et séries télé.

Il se sent un Américain, un vrai, mais à 16 ans, au bureau des permis de conduire, son monde s'écroule : l'employée lui chuchote que sa carte verte est fausse. Dès lors, le Philippin n'a qu'une idée en tête, *«gagner sa nationalité américaine»*. Son ascension éclair masque cette quête.

Au lycée, une professeur d'anglais l'initie au journalisme : *«J'ai été convaincu que le fait d'avoir mon nom imprimé – le fait d'écrire en anglais, d'interviewer des Américains – validait ma présence ici.»* Diplôme, stages, piges pour des journaux locaux, puis très vite grands reportages et entretiens pour le *Washington Post*, le *Huffington Post*, le *New Yorker*... Plus il réussit, plus sa famille angoisse. À l'annonce du prestigieux prix Pulitzer, sa grand-mère, est affolée : *«Que va-t-il se passer si on apprend la vérité à ton sujet?»*

Il est lu et reconnu, mais sa réalité est autre. Il se réveille la peur au ventre, conserve ses photos de famille dans une boîte à chaussures afin d'éviter les questions dérangeantes, n'arrive pas à s'engager dans une relation durable... Les faux se multiplient : passeport, carte verte, numéro de sécurité sociale, trois faux permis. Le mensonge lui pèse. Il ne sait plus qui il est.

En terminale, Jose Antonio Vargas avait levé un secret, en confiant à la classe son homosexualité. En finir avec le mensonge, déjà. Son *coming out* de clandestin est bien plus risqué : il risque la prison, une expulsion et une interdiction de territoire de dix ans.

Le 26 juin 2011, à 30 ans, il publie ses aveux : *«Je suis épuisé. Je ne veux plus de cette vie-là (...). Cela fait bientôt dix-huit ans que je n'ai pas vu ma mère. Au début, je lui en ai voulu de m'avoir mis dans cette situation, puis je m'en suis voulu de ma colère et de mon ingratitude. Ma sœur a presque 20 ans aujourd'hui. Je n'ai jamais vu mon petit frère. J'aimerais tant les rencontrer.»*

Ces mots, il les écrit pour lui, et aussi pour les 11,5 millions de sans-papiers vivant dans les limbes des États-Unis. Le Philippin devient le porte-drapeau des *«dreamers»* (*«rêveurs»*, en anglais), ces jeunes arrivés il y a longtemps sur le sol américain qui réclament l'application du Dream Act, un projet de loi sur leur régularisation.

Miné par l'incertitude, il finit par appeler le bureau de l'immigration : *«Avez-vous prévu de m'expulser?»* L'administration vérifie : il ne figure pas dans les fichiers. Convaincu que les révélations protègent, le journaliste activiste récidive : en juin 2012, il pose en une du *Times*, entouré de *«rêveurs»* démasqués. Toujours aux États-Unis, toujours clandestin.

L.M.

ILS FONT AVANCER LE MONDE

Rosemary Nalden

Corde sensible

Pour la trouver, suivez les violons qui déambulent entre les tôles de Soweto. C'est au bout du chemin, dans un local qui jouxta pendant des années un camp de squatteurs, que l'on croise généralement Rosemary Nalden. On la remarque aisément, c'est l'une des seules blanches à fréquenter au quotidien cette partie du *township*.

Il y a quinze ans, la violoniste britannique a ouvert ici une école de musique classique. Prévue pour trente-cinq élèves et deux professeurs, The Buskaid Music School accueille une centaine d'enfants du bidonville sud-africain. Chaque année, les plus talentueux partent en tournée dans le monde entier.

Au misérabilisme, Rosemary Nalden préfère l'excellence : The Buskaid Music School s'est donné pour mission d'offrir un enseignement *« à la hauteur des meilleurs standards internationaux »*. La distinguée sexagénaire n'a jamais été très fan des bidonvilles, pas plus que de l'Afrique du Sud. Son unique souvenir de l'Apartheid : *« C'était le seul pays où nous ne pouvions pas jouer. »*

So british, la musicienne parle court et efficace : *« Je n'ai fait que répondre à une attente, jamais de la vie je ne me serais levée un matin en me disant "Bon sang, mais c'est bien sûr, les enfants d'Afrique ont besoin de musique classique, c'est bon pour eux" »*, confie-t-elle en 2007 dans un documentaire.

Les cordes de Soweto ne l'ont pas attendue pour voir le jour. Rosemary Nalden croise leur chemin à la fin de l'année 1991, alors que le pays est encore divisé. À Londres, le poste de radio est branché sur la BBC. La violoniste est accrochée par le son *« un peu grinçant »* d'un ensemble de cordes sans le sou niché au cœur du *township*.

« J'ai trouvé ça tout à fait insolite, c'était un peu un appel au secours. »

Musicienne professionnelle, elle mobilise des connaissances. Au début de 1992, une centaine de virtuoses jouent dans les rues de Londres pour venir en aide aux cordes de Soweto. En deux heures et seize concerts, plus de 6 000 livres (7 500 euros) sont récoltés.

Premier voyage en Afrique du Sud, elle donne quelques cours aux gamins de l'orchestre. *« J'ai été saisie. »* À mille lieues des réalités du *township*, elle en apprend seule les codes. *« La plupart des jeunes ont quelque chose qui ne fonctionne pas dans leur vie et tout est à portée de main ici, la délinquance, la drogue. Quand un étudiant disparaissait tout à coup, je ne comprenais pas, cela m'était complètement étranger. »*

Depuis, elle a appris à reconnaître un jeune sous l'effet de la drogue. Dans un étrange mélange de douceur et de fermeté, elle a fait de la discipline le maître mot de son enseignement.

En 1997, elle quitte Londres pour fonder Buskaid autour d'une quinzaine d'élèves. L'école grandit et Soweto change doucement. Détruit en 2001, le squat est resté un terrain abandonné pendant dix ans. Aujourd'hui, on y construit un centre commercial.

L'école accueille désormais quelques rejetons des classes moyennes. Chaque année, elle est contrainte de refuser des élèves. Depuis le début de l'aventure, six étudiants ont pu se former dans les meilleures institutions britanniques. L'un d'eux, Samson Diamond, a grandi avec sa grand-mère à deux pas de l'école. Il est aujourd'hui membre de l'orchestre philharmonique de Johannesburg.

« Je suis devenue une professeur plutôt douée pour apprendre à ces enfants, lâche Rosemary Nalden. *Si j'avais des Anglais devant moi, je ne suis pas sûre que je saurais trouver les mots pour leur parler. »*

Mathilde Boussion

Bart Weetjens

La dignité du rat

*« **L**es rats ont une image désastreuse. Ils méritent bien mieux. »* Le Belge Bart Weetjens, 46 ans, n'a que faire du bruit et de l'odeur. Depuis la Tanzanie, où il a enraciné ses recherches et sa vie nouvelle, il a transformé les bestioles en héros, capables de détecter les mines antipersonnel et de sauver des vies. Il leur a rendu *« leur dignité »*.

Sur son terrain de 24 hectares, dépliés sur les monts Uluguru, à l'ouest de Dar es-Salam, le rat géant (un mètre de long, rien de moins) est respecté comme un « nez », un expert chic de la reconnaissance olfactive. En échange d'une bouillie banane-cacahouète, le monstre indique les mines en grattouillant le sol avec ses pattes. À la différence d'un chien, il jouit naturellement d'un odorat hors du commun, est trop léger pour faire sauter l'explosif, pullule dans la région et n'a pas besoin d'être importé. *« Je me place du point de vue du fermier qui doit gérer le problème tout seul. Une solution qui coûte trop cher et demande de former des scientifiques ne m'intéresse pas. »*

Né dans une famille socialiste d'Anvers, Bart Weetjens a longtemps cherché comment se rendre utile. À l'école, il passe pour le doux illuminé qui, depuis ses neuf ans, trimballe jour et nuit Goldy, un hamster, dans la manche de son sweat-shirt. À 14 ans, il intègre l'école des Cadets. *« Allez savoir pourquoi, en plus des rongeurs, j'étais fascinée par les armes. Mais au bout de deux semaines de formation militaire, je voulais tout arrêter : j'étais devenu le plus grand pacifiste de la planète. »*

Son retour à la maison coïncide avec le départ des grands frères. Les chambres se libèrent, bientôt offertes aux étudiants congolais venus étudier en Belgique, l'ancienne puissance coloniale. L'Afrique percute l'adolescence de Bart Weetjens.

Sandra Bessudo

Requin marteau

Diplômé, quelques années plus tard, en design industriel, le jeune homme conçoit des wagons et des télécabines, invente des marchepieds d'autobus pour les handicapés. Mais il tourne en rond, n'est *« pas très heureux »*. Il s'essaie à la peinture, devient moine bouddhiste – les photos ne le montrent plus qu'en kimono. Il repense à l'Afrique, mais on a l'indélicatesse de le décourager à partir : *« Il paraît que j'étais trop sensible. »* En 1995, il se lance enfin : *« J'ai repensé à mes rats, à leurs capacités olfactives. J'étais sûr que je pouvais les entraîner à détecter les mines antipersonnel. J'étais sûr qu'ensemble, on pouvait faire quelque chose. »*

Les investisseurs lui rient au nez, mais les premiers tests sont concluants. En 2000, Bart Weetjens s'installe en Tanzanie, un État stable mais entouré de pays minés, stigmates de divers conflits. Avec le soutien financier de la Belgique, il crée l'ONG Apopo et le premier centre d'entraînement de rats démineurs. Chaque bête reçoit une certification aux normes de l'ONU avant de partir en mission en Angola, mais aussi en Thaïlande et au Cambodge. En 2011, près de 3 000 kilomètres carrés de terrains minés ont été nettoyés par les rongeurs.

Ces *« HéroRATs »*, comme les appelle Bart Weetjens, savent aussi détecter la tuberculose. Certains ont été formés au secourisme et peuvent, grâce à une petite caméra, identifier des disparus, en cas de catastrophe naturelle, par exemple. Le Belge affiche une fierté pudique, exempte de toute vanité. *« C'est peut-être mon côté prêcheur, mais je vois une conclusion à tout cela : même dans le plus sale, le plus moche ou le plus bête, se cache toujours quelque chose de bon. »*

M.Q.

Quand le président colombien lui a proposé de devenir haute conseillère pour l'environnement, elle a répondu *« Oui bien sûr »*, puis *« Oups »* avec cette naïveté joyeuse et courageuse qui lui sied tant. La naïade aux yeux lagune, biologiste, militante, chaperon pour les requins et harpon contre les chasseurs, a plongé en politique. Elle a quitté les rivages pour les embouteillages de Bogotá, le Néoprène pour le marbre des bureaux ; il était là son exotisme.

La Franco-Colombienne a grandi dans la capitale, au centre du pays, où son père français et sa mère belge s'étaient installés, mais ses meilleurs souvenirs sont tissés du bleu des côtes. À 4 ans, son père lui colle un masque sur le visage et lui met la tête sous l'eau. Elle découvre un ange des mers des Caraïbes, *« un poisson aux couleurs incroyables »*. Chaque été, dans un aquarium naturel au large de Carthagène, elle nourrit requins, tortues et barracudas. Des amis de la famille paradent avec des étoiles de mer : *« Je piquais des colères noires jusqu'à ce qu'ils les remettent à l'eau. »*

La jeune Sandra devient monitrice de plongée. On lui répète que *« ce n'est pas un métier »*, alors elle suit vaguement des cours de biologie à l'université de Bogotá, puis de Calí. Sa vie est ailleurs. En 1989, elle débarque pour la première fois à Malpelo, à quarante-deux minutes de vol, trois heures de bus, puis quarante heures de bateau de Bogotá. L'îlot volcanique, avec ses parois de 4 000 mètres de profondeur, est *« un endroit féérique »* longé par des bancs de requins marteaux qui font le bonheur des boucaniers. Sandra Bessudo a 20 ans et un destin : protéger l'île et sa faune.

Elle fait signer des pétitions. Employée téméraire des Parcs nationaux de Colombie, elle harponne les chasseurs de requins : *« Je prenais des photos des bateaux, je montais à bord, je parlais avec les trafiquants, je coupais leurs filets. »* La lutte est populaire ; elle récupère des fonds, établit un inventaire des espèces.

En 1998, elle tombe nez à nez avec une bestiole effroyable. L'*Odontaspis ferox*, un requin très peu observé, a des dents comme des Laguiole. *« En dix ans, je ne l'avais jamais vu. »* Plutôt que de faire demi-tour, Sandra Bessudo, d'un coup de palme bravache, le suit avec sa caméra jusqu'à 60 mètres de profondeur. Le requin inconnu devient son obsession. La traque fera l'objet d'un film, récompensé par le prix de la conservation de l'Unesco en 2000.

Galvanisée, la militante demande la reconnaissance et la protection du site. Un silence, un coup d'œil goguenard : *« Il faut un dossier pour cela, madame. »* Elle fonce, profite d'un partenariat avec l'université de Perpignan pour écrire une thèse qui servira de dossier de candidature. En 2006, Malpelo intègre le patrimoine naturel de l'humanité. Sa plus belle victoire.

Reconnue, elle rencontre Nicolas Hulot et décide de copier son *« pacte écologique »*. Deux ans plus tard, elle soumet un texte aux candidats à l'élection présidentielle. À peine élu, en 2010, Juan Manuel Santos la recrute au Haut Conseil pour l'environnement. En janvier 2012, il lui demande de prendre la tête de l'Agence présidentielle pour l'action sociale et la coopération internationale : *« Tu as trouvé tellement d'argent pour les requins que tu devrais être utile pour les humains les plus démunis. »* Sandra Bessudo *« apprend beaucoup »*, a l'impression *« de faire bouger les choses »*. Un jour, elle refermera la parenthèse politique. Et retournera les pieds dans l'eau.

M.Q.

OCTOBRE/NOVEMBRE/DÉCEMBRE 2012 – XXI

SECRETS DE FAMILLE

Dans l'intimité des fratries, il est parfois des pages occultées. Lorsqu'elles surgissent du néant, elles donnent le vertige. **ADRIEN JAULMES** a rencontré une jeune documentariste de Tel-Aviv qui s'est découvert une famille palestinienne. **JUSTINE AUGIER** a passé des jours avec un couple mixte confronté au piège de l'identité. **RENAUD LAVERGNE** a sillonné l'Ukraine sur les traces d'arpenteurs venus du monde entier récréer les vies de disparus.

D'encombrants secrets
Par Patrick de Saint-Exupéry

Voici cinq ans, en mars 2007, un militant palestinien du Djihad islamique est tué au cours d'un échange de tirs avec l'armée israélienne dans la ville de Jénine, en Cisjordanie. L'information est mentionnée dans les médias israéliens, et aussitôt occultée par le feu roulant de l'actualité. Une année passe, sans remous. Jusqu'à ce jour de novembre 2008 où le quotidien israélien *Haaretz* dégoupille une grenade. Documents à l'appui, le journal affirme que la mort du militant palestinien était un assassinat illégal, une politique mise en œuvre par l'armée.

Le journaliste Uri Blau vient de déterrer un secret de famille. Que l'armée israélienne puisse procéder à des liquidations extrajudiciaires, cela était chuchoté de longue date sous forme de rumeurs, de vagues bruits, d'accusations plus ou moins précises. Supputé sans être établi, trop troublant pour être reconnu, le non-dit était voué à rester secret.

En le prouvant, l'enquêteur brise un tabou. Il en paiera le prix. Très rapidement, Uri Blau est menacé de poursuites par les autorités et doit négocier pied à pied pour éviter une arrestation. L'affaire est soumise à un *black-out* total. Aucun média israélien n'a le droit de l'évoquer.

L'histoire vaut d'être racontée dans le détail tant elle illustre le poids de ces secrets qui encombrent et qu'il est, parfois, bien difficile d'affronter. Parce qu'ils mettent souvent en jeu une vérité soupçonnée, mais évitée.

Étrangement, l'enquête publiée par « Haaretz » est, dans un premier temps, validée par la censure militaire israélienne. Celle-ci, ni surprise ni outrée, n'y trouve rien à redire et donne son feu vert. L'enquête paraît sous le titre *« License to kill »*, « permis de tuer ».

« Permis de tuer » repose sur des documents. L'un est le compte-rendu officiel d'une réunion. Le général Yair Naveh, commandant de la Cisjordanie, est présent. Il autorise ses hommes à tuer trois militants palestiniens. L'ordre est donné à l'encontre d'une décision de la Cour suprême, pour laquelle les exécutions extrajudiciaires ne peuvent être qu'un ultime recours.

Les documents à la base de l'enquête ont été rassemblés par une jeune journaliste, Anat Kamm. Elle a copié des milliers de circulaires et d'ordres lors de son service militaire, en 2007, à l'état-major du général Yair Naveh. Elle dira plus tard aux enquêteurs qu'elle pense que *« l'histoire pardonne à ceux qui dénoncent des crimes de guerre »*.

Identifiée comme la source de l'article, Anat Kamm est arrêtée et assignée à résidence en décembre 2009, soit un an après la publication. Le général Yair Naveh, dont la confiance a été trahie, a exigé une enquête officielle. Uri Blau, le journaliste de *Haaretz*, est également dans le collimateur des autorités. De passage à Londres, il s'y réfugie avec l'accord de son journal. Il y reste quatre mois, avant de pouvoir revenir en Israël.

À aucun moment, les faits ne sont démentis. Menacée de quatorze ans de prison, la journaliste Anat Kamm est poursuivie pour espionnage. Uri Blau, lui, est accusé d'avoir détenu des documents secrets. Les protestations sont rares, en partie à cause de la censure totale imposée sur l'affaire.

En octobre 2011, Anat Kamm est condamnée à six ans de prison. En septembre 2012, Uri Blau, qui reconnaît avoir détenu des *« documents secrets sans intention de nuire à la sécurité de l'État »*, écope de quatre mois de travaux d'intérêt général. La réalité des faits reste sous le boisseau. Ceux qui veulent savoir savent. Quant aux autres, ceux qui ne veulent pas savoir, libre à eux.

Tel est le nœud du secret de famille. Il met en jeu, dans un huis clos, une réalité que l'on pressent sans forcément la connaître. Il n'appelle pas à un jugement tranché, mais sa révélation oblige à interroger une histoire, une identité, un passé. Le monde juif, celui des enfants de Jacob, est riche de tels secrets.

Nous avons choisi de l'explorer. À notre manière, pour rendre la complexité du réel et sortir des sentiers battus des représentations. Les trois récits qui suivent abordent chacun tour à tour la question de l'histoire, de l'identité et du passé. Ils ne prétendent à rien, si ce n'est à une appréhension plus fine de ces secrets qui nous obligent, parfois, à réviser des idées reçues.

À Tel-Aviv, Adrien Jaulmes a rencontré une jeune documentariste qui, tombée sur des lettres oubliées au fond d'une armoire, a brutalement découvert qu'elle avait des cousins palestiniens. Voulant renouer le lien, elle convainc sa famille de l'aider. Son oncle, ancien des services de renseignement, s'implique, d'autres se tiennent à l'écart. Tous ont dû affronter leur histoire.

Justine Augier a passé des jours avec Nili et Hamoudi à Jérusalem. Nili est juive et de gauche, Hamoudi est arabe et sioniste. Couple mixte, ils ne peuvent pas se marier et déjouent au quotidien les pièges de l'identité. Ils ont une fille, Tamara. Que leurs deux familles voient comme une tache à camoufler.

Renaud Lavergne a sillonné l'Ukraine où se rendent tous les ans des milliers de Juifs venus du monde entier. Leurs ancêtres ont disparu pendant la *« Shoah par balles »*. Ils plongent dans le passé pour approcher au plus près son mystère et ses secrets. Pour en combler les béances, ils recréent des vies.

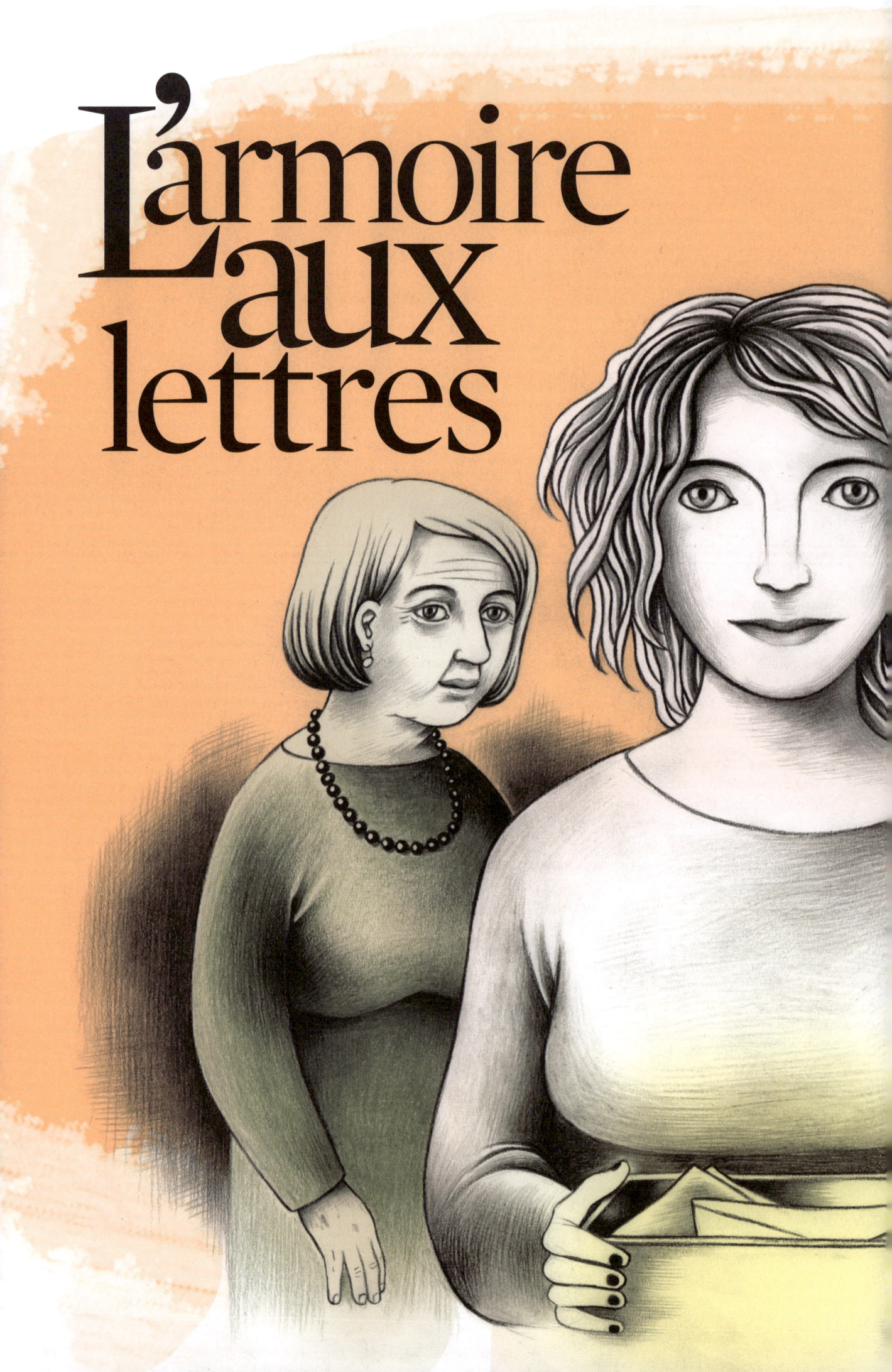

Lorsqu'une jeune Israélienne de Tel-Aviv découvre qu'elle a des oncles, des tantes et des cousins palestiniens, son monde bascule. Elle enquête, remonte le temps et retrouve sa famille sortie du néant. Mais les liens du sang n'écrivent pas une histoire. Impossible d'échapper au passé. Par Adrien Jaulmes

Noa Ben Hagai reste évasive sur les circonstances exactes de sa découverte. Cette jeune documentariste israélienne se doutait-elle de l'existence d'un secret de famille soigneusement gardé ? Cherchait-elle quelque chose en particulier, en fouillant dans les affaires de sa grand-mère, récemment décédée ? Ou bien a-t-elle trouvé par un complet hasard ce paquet de lettres jaunies, cachées dans des piles de linge ?

Noa rit, repousse en arrière ses épais cheveux blonds en désordre, répond un peu à côté de la question. *« Je ne suis pas très fière de moi. J'ai fouillé dans des affaires qui n'étaient pas les miennes. Je savais qu'il y avait quelque chose, et j'ai trouvé les lettres et photos au fond d'une penderie de ma mère, dans une boîte bien cachée. »*

Ce qu'elle admet, c'est de s'être tout de suite rendu compte qu'elle venait non seulement d'exhumer l'un de ces drames familiaux que le silence ne parvient jamais à occulter indéfiniment, mais aussi l'une de ces histoires tellement romanesques que cinéastes et écrivains n'osent même pas les imaginer.

Les lettres sont adressées à sa grand-mère, Rachel. Il y en a plusieurs dizaines. Le cachet indique qu'elles ont été postées entre 1967 et 1971 à Naplouse, la grande ville palestinienne du nord de la Cisjordanie, dans les territoires occupés. Elles sont écrites à la main, en hébreu. Ce sont des appels au secours.

« À ma chère famille en Israël. Je suis vivante, je ne suis pas morte, commence la première. *Je vis à Naplouse, parmi les Arabes. J'ai un mari et huit enfants. Venez me rendre visite. Je vous attends. Je veux vous voir, voir maman et papa, mes frères et mes sœurs. Je suis votre fille. Signé : Pnina Matzliach-Bechor, de Yavniel. »*

ILLUSTRATIONS : GABRIELLA GIANDELLI   33

SECRETS DE FAMILLE L'ARMOIRE AUX LETTRES

Les lettres se succèdent, donnent des nouvelles, demandent des nouvelles. Dans la boîte, Noa trouve aussi des photos en noir et blanc. On y voit des gens habillés à la mode des années 1960, avec des lunettes de soleil et des robes croisées. Il y a des visages inconnus, mais tous ont un même air de famille. La sienne.

Noa, jeune Israélienne de Tel-Aviv, vient de découvrir que sa grand-mère avait une sœur, dont elle n'avait jamais entendu parler. Et qu'elle-même a une grand-tante, et des cousins musulmans et palestiniens. *« Si c'était une fiction, personne n'y croirait »*, dit-elle.

Ouvrir la boîte de Pandore

Les lettres n'appartiennent pas seulement au passé, elles viennent aussi d'un autre monde. À vol d'oiseau, Naplouse est à une centaine de kilomètres de Tel-Aviv, une heure de voiture à peine, mais c'est une contrée lointaine pour Noa comme pour la plupart des Israéliens. À la télévision ou dans les journaux, on entend parfois parler des territoires palestiniens, généralement après un attentat. Là-bas, c'est le conflit, la *« situation »*, dans le langage médiatique. Vu depuis la terrasse d'un café de Tel-Aviv, cet univers de points de contrôles militaires et de camps de réfugiés est aussi lointain que mystérieux. On préfère l'ignorer, c'est plus confortable.

Noa est une jolie jeune femme, en pantalon et en t-shirt informe. Elle pourrait vivre dans le 10e arrondissement de Paris, à Amsterdam ou à San Francisco. Elle a un panier accroché au guidon de sa bicyclette, fait ses courses sur les marchés bio de Tel-Aviv et élève ses quatre jeunes enfants avec son mari, Rani. Elle se décrit elle-même comme une *« bobo »*, une *« bourgeoise-bohème »*.

Son monde est celui d'un Israël moderne, *« le côté riant de l'Apartheid »*, dit-elle de façon un peu provocatrice. Elle appartient au microcosme libéral, intellectuel et ashkénaze, de plus en plus minoritaire et isolé en Israël, où la droite et l'extrême droite nationaliste et religieuse dominent la vie politique.

Noa a plusieurs raisons d'être intriguée par la mystérieuse sœur de sa grand-mère. D'abord, elle veut savoir qui est cette femme disparue, cette grand-tante surgie du passé dont sa famille ne lui a jamais parlé, et qui écrit depuis une ville palestinienne.

Elle a aussi des raisons politiques. Noa est de gauche. Très à gauche même, puisqu'en Israël la position sur l'échiquier politique se définit avant tout par ce qu'on est prêt à accorder aux Palestiniens.

Entre rien du tout à l'extrême droite, pas grand-chose au centre et un petit peu à gauche, Noa se situe à l'autre extrémité : elle fait partie d'une minorité favorable à un État binational, avec des citoyens juifs et arabes jouissant des mêmes droits, vivant ensemble sur le sol de l'ancienne Palestine mandataire.

« Lorsque j'ai découvert que j'avais des cousins palestiniens, je me suis mise à espérer qu'au moins, dans ma famille, Arabes et Juifs pourraient avoir un futur commun et qu'il serait enfin possible de se voir les uns les autres comme des personnes, au lieu de nous en tenir à nos communautés respectives. »

Elle porte enfin un œil professionnel sur cette histoire. Noa est éditrice au supplément économique du *Haaretz*, le grand quotidien de l'*intelligentsia* éclairée et libérale israélienne. Le seul à donner encore de la place à des éditorialistes pacifistes, à publier des journalistes comme Gideon Levy ou Amira Hass, les derniers à parler d'une société palestinienne que la majorité des Israéliens ont choisi d'ignorer.

Sur les traces de la grand-tante disparue

Elle a fait des études de cinéma et réalisé plusieurs films. Cette histoire de famille, l'histoire de sa famille, sera le sujet de son nouveau documentaire. Elle décide de mener l'enquête en la filmant, en se filmant, à la recherche d'un passé occulté, celui des siens, mais aussi celui de son pays, Israël, et de l'histoire tragique de ses relations avec les Palestiniens.

Comme dans une version moderne des drames bibliques d'Israël et d'Ismaël, les fils d'Abraham, demi-frères devenus ennemis, ou d'Esaü vendant à Jacob son droit d'aînesse pour un plat de lentilles,

« Lorsque j'ai découvert que j'avais des cousins palestiniens, je me suis mise à espérer qu'au moins, chez les miens, Arabes et Juifs pourraient avoir un futur commun. »

J'aime XXI

Je m'abonne pour un an.

Les libraires soutiennent *XXI*. Une librairie, c'est important pour que vivent les livres et la culture. C'est la raison pour laquelle le prix de l'abonnement est le même que celui de la vente au numéro. Cependant si vous habitez trop loin d'une librairie ou à l'étranger, si vous préférez recevoir directement chez vous vos numéros une semaine à l'avance ou encore si vous avez peur de manquer une parution, notre service d'abonnement est là pour vous.

Formule également disponible sur le site **www.revue21.fr** qui offre un paiement sécurisé par Internet.
Vos données sont strictement personnelles ; les fichiers ne sont ni loués ni vendus à des tiers.

J'aime XXI beaucoup

Je m'abonne pour deux ans.

XXI est une revue indépendante sans aucune publicité. Elle vit uniquement grâce à ses lecteurs. C'est un pacte de confiance avec vous. Vous donnez aux auteurs la liberté d'écrire sans penser à une « cible » ou à des annonceurs. Votre engagement de longue durée est donc un gage d'indépendance pour la rédaction. Votre adhésion conforte notre aventure éditoriale et permet d'investir pour améliorer encore et encore *XXI*.

Formule également disponible sur le site **www.revue21.fr** qui offre un paiement sécurisé par Internet.
Vos données sont strictement personnelles ; les fichiers ne sont ni loués ni vendus à des tiers.

J'aime XXI avec passion

Je m'abonne par prélèvement automatique à chaque parution.

Après l'envoi de chaque numéro, votre compte bancaire est prélevé automatiquement de son prix d'achat. Votre trésorerie est allégée. Vous pouvez arrêter votre abonnement à tout moment, par e-mail ou avec une simple lettre. Attention ! Cette offre est réservée aux titulaires d'un compte bancaire domicilié en France métropolitaine et Dom-Tom.

Formule également disponible sur le site **www.revue21.fr** qui offre un paiement sécurisé par Internet.
Vos données sont strictement personnelles ; les fichiers ne sont ni loués ni vendus à des tiers.

J'aime XXI à la folie

J'abonne quelqu'un d'autre en cadeau.

Lire *XXI* est un plaisir qui se partage. Plus d'un tiers des abonnements sont offerts : cadeaux d'anniversaire, de Noël, de famille ou tout simplement d'amitié… Au sein de la rédaction, Christine Blaise s'occupe exclusivement des abonnés. Elle répond à vos questions et à vos demandes (envois à l'occasion d'un événement ou d'un anniversaire) : **c.blaise@rollinpublications.fr**

Formule également disponible sur le site **www.revue21.fr** qui offre un paiement sécurisé par Internet.
Vos données sont strictement personnelles ; les fichiers ne sont ni loués ni vendus à des tiers.

Oui, je m'abonne à XXI
pour deux ans, soit 8 numéros.

À partir du n°____

○ M. ○ Mme
Prénom _____ Nom _____
Adresse _____
_____
Code postal ☐☐☐☐☐ Ville _____
Pays _____
E-mail _____

○ France métropolitaine, Dom-Tom, **124 €** port compris.
○ Zone euro et Suisse, **134 €** port compris.
○ Reste du monde, **144 €** port compris.

Je joins un chèque du montant de l'abonnement à l'ordre de « XXI » et je renvoie l'ensemble à :
XXI – Service des abonnements, 27 rue Jacob, 75006 Paris

Date _____ Signature _____

Oui, je m'abonne à XXI
pour un an, soit 4 numéros.

À partir du n°____

○ M. ○ Mme
Prénom _____ Nom _____
Adresse _____
_____
Code postal ☐☐☐☐☐ Ville _____
Pays _____
E-mail _____

○ France métropolitaine, Dom-Tom, **62 €** port compris.
○ Zone euro et Suisse, **67 €** port compris.
○ Reste du monde, **72 €** port compris.

Je joins un chèque du montant de l'abonnement à l'ordre de « XXI » et je renvoie l'ensemble à :
XXI – Service des abonnements, 27 rue Jacob, 75006 Paris

Date _____ Signature _____

Oui, j'abonne quelqu'un d'autre à
XXI en cadeau pour un an, soit 4 numéros.

À partir du n°____

Je donne les coordonnées du destinataire de l'abonnement.
○ M. ○ Mme
Prénom _____ Nom _____
Adresse _____
_____
Code postal ☐☐☐☐☐ Ville _____
Pays _____
E-mail _____

Je donne mes coordonnées pour être joint en cas de problème.
○ M. ○ Mme
Prénom _____ Nom _____
E-mail _____

○ France métropolitaine, Dom-Tom, **62 €** port compris.
○ Zone euro et Suisse, **67 €** port compris.
○ Reste du monde, **72 €** port compris.

À l'issue de l'abonnement, je souhaite que vous me relanciez pour un éventuel réabonnement du destinataire.
○ Oui ○ Non

Je joins un chèque du montant de l'abonnement à l'ordre de « XXI » et je renvoie l'ensemble à :
XXI – Service des abonnements, 27 rue Jacob, 75006 Paris

Date _____ Signature _____

Oui, je m'abonne à XXI
par prélèvement automatique.

À partir du n°____

○ France métrop., Dom-Tom, **15,50 € par trimestre,** port compris.
○ Zone euro et Suisse, **16,75 € par trimestre,** port compris.
○ Reste du monde, **18 € par trimestre,** port compris.

Autorisation de prélèvement
J'autorise l'établissement teneur de mon compte à effectuer sur ce dernier, si la situation le permet, les prélèvements ordonnés par XXI/Rollin Publications. En cas de litige, je pourrais faire arrêter l'exécution des prélèvements sur simple demande adressée à l'établissement teneur de mon compte.

Titulaire du compte à débiter
Prénom _____ Nom _____
Adresse _____
_____
Code postal ☐☐☐☐☐ Ville _____ Pays _____

Établissement titulaire du compte à débiter
Document réservé aux titulaires d'un compte domicilié en France.
Établissement _____ Adresse _____
_____
Code postal ☐☐☐☐☐ Ville _____

Désignation du compte à débiter
Code banque ☐☐☐☐☐ Code guichet ☐☐☐☐☐
N° de compte ☐☐☐☐☐☐☐☐☐☐☐ Clé RIB ☐☐

Organisme créancier
XXI/Rollin Publications – 27, rue Jacob, 75006 Paris
N° national d'émetteur : 555102

Date _____ Signature _____

Merci de joindre impérativement **un relevé d'identité bancaire (RIB)** à ce formulaire d'abonnement rempli.

« Je me suis aperçue que tout le monde dans ma famille était au courant. » Au courant, mais pas tous d'accord pour remuer le passé. À quoi bon faire revivre tout ça ? Le présent est déjà si compliqué.

le destin de sa grand-mère et de sa sœur perdue est son fil conducteur. Son film la lance sur les traces de cette grand-tante disparue.

Contre toute attente, elle n'a pratiquement aucune difficulté à reconstituer ce pan occulté de l'histoire familiale : *« Je pensais que l'enquête serait difficile mais, dès que j'ai commencé à poser des questions, je me suis aperçue que tout le monde dans ma famille était au courant. »* Au courant, mais pas tous d'accord pour remuer le passé. C'est une vieille histoire, lui disent sa mère, ses oncles et ses tantes. Le passé est le passé. À quoi bon faire revivre tout ça ? Le présent est déjà si compliqué.

« Tu n'as jamais demandé ce qui était arrivé à ta tante ? demande Noa à sa mère.
— Ta grand-mère n'aimait pas que je pose trop de questions. Elle avait du mal à me répondre. C'est pour cela qu'elle ne l'a jamais invitée à la maison et a ignoré son existence.
— On pourrait avoir des parents à Naplouse aujourd'hui, des cousins ?
— C'est possible. À Naplouse. Ou au Koweït. »

Toute sa famille lui demande d'abandonner l'enquête. *« Pourtant, quand j'ai décidé de continuer, ils m'ont finalement aidée. Peut-être qu'eux aussi voulaient savoir. »*

Ces Juifs un peu trop arabes

L'histoire est celle de deux sœurs, Rachel et Pnina, la grand-mère et la grand-tante de Noa. Elle commence dans les années 1940, avant la création de l'État d'Israël. Au début de la Seconde Guerre mondiale, la Palestine sous mandat britannique est en pleine effervescence. Depuis 1936, la révolte arabe fait rage contre les troupes britanniques, et contre les nouveaux immigrants juifs qui s'installent, toujours plus nombreux. Aux assassinats et aux attentats répondent les arrestations et les raids de représailles.

Noa, qui a grandi dans une famille ashkénaze, les Juifs d'Europe centrale fondateurs du mouvement sioniste et de l'État d'Israël, découvre que sa mère est en partie issue d'une autre branche du judaïsme. Descendants des Juifs chassés d'Espagne après la *Reconquista*, les Séfarades – les Espagnols – ont essaimé à travers tout le bassin méditerranéen, d'Afrique du Nord jusqu'en Turquie. Cette communauté englobe aussi, quoique de façon impropre, celle des Juifs orientaux qui n'ont jamais quitté le Moyen-Orient depuis la destruction du Temple de Jérusalem par Titus en 70 de notre ère.

Les nouveaux immigrants juifs laïques et européens, venus à l'appel du mouvement sioniste recréer un État juif en Palestine, considèrent avec un peu de condescendance ces lointains cousins orientaux qui ont vécu pendant des millénaires dans la région, d'Iran jusqu'en Égypte, d'Irak et de Syrie jusqu'au Yémen. En Palestine, leurs communautés appelées le « Vieux Yichouv » ressemblent un peu trop à des Arabes, dont ils parlent la langue. Les coutumes des Orientaux, leurs superstitions, leurs costumes locaux gênent un peu.

Fondateurs d'un pays peuplé de Juifs modernes, les nouveaux arrivants portent shorts et chapeaux de toile. Avec leurs fusils et leurs charrues, bronzés et musclés, ils font fleurir la terre d'Israël et travaillent collectivement dans des kibboutzim d'inspiration socialiste. Pionniers d'une *« terre sans peuple pour un peuple sans terre »*, selon la formule un peu trompeuse en vogue à l'époque, ils ne sont pas là pour se mêler à des communautés arriérées et orientales, avec lesquelles ils n'ont en commun que la religion.

Pnina, par qui le scandale arrive

L'arrière-grand-père maternel de Noa, Matzilyah Bechor, est né à Tibériade, où vit depuis des temps immémoriaux une communauté juive. N'ayant jamais quitté la Palestine, la communauté ne se sent pas vraiment concernée par le projet sioniste de retour, mais le père de Matzilyah Bechor a noué des liens avec les nouveaux arrivants et négocie pour le compte du baron de Rothschild l'achat de terres aux Arabes. Grâce à quoi, l'arrière-grand-père de Noa est accepté dans une petite communauté sioniste, la coopérative de Yavniel, près du lac de Tibériade. Lui et sa famille sont les seuls Orientaux de ce village agricole, composé de Juifs ashkénazes venus d'Europe.

Comme son père, Bechor rend bien des services à la coopérative de Yavniel, ne serait-ce que par sa connaissance de la langue et de la culture arabes. Il devient l'homme à tout faire et le gardien du village, faisant à l'occasion le coup de feu

SECRETS DE FAMILLE L'ARMOIRE AUX LETTRES

contre les Arabes révoltés. On le voit sur des photos sépia, à cheval, coiffé d'un keffieh. Il a de grosses moustaches noires qui le font un peu ressembler à Balzac. Sa femme, Simha, fait des ménages chez les autres habitants.

Les Bechor vivent dans une cabane en pisé à l'entrée du petit village. Ils ne possèdent pas de terres dans une collectivité qui, à la différence des kibboutzim, autorise la propriété privée, juste quelques vaches et des poules. Ils ont deux filles, Rachel et Pnina.

La cadette, Pnina est une fillette aux jambes grêles et aux cheveux noirs. C'est par elle que le scandale arrive, en 1940. Elle n'a que 14 ans quand elle tombe enceinte. C'est un drame. Dans le petit village de Yavniel, Noa retrouve des personnes âgées qui se souviennent encore de cette affaire. Une vieille dame lui parle de la famille Bechor, des gens pauvres et modestes dont « *les enfants étaient bien élevés* ». D'autres voisins décrivent Pnina comme le mouton noir de la famille, une fille facile qui allait avec n'importe qui dans le foin en échange de petits cadeaux ou de friandises.

Certains évoquent une histoire d'amour avec un jeune homme de la communauté. Le beau Srulik avec sa moto faisait tourner bien des têtes et battre les cœurs. Pnina est-elle tombée enceinte de ses œuvres ? A-t-il refusé d'épouser la fille du gardien ? Srulik Tamari n'est plus là pour répondre. Il a été tué quelques années plus tard en escortant un convoi de ravitaillement pour Jérusalem pendant la guerre d'indépendance d'Israël en 1948.

Dans la famille Bechor, la grossesse est un scandale. Le père s'estime déshonoré. Les seize familles ashkénazes de la coopérative de Yavniel ne sont sans doute pas très heureuses de cette mésalliance avec les Orientaux.

LES DEUX BRANCHES D'UN MÊME CHANDELIER

Désavouée, Pnina disparaît. Est-elle chassée ou décide-t-elle de fuguer ? Sur ce point, la mémoire familiale diverge. Une grand-tante de Noa affirme que Pnina est enlevée par un chauffeur de taxi collectif arabe qui l'emmène à Haïfa. Un oncle assure qu'elle part volontairement sur le camion d'un marchand de légumes de Jaffa.

Une certitude : personne ne recherche sérieusement l'adolescente. La Seconde Guerre mondiale vient d'éclater et le sort d'une jeune fille n'intéresse guère par ces temps troublés. Encore moins quand sa disparition arrange finalement à peu près tout le monde. Pour les siens, Pnina est morte.

Mais Pnina est bien vivante. Elle s'est enfuie vers la côte, à Jaffa, la ville arabe au bord de la Méditerranée. Seule, enceinte, sans personne, elle fait la connaissance d'un maraîcher palestinien. Elle l'épouse, se convertit à l'islam, et aura avec lui huit enfants.

Le destin de Rachel et Pnina diverge alors de façon radicale. La guerre d'indépendance d'Israël, qui oppose le nouvel État juif et ses voisins arabes, éclate quelques années plus tard. Elle entraîne chacune des sœurs dans des univers distincts : celui des vainqueurs et celui des vaincus. L'une, Rachel, devient la citoyenne d'un pays neuf, où tout est à construire. L'autre, Pnina, connaît les affres de la défaite et les chemins de l'exil.

Lorsque la Haganah, la future armée israélienne, s'empare de Jaffa en 1948, Pnina prend la fuite avec les Palestiniens qui l'ont adoptée. Elle et son mari se joignent aux 70 000 habitants arabes réfugiés derrière les lignes jordaniennes, dans les collines de Cisjordanie. Ils croient leur départ temporaire. Quelques semaines, tout au plus, le temps que les armées arabes coalisées contre le jeune État juif leur rendent leurs terres et leurs maisons, dont ils ont gardé les clefs. Mais les Arabes sont vaincus et Israël ne laisse pas revenir les réfugiés, entassés dans des camps qu'on croit encore provisoires.

Pnina et son mari se retrouvent d'abord à Tulkarem, puis au camp n°1 de Naplouse, dans les collines de Cisjordanie. La nouvelle Organisation des Nations unies distribue des tentes et des médicaments. De provisoires, les camps deviennent

> Pnina est une fillette aux jambes grêles et aux cheveux noirs. En 1940, elle n'a que 14 ans quand elle tombe enceinte. C'est un drame. Elle s'enfuit à Jaffa, la ville arabe au bord de la Méditerranée.

permanents. Des cabanes remplacent les tentes, puis l'on construit peu à peu des maisons en dur, enserrées dans les étroits périmètres attribués aux réfugiés. La ligne de cessez-le-feu entre Israël et l'armée jordanienne devient pendant près de vingt ans une frontière quasi infranchissable.

Rachel, elle, est une jolie jeune femme dans un nouveau pays. Pour échapper à ce que Noa appelle la *« malédiction de Yavniel »*, celle des Orientaux méprisés, elle épouse l'un de ces ashkénazes qui viennent de remporter la victoire et de conquérir, les armes à la main, une nouvelle patrie pour les Juifs après deux mille ans d'exil.

Ce jeune combattant victorieux, Yitzhak Ettinger, est le grand-père de Noa. Issu d'une famille d'immigrants venus de Russie, qui a fondé un des premiers et des plus célèbres kibboutzim, celui de Degania où naquit Moshé Dayan, il fait partie de l'élite du nouvel État. Yitzhak et Rachel s'installent à Nahariya, une ville côtière fondée par des Juifs allemands dans les années 1930. Ils ont deux enfants Shmuel et Ofra.

Ofra, la mère de Noa, se marie à son tour avec un Juif ashkénaze, un physicien, Ehud Ben Hagai. Le jeune couple part vivre dans un kibboutz à Afek sur les hauteurs du Golan, où grandit Noa. Plus tard, ses parents divorcent, son père tourne le dos au sionisme et part refaire sa vie à Santa Monica, en Californie.

CE PASSÉ QU'ON VEUT OUBLIER

Noa grandit avec sa mère à Tel-Aviv, au bord de la Méditerranée, avec ses avenues rectilignes et plantées d'arbres, et ses immeubles modernes construits par des architectes du Bauhaus. Dans sa famille, personne n'évoque jamais la sœur de la grand-mère, cette petite jeune fille indigne qui rappelle la cabane en terre, l'arrière-grand-père au keffieh et le mépris entourant les Bechor, ces Orientaux qu'on préfère oublier.

« Pourquoi ne pas avoir remué ciel et terre pour retrouver Pnina ? », demande Noa à ses oncles et tantes après avoir retrouvé les lettres adressées à sa grand-mère. Ils lui livrent de nouveaux détails, un peu dérangeants.

SECRETS DE FAMILLE L'ARMOIRE AUX LETTRES

Sa grand-mère Rachel, lui explique-t-on, a bel et bien retrouvé sa sœur à Tulkarem, juste après la guerre d'indépendance et tenté de la convaincre de revenir parmi les siens. Pnina refuse, pour ne pas abandonner ses enfants palestiniens. Rachel décide alors de couper les ponts. Pnina disparaît à nouveau. Pour réapparaître vingt ans plus tard, avec les lettres envoyées à partir de 1967.

Cette année-là, la guerre des Six Jours se termine par la défaite des pays arabes et l'occupation de la Cisjordanie par l'armée israélienne. Entre les nouveaux territoires occupés et Israël, la poste fonctionne à nouveau. Pnina écrit à sa sœur et à sa *« chère famille israélienne »* pour demander de l'aide : *« Je suis vivante, je ne suis pas morte. »*

La grand-mère de Noa ignore les appels de Pnina, mais quelques oncles et tantes y répondent. Le contact est renoué. Un an plus tard, en 1968, les cousins israéliens rendent visite à leurs cousins palestiniens à Naplouse. David, le plus jeune des frères Bechor, né en 1941, un an après la disparition de Pnina, rencontre alors pour la première fois sa sœur aînée.

Les visites deviennent régulières. Les samedis se font jours de retrouvailles entre cousins israéliens et palestiniens. On prend l'habitude de déjeuner ensemble. Pnina cuisine toute la semaine pour la venue des siens.

Noa trouve des photos de la famille réunie posant devant des carcasses de tanks jordaniens. On y voit Pnina en costume traditionnel arabe.

> La première réunion a lieu chez oncle Schmulik et tante Sarah. Dans le jardin, l'atmosphère est chargée d'émotion, mais on ne trouve pas grand-chose à se dire. On promet de se revoir.

Elle ressemble à une femme âgée, édentée, prématurément vieillie par les privations et les grossesses.

On s'écrit aussi. Pnina donne des nouvelles, raconte que ses enfants sont partis chercher du travail en Arabie Saoudite et au Koweït, comme tant de jeunes Palestiniens. La famille israélienne lui répond mais, peu à peu, les visites s'espacent.

Israël et les territoires sont en voie de séparation. D'un côté, un pays qui se développe, ressemble déjà à l'Europe, au moins dans les grandes villes comme Tel-Aviv. De l'autre, un territoire sous occupation militaire où commence la répression contre les premiers activistes palestiniens de l'OLP.

Dans ses lettres, Pnina évoque les raids nocturnes de l'armée israélienne, les arrestations, les difficiles conditions de vie. Sa position devient de moins en moins tenable. « *Je suis juive comme vous* », lance-t-elle aux soldats. Tout le camp de réfugiés connaît son histoire : « *Tu es juive ? Que fais-tu ici ? Va-t'en !* », lui disent les Palestiniens.

À mesure que les visites s'espacent, les courriers de Pnina se teintent de tristesse. « *Je veux savoir pourquoi vous ne venez plus me voir* », écrit-elle dans sa dernière lettre à ses cousins israéliens. « *Je pleure jour et nuit. Pourquoi ne venez-vous pas ? Pourquoi ma sœur ne vient-elle pas me voir ? Vous ne nous aimez pas ? Dites-moi ce qu'il y a. Je vous aime.* »

Nouvelles retrouvailles

Pnina meurt d'un cancer en 1971, à l'âge de 48 ans. Avec elle disparaissent les liens tout juste renoués entre les deux branches de la famille. De la page d'histoire familiale subsistent quelques courriers, quelques photos et des souvenirs enterrés. Trente ans plus tard, Noa, caméra à la main, est déterminée à retrouver ces cousins palestiniens.

Elle demande l'aide de son oncle maternel, Shmuel Ettinger. Oncle Shmulik connaît bien les Palestiniens. Ancien militaire, colonel de réserve, il a fait sa carrière au Shin Beth, les services de renseignements intérieurs israéliens.

Il parle l'arabe et a été gouverneur militaire de Ramallah entre 1988 et 1991, avant les accords d'Oslo, à l'époque où l'armée israélienne administrait directement les territoires palestiniens.

Shmulik hésite, mais accepte finalement d'aider sa nièce. Après quelques coups de téléphone à ses contacts dans les services de renseignements israéliens, il n'a aucun mal à retrouver la trace des cousins. Pnina est morte, mais sa plus jeune fille, Salma, vit toujours dans la maison du camp de réfugiés n° 1 à Naplouse.

Il appelle. À l'autre bout du fil, une femme décroche. C'est Salma :

« *Allô ?*
— *Bonjour, c'est ton cousin Shmulik. Je suis le fils de Rachel, ta tante.*
— *Ah ! Shmulik ! Comment ça va ? Je dois te voir de toute urgence.*
— *Tu peux venir en Israël ?*
— *Je me débrouillerai.* »

« *Voilà, ça y est, c'est fait !* », dit Shmulik en raccrochant. « *Pourquoi ne les as-tu pas cherchés quand tu étais dans l'armée ?* », lui demande Noa. « *Je me suis gardé de m'approcher d'eux comme d'une flamme. Tu ne comprends pas la position que j'occupais. J'étais chargé du renseignement pour toute la Cisjordanie, je recrutais des informateurs palestiniens, je les dirigeais. C'était une position sensible.* »

Tante Sarah, la femme de l'oncle Shmulik, est dubitative : « *Ça ne va nous attirer que des ennuis* », prévient-elle. Son mari et elle vivent dans une ancienne maison arabe de Jérusalem, dans le quartier de Barka : « *Ce n'est pas une maison de super-riches, mais quand même. Ils vivent dans un camp de réfugiés. Ça résume tout.* »

La première réunion a lieu chez eux. Salma est en larmes quand elle embrasse ses cousins israéliens. C'est une femme entre deux âges, cheveux nus, qui fume cigarette sur cigarette. Elle parle arabe, mais se souvient des comptines en hébreu que sa mère lui apprenait. « *D'après la loi juive, je suis juive. Mais d'après l'islam, je suis musulmane* », résume-t-elle brutalement. Dans le jardin d'oncle Shmulik, l'atmosphère est chargée d'émotion, mais on ne trouve pas grand-chose à se dire. On promet de se revoir.

La fois suivante, les Israéliens vont du côté palestinien. Salma fait venir des cousins, des neveux. On s'embrasse, on se présente les uns aux autres. Les Palestiniennes sont voilées, les Israéliens en tenues de sportswear. On découpe l'agneau autour de la table du salon, on regarde les photos de famille : « *Qui est-ce ? Yezkel ? Tzur ?* »

SECRETS DE FAMILLE L'ARMOIRE AUX LETTRES

Il y a de la gêne de part et d'autre, de la joie aussi. Regards, embrassades, airs pensifs. On prend une photo de la famille réunie dans le salon : « *Cheese !* »

LE CHOC DES MONDES

Les liens du sang ont été renoués, les deux branches sont à nouveau réunies : Noa a réussi, elle est heureuse. Très vite, pourtant, surgissent les doutes, les questions. La femme de l'oncle Shmulik, la tante Sarah, est la plus réservée : « *Je sais que ce n'est pas très gentil de dire ça, mais qu'avons-nous à gagner de cette relation ?* » Elle insiste : « *C'est exactement notre problème avec les réfugiés palestiniens. Les familles qui sont parties de chez elles après la guerre avec deux ou trois enfants forment maintenant des clans entiers, qui rêvent de retrouver leurs terres et qui brandissent les clefs de leurs anciennes maisons.* »

La tante Sarah ne croit pas possible de combler ce fossé. « *Tu ne peux pas les aider* », dit-elle à son mari : « *Tu ne peux pas les faire s'installer en Israël, ils n'ont pas la même mentalité. Ils seront malheureux.* »

Noa voulait enquêter sur une disparition mystérieuse et reconstituer d'un passé tragique, elle se fait chroniqueuse d'un choc entre deux univers que tout sépare : culture, religion, argent. Pendant quatre ans, elle ausculte les nouvelles relations qui s'établissent entre les cousins, elle devient aussi l'un des personnages de son récit, à la fois narratrice et actrice. Sans rien occulter de ses doutes, elle enregistre les discussions entre les siens qui oscillent entre préjugés et désir de venir en aide à leurs parents sortis du néant.

Avec Salma, la réalité de l'occupation fait irruption dans la vie des cousins israéliens. « *Je vis à Tel-Aviv et j'essaie d'oublier qu'à moins d'une heure d'ici la cousine de ma mère vit dans la misère* », dit Noa qui s'interroge : « *La vie aurait pu prendre un tour différent. Si ma grand-mère était tombée enceinte, ce serait moi qui vivrais aujourd'hui dans un camp de réfugiés.* »

Aux sentiments de culpabilité des uns répondent les attentes des autres. Pour les cousins palestiniens, ces retrouvailles sont une aubaine. Salma voit sa famille israélienne comme le moyen d'échapper aux règles de l'occupation, où tout dépend de permis de circuler délivrés au compte-gouttes par les autorités militaires israéliennes.

Plus que vers Noa dont ils ne parlent pas la langue, ils se tournent vers l'oncle Shmulik, auréolé de son prestige d'ancien gouverneur de Ramallah, de son grade et de ses relations dans l'armée israélienne. Depuis sa retraite, il a fondé une florissante société de conseil en sécurité, il a de l'argent, un statut. C'est vers lui que les demandes affluent : « *Le téléphone n'arrête pas de sonner. Salma vient chez moi en larmes. Elle demande de l'argent, de l'aide. Parfois, elle me téléphone quand elle est bloquée à un point de contrôle pour que je parle aux soldats.* »

CRUELLES DÉSILLUSIONS

Le mari et le fils de Salma sont, un jour, arrêtés à Tel-Aviv sans permis de travail. Les Palestiniens ne peuvent circuler en Israël sans autorisation spéciale, souvent limitée du lever au coucher du soleil. Enregistré à Gaza, le fils de Salma risque de plus d'être expulsé vers ce territoire sans pouvoir retrouver sa famille à Naplouse, en Cisjordanie.

Appelé à la rescousse, Oncle Shmulik contacte ses anciens camarades du Shin Beth et fait en sorte que les deux hommes soient incarcérés dans une prison israélienne. Après avoir versé 14 000 shekels de caution, environ 3 000 euros, il obtient la modification du certificat de résidence. Salma remplit les papiers dans l'administration palestinienne en se gardant bien de dire d'où vient ce soudain appui.

Peu après, Nidal, le fils de Salma, est à nouveau arrêté. Comme de nombreux jeunes Palestiniens, il s'est fait photographier avec un fusil, et les services de sécurité israéliens le soupçonnent d'appartenir à une organisation clandestine. Encore une fois, Salma en appelle à l'aide de l'oncle Shmulik. « *Pourquoi a-t-il été arrêté ? A-t-il pris part à des actes de terrorisme contre des Juifs ?* », demande Shmulik à Salma. « *Non, il est comme les jeunes de son âge, comme ton fils qui est dans l'armée israélienne. Il peut avoir à tuer un Arabe musulman. La réalité est plus forte.* » Nidal est libéré, mais les demandes incessantes pèsent.

Petit à petit, les distances se creusent, les Israéliens cessent de répondre aux appels téléphoniques des Palestiniens. « *Peut-être qu'on ne les intéresse pas. Je leur demande peut-être trop. Parfois, j'ai l'impression d'être un fardeau pour Shmulik* », dit Salma. Noa avoue son désarroi : « *J'aime bien Salma, mais il y a un mur entre nous. Oncle Shmulik fait tout pour l'aider, mais ce n'est jamais assez. Elle essaie toujours d'obtenir le maximum. C'est compréhensible, mais c'est dur d'être toujours du côté de ceux qui donnent. On a l'impression que l'on n'existe que pour ça. Nous avoir rencontrés, c'était pour eux comme gagner au loto ou se découvrir un cousin millionnaire en Amérique.* »

« Je n'avais jamais imaginé qu'un simple coup de téléphone allait causer autant de peines et d'espoirs, pas réalisé combien la plaie était profonde et infectée. Cette plaie, je l'ai rouverte. J'ai créé une sacrée pagaille. »

Ofra, la mère de Noa, ne veut plus avoir affaire avec ces encombrants cousins : « *Je doute que l'on parvienne à trouver quoi que ce soit en commun avec eux.* » À sa fille, elle conseille d'en rester là : « *Le fossé est trop grand, même si nous sommes du même sang.* »

S'ACCROCHER, JUSQU'AU BOUT

Oncle Shmulik, lui aussi, en a assez des appels incessants de Salma : « *J'ai fini par ne plus répondre au téléphone. J'en ai plein le dos d'elle et de ses histoires. Elle tente de me manipuler.* » Vétéran du Shin Beth, spécialiste de l'action clandestine dans les territoires, il est le seul membre de la famille à bien connaître la société palestinienne où le *wasta*, le piston, occupe une place centrale. Jamais, dit-il, il n'a partagé l'optimisme de Noa : « *Je lui avais dit dès le début que ça ne marcherait pas. Les liens du sang ne sont pas tout.* »

Il continue toutefois à intervenir en faveur de Salma et des siens. Il donne de l'argent, fait jouer ses contacts dans les services de sécurité israéliens, jusqu'au ministre de la Défense. « *Shmulik est le plus à droite de toute la famille. Il répète qu'il ne veut plus entendre parler de Salma, mais il finit toujours par l'aider* », note Noa.

La dernière requête de Salma dépasse toutes les autres : elle demande la nationalité israélienne. « *Ils veulent devenir israéliens ?* », s'interroge, incrédule, tante Sarah. « *Elle est juive par sa mère et a droit à la nationalité au regard de la loi israélienne* », répond oncle Shmulik qui appuie la demande, témoigne aux audiences et paie les frais d'avocat. « *Le problème est qu'il n'y a aucun document officiel, seulement des témoignages.* »

La procédure traîne en longueur. Le dossier atterrit à la Cour suprême. Arrêté alors qu'il cherche du travail à Tel-Aviv, le mari de Salma est condamné à huit mois de prison. Noa lui apporte des affaires en prison, Salma demande de l'argent, Noa en donne. Oncle Shmulik propose de l'employer comme femme de ménage, sa femme, tante Sarah, refuse : par « *gêne* », dit-elle.

Oncle Shmulik en est maintenant persuadé : « *Même si Salma obtient la nationalité, elle ne s'adaptera jamais à la vie en Israël.* » Sa mère, Rachel, avait raison de couper les ponts : « *Quand Pnina a décidé de rester avec sa nouvelle famille, son départ était définitif. Salma aurait été plus heureuse si on l'avait laissée tranquille.* »

Salma et son mari vivent aujourd'hui à l'écart de leurs proches palestiniens, qui ne veulent pas entendre parler de leur ascendance juive. « *Sa fille a divorcé, ses fils ne lui parlent plus, sa famille est en miettes. Quel bien lui avons-nous fait ?* », s'interroge oncle Shmulik. « *Salma a perdu son identité : Israélienne ou Palestinienne ? Juive ou musulmane ? La structure de sa personnalité a éclaté, et c'est de notre faute. Nous voulions bien faire, nous avions de bonnes intentions, mais nous avons causé des dégâts peut-être irréparables.* »

« COMME SI TOUT SE RÉPÉTAIT SANS CESSE »

Le film de Noa a été un succès international. En Israël, en Chine, aux États-Unis, en France, *Les Liens du sang* a été salué par des prix, mais le triomphe a un goût parfois amer. Oncle Shmulik a invité Ehud Barak à la première projection, à Jérusalem. En voyant arriver le Premier ministre israélien, Noa se souvient avoir été partagée : « *Je me disais que le film le ferait peut-être réfléchir. En fait, il n'a même pas réagi.* »

Avec le recul, Noa se demande si elle a bien fait de s'approprier cette histoire : « *Je n'avais jamais imaginé qu'un simple coup de téléphone allait causer autant de peines et d'espoirs. Je n'avais pas réalisé combien la plaie était profonde et infectée. Et cette plaie, je l'ai rouverte. J'ai créé une sacrée pagaille.* »

Salma a vu le film. « *Elle n'a rien dit, elle m'a juste demandé de l'argent.* » Noa a voulu l'emmener en Hollande pour un festival : « *Elle m'a demandé pour quoi faire et m'a encore réclamé de l'argent.* » Ses cousins palestiniens n'ont tiré aucun bénéfice de l'affaire : « *Je me demande si je n'aurais pas dû laisser cette histoire-là où elle était.* »

Noa voulait faire vivre Israéliens et Arabes ensemble, au moins au sein de sa famille, « *mais ça ne marche pas* » : « *C'est comme si tout se répétait sans cesse. Nous avons abandonné Pnina, et nous recommençons aujourd'hui en abandonnant Salma. C'est comme une métaphore de notre situation, comme si on ne pouvait pas échapper au passé, échapper à ce que nous avons fait.* »

L'ARMOIRE AUX LETTRES — POUR ALLER PLUS LOIN

Le projet sioniste

Le sionisme, projet de retour des Juifs à Sion, autre nom de Jérusalem, après deux mille ans d'exil, est énoncé par le journaliste austro-hongrois Theodor Herzl à la fin du XIXe siècle.

Dans *L'État juif*, publié en 1896, Herzl explique que rien ne sert de lutter contre l'antisémitisme qui ne cesse de ressurgir sous des formes diverses à travers les âges : la seule solution est pour les Juifs d'avoir un État, comme tous les autres peuples.

Theodor Herzl au sixième congrès sioniste de Bâle, 1903. DR

Ce nouveau nationalisme juif s'oriente vers la Palestine, site de l'ancien Israël biblique. Les deux guerres mondiales bouleversent la carte du Moyen-Orient, et après la Shoah, les sionistes parviennent à créer l'État d'Israël en 1948.

Pour les Palestiniens, habitants arabes de la région, le succès de cette entreprise marque le début de l'exode, la *Nakba* (catastrophe), et ouvre une ère de guerres israélo-arabes et de soulèvements palestiniens. Le conflit se poursuit, sans que personne n'ait encore trouvé comment réconcilier l'existence d'un État juif avec la garantie des droits fondamentaux des populations arabes.

Les « Mizrahim »

Les Juifs mizrahim, également appelés *Edot HaMizra'h*, sont souvent confondus avec les Séfarades, dont ils partagent le rite. Les Mizrahim descendent des communautés juives du Yémen, d'Iran, de Syrie, de Boukhara, d'Irak, d'Inde, de Géorgie et du Kurdistan et ont vécu pendant des siècles parmi les Arabes dont ils parlaient la langue.

La plupart d'entre eux ont quitté leur pays de naissance pour gagner le nouvel État israélien après des persécutions subies pendant et après la guerre israélo-arabe de 1948.

Leur installation fut rude et leur arrivée suscita de nombreuses difficultés. Plus proches des Arabes par leurs coutumes, cultures et langages, ces communautés furent parquées dans des tentes érigées à la hâte, puis dans des zones urbaines de développement.

Leurs communautés d'origine ont presque entièrement disparu. Il resterait aujourd'hui environ 40 000 Mizrahim éparpillés essentiellement en Iran, en Ouzbékistan, en Azerbaïdjan, en Turquie, au Maroc et en Tunisie.

Les Kibboutzim

Installation du kibboutz Shaar Golan, 1937. AFP/ZOLTAN KLUGER

Un kibboutz est, selon l'*Encyclopaedia Judaica*, *« une communauté délibérément formée par ses membres, à vocation essentiellement agricole, où il n'existe pas de propriété privée »*. Cette entreprise utopiste socialiste se développe avec les premiers pionniers sionistes.

Le premier kibboutz, Degania Aleph, est fondé en 1909 par un petit groupe de jeunes immigrants juifs originaires d'Europe de l'Est. À l'origine, il s'agit de créer un *« homme nouveau »* et une *« société nouvelle »*, débarrassés de la propriété privée. Dans les kibboutzim qui se créeront par la suite, pour briser la *« famille bourgeoise »*, les enfants seront élevés en commun, et ne vivront pas avec leurs parents. Le *moshav* est une version un peu moins radicale du kibboutz, qui autorise la propriété privée.

Les kibboutzim se multiplient dans les années 1920 et 1930, et connaissent une croissance spectaculaire avec l'indépendance d'Israël. Le nouvel État attribue des terres à ces communautés rurales. Le nombre total des habitants des kibboutzim ne sera jamais très important, mais ils fourniront un vivier de cadres qui formeront l'élite de l'État, et un grand nombre d'officiers dans l'armée. Moshé Dayan est issu de Degania.

Le kibboutz a connu un net déclin depuis les années 1970. En 2005, il reste 269 kibboutzim en Israël, disséminés depuis le plateau du Golan au Nord jusqu'à la mer Rouge au Sud, mais leurs habitants représentent moins de 2 % de la population israélienne. Une trentaine sont installés dans les territoires occupés. Signe des temps, les colonies ont remplacé les kibboutzim comme réservoir d'officiers pour l'armée israélienne.

La « situation »

Depuis la fin de la deuxième Intifada au début des années 2000, la société palestinienne a quasiment disparu des écrans en Israël.

La gauche israélienne qui, dans les années 1990, avait cru au processus de paix et envisagé la cohabitation avec un État palestinien s'est effondrée avec les attentats suicides palestiniens. Ne subsiste aujourd'hui en faveur d'une initiative de paix qu'une poignée d'intellectuels libéraux, dont le message est devenu presque inaudible en Israël.

La construction du mur de sécurité entre Israël et les territoires palestiniens est venue entériner sur le terrain cette séparation de fait. Le calme qui règne dans les territoires occupés, en grande partie dû à l'action de l'Autorité palestinienne, a produit un *statu quo* qui convient finalement très bien à une majorité d'Israéliens.

Amira Hass, Israélienne basée à Ramallah, auteur de *Boire la mer à Gaza*, et Gideon Levy, rédacteur de la rubrique *« Twillight Zone »* dans le quotidien *Haaretz*, sont parmi les dernières figures médiatiques à évoquer encore la société palestinienne dans les médias israéliens.

La « loi du retour »

Votée en 1950 par la Knesset, l'Assemblée israélienne, la loi du retour est l'une des lois les plus fondamentales de l'État d'Israël. Elle permet à tout Juif, et à son conjoint non-juif, d'immigrer en Israël et d'obtenir la nationalité israélienne. Pour les fondateurs de l'État d'Israël, il suffit d'avoir un grand-parent juif pour devenir citoyen.

C'est au titre de cette loi qu'arriveront après 1948 de nombreux immigrants juifs venus du monde entier. Dans les années 1990, des centaines de milliers de Russes immigrants en Israël, dont une partie d'ascendance juive, n'ont jamais été reconnus comme tels par le rabbinat (beaucoup de Juifs d'Éthiopie ont également connu les mêmes difficultés).

Druzes, Bédouins ou Palestiniens représentent 20 % de la population. Les descendants des habitants de la Palestine qui n'ont pas fui pendant la guerre d'indépendance d'Israël en 1948 bénéficient de la nationalité israélienne et du droit de vote, mais sont exemptés de service militaire.

Il est en revanche quasi impossible à un Palestinien de Cisjordanie, ou réfugié ayant fui en 1948 ou 1967, d'obtenir la nationalité israélienne. Israël refuse catégoriquement le droit au retour réclamé par les Palestiniens, qui remettrait en cause le caractère juif de l'État.

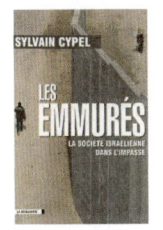

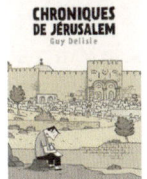

À LIRE …

LE MUR DE FER
d'Avi Shlaim (Éd. Buchet-Chastel, 2008).

Consacré à l'histoire d'Israël sous un angle militaire et diplomatique, l'ouvrage de cet universitaire britannique d'origine israélienne est à ce jour l'un des meilleurs jamais publiés sur le conflit israélo-palestinien. La précision et la rigueur de l'analyse d'Avi Shaim, accusé de parti pris par des Israéliens comme des Palestiniens, font de son livre l'un des plus sérieux.

IL ÉTAIT UN PAYS
de Sari Nusseibeh (Éd. Jean-Claude Lattès, 2008).

Descendant d'une des grandes familles patriciennes palestiniennes de Jérusalem, diplômé d'Oxford, Sari Nusseibeh raconte dans ses superbes mémoires le destin d'un Palestinien de Jérusalem. Aujourd'hui, doyen de l'Université d'Al-Quds, il est partisan de renoncer à un État palestinien devenu impossible à créer, et de demander des droits élémentaires pour les Palestiniens.

LA GUERRE DE 1948 EN PALESTINE
d'Ilan Pappe (Éd. La Fabrique, 2000).

Cet ouvrage essentiel de l'un des plus éminents *« nouveaux historiens israéliens »* a remis en question beaucoup de mythes sur la guerre d'indépendance d'Israël et l'histoire officielle, qu'elle soit arabe ou israélienne. À sa parution, son auteur a essuyé de violentes critiques.

NAGUÈRE EN PALESTINE
de Raja Shehadeh (Éd. Galaade, 2010).

Avocat palestinien de Ramallah, Raja Shehadeh est aussi un randonneur. À travers plusieurs promenades dans les collines de Cisjordanie, mais aussi à travers l'histoire, il relate son sentiment de dépossession.

LES EMMURÉS
de Sylvain Cypel (Éd. La Découverte, 2004).

Un décryptage en profondeur de la société israélienne, qui s'est construite en refoulant l'idée même d'une possible relation avec les Palestiniens, à l'abri de la barrière de séparation construite depuis 2005 entre Israël et les territoires occupés.

CHRONIQUES DE JÉRUSALEM
de Guy Delisle (Éd. Delcourt, 2011).

Après la Corée du Nord et la Birmanie, le dessinateur québécois se consacre à la chronique de l'un des endroits les plus étranges qui soient : Jérusalem, ville où la raison vacille peu à peu dans un quotidien où l'étrange et l'absurde deviennent la norme.

L'enfant de l'amour

Nili est juive, Hamoudi arabe. Ils se sont rencontrés il y a quatre ans et vivent à Jérusalem. À chaque pas, ils doivent déjouer le piège de l'identité. Un cache-cache complexe. Nili milite pour les Bédouins du Néguev, Hamoudi est officier de réserve de Tsahal. Ils ont une fille, Tamara. Leurs deux familles ont bien du mal à l'accepter.

Par Justine Augier

Sur un panneau bleu clair se détachent des caractères blancs qui, en trois alphabets, hébreu, arabe et latin, indiquent la rue Nachshon. Nili et Hamoudi y vivent dans un petit immeuble en pierres blondes de Jérusalem.

Nili est juive, a 40 ans, le teint pâle, de longs cheveux noirs et de petits yeux myopes, sombres et perçants. Hamoudi est arabe, rond et costaud, il a quelques années de moins qu'elle, et le teint plutôt mat. Lors de notre première rencontre, je leur ai demandé pourquoi, dans un pays qui compte un cinquième de citoyens arabes, les couples mixtes font figure de curiosité. Après un échange de regards incrédules, ils se sont exclamés en chœur: *« Mais parce que c'est tabou ! »*

La rue Nachshon est calme, résidentielle, flanquée de grands pins et de caroubiers, plutôt élégante avec ses vieilles demeures arabes. Mais une rue plus bas on passe à l'est, côté palestinien,

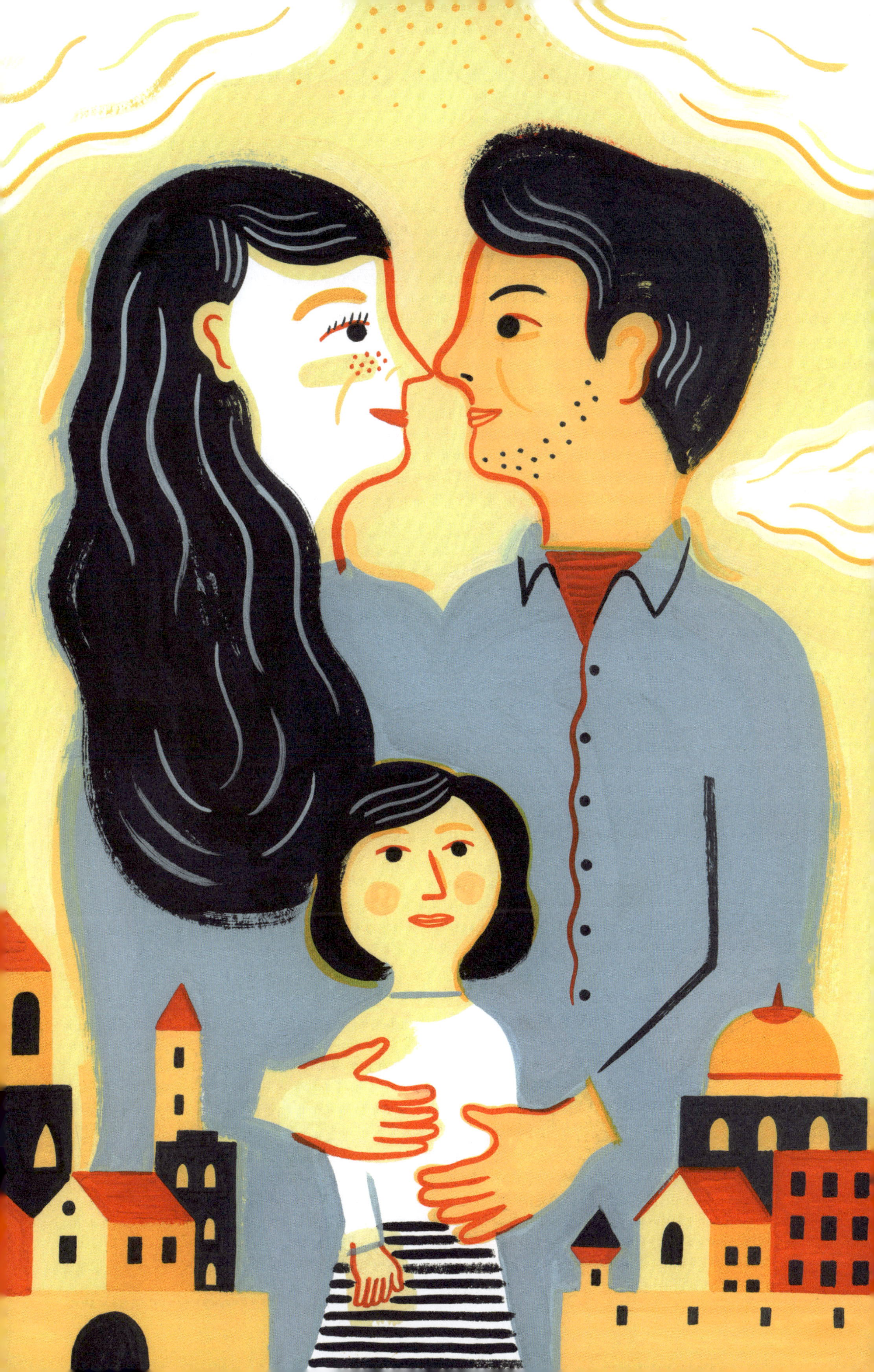

SECRETS DE FAMILLE L'ENFANT DE L'AMOUR

et tout change : dans les voies plus étriquées, sales et ravinées, pas d'arbres, des enfants qui traînent à toute heure et des immeubles vétustes. Ici les deux Jérusalem sont contigus, et si rien ne signale officiellement la ligne de partage, on sait toujours quand on l'a franchie. Nili et Hamoudi vivent à l'ouest de cette ligne, côté israélien.

Quand le couple et leur fille Tamara sortent de leur immeuble ce vendredi matin, ils croisent un voisin et personne ne se salue. *« Ma présence pose un problème »*, explique Hamoudi, qui installe sa fille de 3 ans dans leur vieille voiture. Le chapelet suspendu au rétroviseur tressaute, un chat sauvage s'échappe d'une benne à ordure, un hélicoptère survole quelques instants le quartier pour poursuivre ensuite sa ronde au-dessus de Jérusalem-Est et de la vieille ville, habituel ballet aérien du vendredi matin où les tensions de la ville s'exacerbent pour quelques heures.

D'un mouvement de tête entendu, Hamoudi désigne les petits drapeaux aux couleurs d'Israël que les fenêtres des voisins arborent encore en plein hiver. *« Ils les gardent depuis le mois de mai, depuis le dernier Yom Ha'atsmaout, le jour de l'indépendance. Il y a encore quelques années, j'aurais tout fait pour qu'ils m'acceptent, mais j'ai décidé de les ignorer ! »*

Quelques jours plus tôt, en faisant la cuisine, Hamoudi avait confié avoir *« longtemps rêvé d'être Arieh, Yaacov ou Moshé ; pas seulement de porter leur nom, mais d'être eux »*. Ce jour-là, il préparait un *labneh*, le fromage blanc qu'Israéliens et Palestiniens mangent au petit déjeuner, avec un filet d'huile d'olive. Tout en enveloppant du lait caillé dans une sorte de lange, il s'était mis à raconter son enfance dans un village de Galilée, région plutôt verte et montagneuse du nord du pays, où vit un grand nombre du million et demi d'Arabes israéliens.

« JE VOULAIS ÊTRE COMME EUX »

Hamoudi vient de Yarka, un village peuplé de Druzes. Cette communauté, issue d'un schisme au sein de l'islam au XIe siècle, forme aujourd'hui une religion distincte, dont livres et liturgies restent mystérieux aux non-initiés. Présents aussi au Liban et en Syrie, les Druzes sont cent vingt mille en Israël et ont le devoir d'y faire leur service militaire, à la différence des autres citoyens arabes. *« Les Israéliens ont toujours favorisé certaines minorités, pour éviter qu'on ne forme un front uni. »*

Sur le frigidaire, il y a une photo de Hamoudi enfant, *« l'une des seules »*. Elle a été prise un été au début des années 1980. Il doit avoir l'âge de sa fille, porte un t-shirt orange, des sandales couvertes de poussière brune et prend la pose dans un verger d'agrumes, petit gamin au milieu des grands mandariniers qui ploient sous la charge des fruits mûrs. Imagerie traditionnelle de la vie en Galilée, que Hamoudi n'a eu de cesse de vouloir laisser derrière lui.

Quand les officiels débarquaient dans son village pour y faire discours et promesses, et en appeler au soutien de la population locale, le jeune Hamoudi vibrait : *« Je me sentais très patriote à l'égard d'Israël. Mon père m'appelait "le jeune sioniste" ! »* Un peu gêné, il sourit et reprend : *« Je voulais être comme eux. »* Les gens qu'il voit à la télévision lui semblent plus beaux. *« À l'école, j'apprenais leur langue, leur histoire, leur littérature, leurs textes religieux. Et puis je voyais bien qu'ils avaient tout dans leurs villages : des cinémas, et même des rues asphaltées. J'ai cru qu'en exprimant ma passion du pays, on m'aimerait davantage. »*

Ce monde qui fait rêver Hamoudi, distant d'à peine quelques kilomètres, lui reste longtemps hermétique. Il y a bien un vieil ami juif de son grand-père qui leur rend visite de temps en temps : *« Il nous apportait des bonbons, on l'aimait beaucoup. »* Une année aussi, il y a un échange : *« Nous avons eu des correspondants dans une école juive. Le programme s'appelait "Bourgeons de paix", mais nous n'avons passé qu'une journée dans leur école. »* Les contacts du jeune Druze avec la population juive d'Israël restent quasi inexistants, jusqu'à ses 15 ans.

« TRAVAIL D'ARABE »

Cette année-là, fait rare, un camp mixte est organisé. Aujourd'hui spécialiste en *high-tech*, Hamoudi s'en souvient les yeux écarquillés, comme s'il revivait le saisissement qui fut le sien : *« Tout d'un coup, je me suis retrouvé entouré de filles avec lesquelles je n'avais pas besoin de garder mes distances ! Elles nous montraient de l'intérêt, pour elles aussi c'était une première. Mon attirance pour les filles juives a commencé là, je crois. »*

Il sourit à sa compagne Nili, qui l'écoute dans un silence attentif, sourire bienveillant aux lèvres. Comme à son habitude elle porte des bottes fourrées, une grosse écharpe et reste collée au radiateur électrique. Il fait froid en février dans les maisons de Jérusalem, mal armées pour affronter un hiver qui ne dure jamais, mais ne manque pas de rigueur. Le petit-lait s'égoutte doucement, à travers le lange placé sur une passoire. Leur fillette, Tamara, a enfilé une robe de danseuse de flamenco, son costume de Pourim, fête juive qui aura lieu un mois plus tard, et pendant laquelle, selon la tradition religieuse, les enfants se déguisent et les hommes se saoulent.

Nili se mêle à la discussion en s'amusant d'une série télévisée qui fait un tabac sur la deuxième chaîne nationale : *Avoda Aravit*, littéralement « travail d'Arabe ». Créée par l'écrivain arabe israélien Sayed Kashua, la série dépeint avec un humour féroce les aventures d'Amjad, sorte de Woody Allen palestinien animé par un désir névrotique d'assimilation à la société israélienne.

Le couple vient de voir le dernier épisode de la saison, où Amjad veut absolument aider son voisin juif à vendre son appartement. *« À chaque fois que le voisin fait visiter son appartement, Amjad arrive et en fait des tonnes sur les mérites du quartier, répète que le voisin est le meilleur du monde. Quand le visiteur semble mûr pour signer, Amjad se présente et, à tous les coups, en entendant ce nom arabe, le visiteur ouvre de grands yeux apeurés et part en courant ! »*

« C'est partout comme ça, dans tous les milieux de la société, dit Hamoudi. Un jour, je suivais un séminaire au centre Rabin pour la tolérance. La formatrice ignorait qu'il y avait un Arabe dans la salle et racontait le boulot affreux fait par les ouvriers dans son salon. Elle a fini par lancer dans un sourire entendu : "Du vrai travail d'Arabe !" »

Souvent, et non sans fierté, il répète, ses yeux plantés bien droit dans les vôtres, n'avoir jamais fait l'objet de telles insultes : *« D'abord on me prend pour un Juif parce que je n'ai pas d'accent en hébreu, et puis je suis costaud. »* Hamoudi se flatte d'avoir toujours vécu à Jérusalem-Ouest, même si chaque fois qu'il rencontre un propriétaire pour la première fois, il doit mettre en avant son identité druze : *« C'est le jeu. Si on est musulman, aucune chance. Pour les Druzes, c'est plus facile. Pour les chrétiens aussi, d'ailleurs ils n'hésitent pas à porter de grosses croix pour que personne ne se méprenne. »*

LES « LUNETTES » DE NILI

En bas de l'immeuble ce vendredi matin, Nili lance à Hamoudi un « *lehitraot habibi* », dans un idiome hybride nourri de leurs deux langues maternelles. Elle accompagne leur fille dans une maternelle bilingue privée du centre-ville. Dans deux ans, Tamara commencera l'école « *hand in hand* », surnommée aussi « école de la paix ». C'est là que les couples mixtes, formés pour l'essentiel dans le petit monde des militants pour la paix, envoient leurs enfants. *« Presque toujours, c'est l'homme qui est arabe et la femme juive*, précise Nili. *Je ne connais qu'un cas où le contraire s'est produit, et l'histoire a vraiment mal tourné. Ils ont fini par quitter le pays. »*

Deux jours plus tôt, les élèves ont découvert à leur arrivée deux inscriptions sur les murs de la cour de récréation : « *Mort aux Arabes* » et « *Kahane avait raison* », en référence à ce rabbin extrémiste qui prônait le transfert de tous les Palestiniens d'Israël et des territoires occupés. *« Mais au moins*, assure Nili, *ma fille n'y subira pas de "lavage de cerveau". »*

Ses parents sont arrivés très jeunes à Jérusalem en 1948, séparément mais sur le même bateau parti de Marseille : *« C'est de voir comment nous étions traités, en tant que Séfarades dans une société sous l'emprise des Ashkénazes, qui m'a ouvert les yeux. Mes parents sont si heureux de vivre ici qu'ils ne s'en sont jamais rendu compte, mais je me suis mise à décrypter toutes les inégalités, comme si j'avais porté des lunettes spéciales ! »*

Ces « lunettes » auraient permis à Nili d'inscrire sa différence et de résister. *« À l'école, les enfants n'entendent que le point de vue narratif des Juifs, on ne peut même pas évoquer la "Nakba", l'exode palestinien de 1948. Année après année, les professeurs gravent la grandeur du peuple au plus profond de toi, à coup de récits héroïques. C'est ce que tu fais en Israël à l'école : tu manges du mythe ! »*

Nili n'a jamais oublié son excursion au site spectaculaire de Massada. Tous les écoliers du pays se rendent sur les ruines de cet ensemble fortifié, construit par Hérode sur un piton rocheux surplombant le désert de Judée et la mer Morte. Recueillis, ils écoutent l'histoire édifiante des zélotes juifs qui y avaient trouvé refuge et s'étaient suicidés jusqu'au dernier, femmes et enfants compris,

> Quand Nili, Hamoudi et leur fille Tamara sortent de leur immeuble ce vendredi matin, ils croisent un voisin. Personne ne se salue. « Ma présence pose un problème », explique Hamoudi.

SECRETS DE FAMILLE L'ENFANT DE L'AMOUR

plutôt que de se rendre aux Romains. Elle frissonne : « *J'étais impressionnée, mais je sentais que quelque chose n'allait pas avec cette idée du "seuls contre tous".* »

Le trajet jusqu'à la maternelle est court dans la ville encore calme. Nili traverse les beaux quartiers, toujours en travaux. Hôtel de luxe en construction, centre commercial en pierres blondes et tramway rutilant près des remparts de la vieille ville : Jérusalem se donne des airs de métropole régulière pour effacer en surface ses lignes de faille.

« *Le lavage de cerveau passe aussi par une séparation orchestrée avec nos "ennemis"* », poursuit-elle. Juifs et Arabes vivent dans des quartiers différents, n'envoient pas leurs enfants dans les mêmes écoles, et dans les universités, pourtant mixtes, le pourcentage d'Arabes reste faible. « *Les tests d'entrée sont biaisés ! En fait, on ne voit pas les Arabes ou alors dans les restaurants et les magasins, où ils occupent toujours les boulots les plus dégradants. Mes parents sont de purs produits de cette éducation, tout comme mes sœurs. Parfois je les envie un peu, je me dis que leur vie doit être tellement plus confortable.* »

« Prise au piège »

Après avoir déposé sa fille, Nili se rend dans les locaux désertés, en ce vendredi, de l'ONG pour laquelle elle travaille : « *Je dois absolument finir un rapport avant de retrouver Hamoudi pour le brunch.* » Sur l'artère principale de Rehavia, quartier chic du centre et sanctuaire des intellectuels de la ville, les bureaux de l'organisation se font discrets. Une petite enseigne en signale la présence dans un immeuble coincé entre un bouquiniste et un petit café. Alors que Nili y pénètre, le vent chargé de poussière et les bennes à ordures combles donnent à la rue arborée un aspect désolé et chaotique.

> La fenêtre du bureau de Nili ouvre sur un petit jardin et un amandier en fleur, dont la floraison précoce l'étonne. Cela fait déjà dix ans qu'elle a « franchi la ligne ».

La fenêtre de son bureau ouvre sur un petit jardin et un amandier en fleur, dont Nili s'étonne de la floraison précoce. Cela fait déjà dix ans qu'elle a « *franchi la ligne* » en quittant le ministère de l'Intérieur pour militer en faveur des droits des communautés bédouines du désert du Néguev que le gouvernement cherche à déplacer : « *Il y a toujours une bonne excuse ! Il faut créer une réserve naturelle, construire une base de l'armée ou une route.* » Inlassablement, elle écrit des rapports, lance des pétitions et plaide sa cause à la Knesset, le Parlement israélien.

Depuis peu, elle ne se fait plus d'illusions. « *Avant, quand j'allais à la Knesset, je pouvais rencontrer un peu de suspicion mais on m'écoutait, parfois même avec intérêt. Maintenant, je n'y trouve que méfiance et mépris. Et la parole s'est à ce point libérée qu'il n'est plus rare d'entendre des députés dire le pire des Arabes.* » Il y a quelques mois, pendant une manifestation dans un petit village arabe, elle a été bousculée et traînée à terre par des policiers. « *Les policiers ont usé d'une telle violence ! Je pouvais voir la haine dans leurs yeux quand ils m'ont traitée de traîtresse.* » Elle se dit « *prise au piège* » : « *Je ne crois plus en ce que nous faisons, mais je ne peux pas retourner de "l'autre côté". C'est impossible une fois qu'on sait.* »

Cinq ans dans l'armée

Hamoudi marche maintenant dans le centre de la ville, en direction du café où il va retrouver sa compagne. La grande prière doit avoir lieu dans quelques heures, des milliers de musulmans de Jérusalem et de Cisjordanie tentent de se rendre sur l'esplanade des mosquées. Des barrages de police quadrillent toute la ville. Hamoudi me montre de loin un policier : « *À mon avis, lui est druze. Ce sont souvent les plus durs aux checkpoints.* »

Il a fait à 18 ans son service militaire dans Tsahal, l'armée israélienne. « *Mes cinq frères et sœurs vivaient au village comme dans un aquarium, persuadés qu'en partant ils mourraient instantanément ! Moi, je voulais le quitter.* » Il refuse de servir dans l'unité d'infanterie, où presque tous les Druzes se retrouvent : « *Je n'allais pas à l'armée pour me sentir comme au village !* », et opte pour la cavalerie : « *J'adore les chars d'assaut, surtout le Merkava fabriqué en Israël !* » Certains corps, comme l'aviation, sont restés longtemps fermés aux Druzes. Dans son unité, Hamoudi est le seul Arabe. Il décide de devenir officier pour rallonger son temps de deux ans.

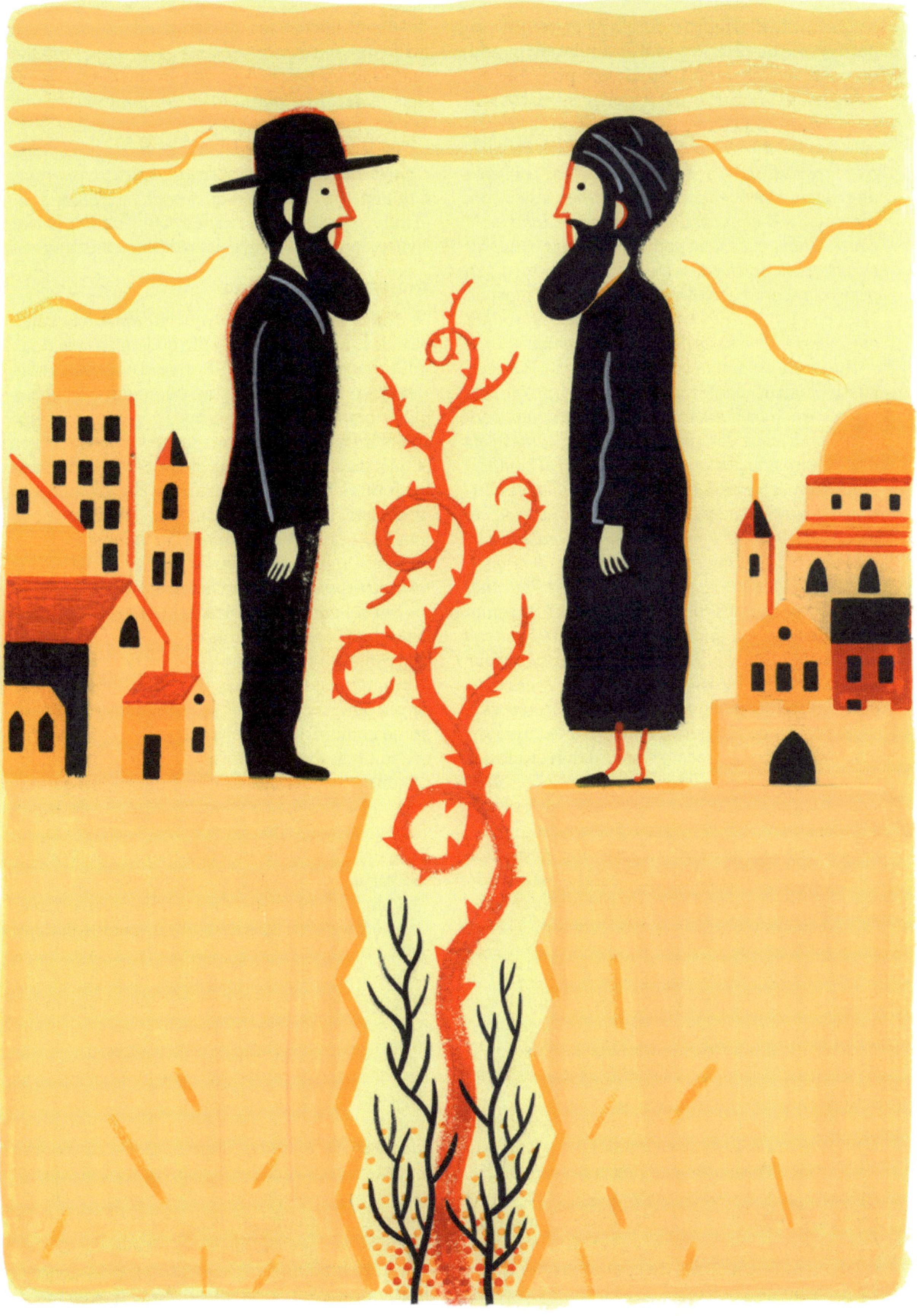

SECRETS DE FAMILLE L'ENFANT DE L'AMOUR

En tout, il effectue cinq ans et touche au paroxysme de sa tentative d'assimilation quand, en poste au Liban en 1999, il vote pour Benyamin Netanyahou, l'actuel Premier ministre issu de la droite israélienne : *« Nous n'étions que trois gars à voter Bibi. Tous les autres avaient choisi le parti travailliste. »* Son père, proviseur du lycée du village, a bien tenté de le détourner, à sa façon, discrète : *« Il était un défenseur convaincu de la cause arabe, mais il ne pouvait rien dire. Chez les Druzes, ça ne se fait pas. »* Des années plus tard, son père lui racontera avoir pleuré, seul, à la mort de Nasser : *« L'aveu a dû beaucoup lui coûter. Il voulait me faire réfléchir, mais il m'a fallu du temps. »*

Le réveil commence lorsque, blessé, Hamoudi passe plusieurs semaines au village. *« Je me suis intéressé à la bibliothèque de la maison, mon père avait des dizaines de livres sur la Nakba, dont j'avais à peine entendu parler. Je les ai lus et j'ai compris que les ruines à côté étaient celles d'un village palestinien, que le kibboutz à quinze kilomètres avait été construit sur d'anciennes terres de mon village. »*

Peu à peu, des questions émergent : *« Pourquoi, ici, les rues ne sont-elles pas asphaltées ? Pourquoi y a-t-il tant de constructions non finies ? Pourquoi l'État dépense-t-il mille deux cents dollars chaque année pour un élève juif et seulement deux cents pour un Arabe ? C'était difficile de questionner ces données, elles composaient ma réalité, depuis toujours. »*

À la mort de son père, Hamoudi a terminé ses cinq années d'armée et s'est lancé dans l'étude des affaires internationales à l'université hébraïque de Jérusalem. Là, il rencontre des jeunes de la *« cliqua »*, le petit milieu des activistes de gauche : *« Pour la première fois, j'ai pu poser des questions. »*

Il traverse à pied le grand marché couvert de Jérusalem, où toutes les populations se côtoient, sans se mélanger. Le week-end, on s'y presse pour faire ses achats avant que tout ne ferme autour de 14 heures, dans l'attente de l'entrée du shabbat. Devant une épicerie, les journaux s'étalent, épais avec leurs suppléments, et ce gros titre du *Yediot Aharonot*, quotidien le plus vendu d'Israël : *« Classement des villes les plus sûres en cas d'attaque »*.

Tous les hommes israéliens ayant fait leur service militaire doivent au moins trente jours par an à l'armée. Actif officier de réserve, Hamoudi y consacre jusqu'à soixante jours. *« Je suis fier de ma brigade : en 1973, elle s'est battue successivement sur les fronts syrien et égyptien ! »* Dans ces périodes, il commande une unité de cent vingt hommes. En mission dans les territoires occupés, il tente de se convaincre que mieux vaut un officier comme lui qu'un *« fou extrémiste »*. *« Nos amis militants me reprochent de rendre l'occupation plus douce. Ils ont sans doute raison, mais, en servant, je me sens appartenir à mon unité, à ma brigade et à Israël. »*

En 2006, l'officier de réserve Hamoudi est envoyé au Liban. *« C'était la guerre, tu penses juste à ramener tes hommes sains et saufs. J'ai été soulagé de ne pas avoir été rappelé pour Gaza. Se battre contre des civils, ça devient vraiment compliqué. »*

L'IMPOSSIBLE MARIAGE

Nili et Hamoudi se retrouvent au café Bezalel, l'un des rares îlots de la ville où l'on trouve de la nourriture non casher. Bondé d'étudiants des Beaux-Arts, le café se trouve à quelques pas des quartiers religieux. Hamoudi commande deux *shakshukas*, un plat traditionnel à base d'œufs au plat, tomates, poivrons et piment. Nili désigne les jeunes qui les entourent : *« On ne peut pas lutter contre les religieux qui font sept enfants par famille ! Les laïques partent s'installer sur la côte ou à l'étranger, et les quartiers traditionnellement tolérants comme le nôtre changent. »*

Les religieux, dont on sent si fort la présence à Jérusalem, sont puissants dans le pays, au grand regret de Nili et Hamoudi. *« Le mariage reste entre leurs mains, des personnes de confessions différentes ne peuvent pas se marier. »* La question touche un grand nombre d'Israéliens depuis la vague d'immigration massive d'ex-Soviétiques, dont beaucoup ne sont pas reconnus comme juifs par les autorités religieuses. Les unions célébrées à l'étranger étant valides, un commerce florissant se développe à Chypre, à une demi-heure de vol de Tel-Aviv. *« Il faudrait qu'on y aille, dit Nili, mais c'est compliqué. »*

Pour leur mariage, ils voudraient aussi organiser une fête dans le désert du Sinaï, dans un endroit où ils ont pris l'habitude de se rendre chaque année. *« Mais depuis la révolution égyptienne, ça devient dangereux. On se sent pourtant si bien là-bas, tout y est si paisible, si facile. »*

L'envie de se réfugier dans le désert – une *« bulle »*, dit Hamoudi – n'étonne guère, quand on sait les difficultés auxquelles ils font face avec leurs familles depuis leur rencontre il y a quatre ans. *« Je m'appelle Hamoudi, je suis druze »*, lui avait-il dit pour éviter qu'elle ne se pose des questions : *« Le besoin d'identifier ceux qu'on rencontre est ancré profondément en chacun de nous. »* De sa voix douce, Nili explique : *« On le fait malgré nous, on regarde les vêtements, on écoute l'accent, la façon de parler. Tout le monde fait ça, comme si on était programmé. »*

> À la naissance de leur fille, Hamoudi ne peut s'empêcher d'appeler sa mère pour la prévenir : « Elle a dit "D'accord" et a raccroché sans même demander son prénom. »

Hamoudi l'interrompt, d'une voix un peu trop forte : « *Souvent ce sont les yeux qui en disent le plus long. On peut y lire l'inquiétude.* » Nili lui caresse doucement l'épaule.

« Donne ton identité »

L'une des seules phrases en arabe que soldats et policiers israéliens savent prononcer, remarque Hamoudi, d'un ton plus apaisé, est : « *Jjib al-hawiyya* » (« Donne ton identité »). Il faut alors tendre des papiers sur lesquels, jusque récemment, figuraient sous la mention « nationalité » les catégories « Juif » ou « Arabe ». Ne restent maintenant à la place que cinq petites étoiles, « *mais il y a un truc pour les Juifs : la date de naissance apparaît selon le calendrier hébraïque* ». De toute manière, « *quand tu t'appelles Hamoudi Abou Nadda, les étoiles ne masquent pas grand-chose.* » Pour cette raison, ils ont préféré que leur fille porte le nom de famille de sa mère : « *Baruch, c'est mieux et ça veut dire "béni" !* »

Leur histoire d'amour s'écrit rapidement. « *Il n'y avait pas de fossé culturel entre nous* », dit Nili, qui revendique « *un fond* » arabe puisque ses parents viennent du Maroc et de Tunisie. Leurs amis Varda et Amir ont connu bien plus de difficultés : « *Elle a fait son Alyah depuis la Hollande, il est bédouin, un abîme les sépare !* »

Quelques mois après leur rencontre, ils attendent un enfant. Quand ils l'apprennent à la famille de la jeune femme, l'accueil est glacé : « *Ça a été dur. Ce n'était pas ce que mes parents espéraient.* » Hamoudi intervient : « *Le premier soir, ils m'ont carrément demandé si j'envisageais de me convertir.*

— *Mais maintenant ça va mieux, ils ne te voient plus seulement comme…*

— *Comme un Arabe !*

— *Voilà c'est ça, comme un Arabe* », dit-elle en riant.

La naissance de Tamara, leur fille, reste pour la famille de Nili une tache à camoufler : « *Seuls les très proches savent, mes parents n'en parlent jamais à leurs amis.* » Un silence. « *Mais la situation est bien plus douloureuse pour Hamoudi.* »

Le jeune homme a longtemps mené une double vie : « *D'un côté, j'avais mes activités et mes amis de Jérusalem. De l'autre, de retour au village, je redevenais druze et mes sœurs me présentaient des jeunes filles.* » Personne dans sa famille n'aborde jamais son autre vie, celle de Jérusalem : « *Ils se disaient que ça passerait, ils ne pouvaient pas concevoir autre chose.* »

« J'ai tenu bon »

Mais un jour, Hamoudi finit par confier à l'une de ses sœurs qu'il envisage « *de ne pas épouser une Druze* ». Il savait, dit-il, qu'il lâchait « *une bombe* ». Il ne se trompe pas. À son retour à Jérusalem, il reçoit un coup de fil de sa mère. D'une voix trop douce, celle-ci lui demande pourquoi il dit de telles bêtises à sa sœur : « *Je lui ai alors annoncé pour Nili et l'enfant qu'on attendait. J'ai été soulagé, pour la première fois de ma vie je me suis senti libre.* »

Sa mère a pleuré, longtemps. Puis, elle a pensé qu'on avait jeté un mauvais sort à son fils. Enfin, elle a mobilisé la famille. Ses sœurs, ses frères et ses oncles, tous appellent Hamoudi, le menacent, lui disent qu'il va tuer sa mère, qu'il sera renié, que la fille finira par le quitter en le traitant de sale Arabe. « *J'ai tenu bon.* » Pour éviter la rupture, un arrangement est trouvé : Hamoudi ne parlera jamais à sa famille de Nili et de l'enfant, et retournera au village une fois par an.

À la naissance de Tamara, il ne peut s'empêcher d'appeler sa mère pour la prévenir : « *Elle a dit "D'accord" et a raccroché sans même demander son prénom.* » Une autre fois, elle entend sa petite-fille pleurer en fond d'une conversation téléphonique : « *Éloigne-toi, je ne veux pas entendre ça* », lance-t-elle. Récemment, ses sœurs lui ont demandé une photo de Tamara : « *Elles envisagent de venir à Jérusalem, pas chez nous bien sûr, mais tout de même. On verra, même si je n'attends plus rien d'eux.* »

« Ça, c'est du bon boulot »

Alors que Nili part chercher leur fille à la sortie de l'école, Hamoudi rentre à pied. Les rues saturées de l'ouest résonnent de longs coups de klaxon. La prière a eu lieu et c'est le moment où se produisent parfois des échauffourées entre jeunes Palestiniens et policiers. C'est aussi l'heure des petites manifestations dans la ville arabe où des activistes esseulés protestent contre l'éviction d'une famille, la destruction d'une maison ou la construction d'un parc.

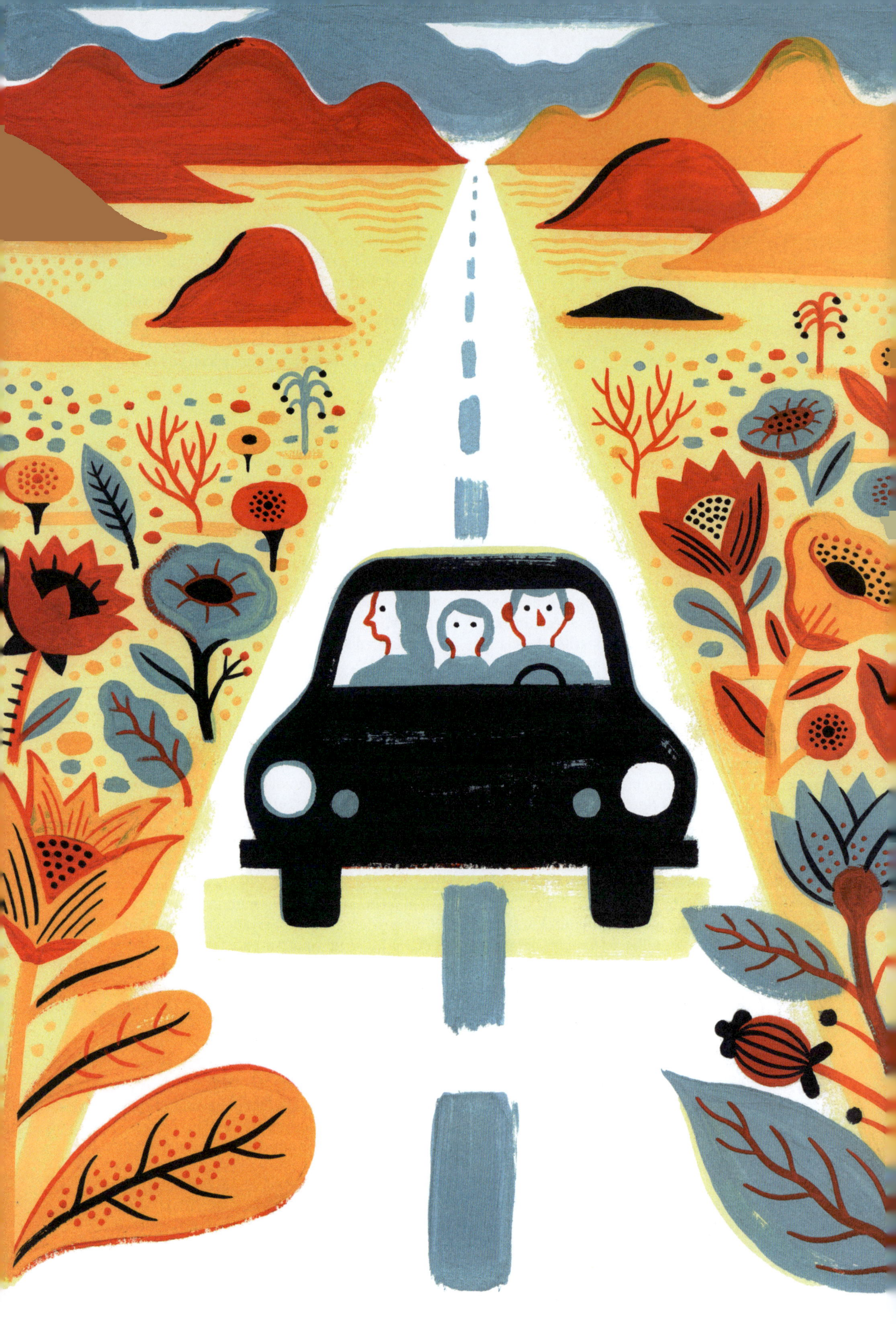

Hamoudi traverse le quartier de Rehavia, où Nili travaille à quelques mètres de la résidence du Premier ministre, sur la place de France. Depuis près de vingt-cinq ans, un groupe d'une dizaine de femmes vêtues de noir s'y rassemble tous les vendredis entre 13 et 14 heures pour protester contre l'occupation de Jérusalem-Est et de la Cisjordanie. Parmi ces pionnières, de vieilles dames, immobiles sous la pluie fine, muettes et dignes. De l'autre côté de la place, des jeunes contre-manifestent. Ils soutiennent Tsahal et portent des pancartes *«Bravo l'armée, bon travail!»* Hamoudi file, avant de brutalement faire demi-tour pour se diriger, résolu, vers un jeune supporter de l'armée : *« C'est du bon boulot !*
— *Merci !*
— *Non, pas vous. Ce que font ces femmes, ça, c'est du bon boulot !»*

Abandonnant le jeune pantois, il s'en va aussitôt féliciter la doyenne des manifestantes, qui remercie, la bouche ankylosée par l'immobilité et le froid. Ça dure à peine, ils se sourient et Hamoudi repart, radieux.

« Amoureuse d'un Arabe sioniste »

En début d'après-midi, Ravit, une amie, débarque avec deux de ses quatre enfants chez Nili et Hamoudi. Comme beaucoup d'Israéliens, elle aime parler politique. Elle et son mari votent Likoud, le grand parti de la droite traditionnelle. Nili la taquine. Les deux amies rient. Et puis Ravit explique, avec sérieux, que *«Nili réfléchit trop aux implications de la politique».* *«Moi, je pense à ce qu'on doit faire pour nous protéger. Quand je vais en Europe, on ne fouille pas mon sac à l'entrée des restaurants, on n'ouvre pas mon coffre quand je me gare dans un parking de supermarché. Nous vivons dans un pays de fous, mais j'aime ce pays, plus que tout !»*

Les enfants se disputent une petite toupie en bois de Hanouka. Ravit poursuit : *«Je sais pour les inégalités en Galilée entre leurs villages et les nôtres, mais ils en sont responsables ! Tout ce qu'ils veulent, c'est se débarrasser de nous ; s'ils le pouvaient... –* Nili prononce la fin de la phrase en chœur avec son amie, d'un ton ironique, comme on déclame une récitation rabâchée mille fois *–... ils nous jetteraient tous à la mer !»*

Devant l'air affligé de son amie, Ravit précise : *«Avec Hamoudi, c'est différent, c'est un sioniste ! Il est officier dans l'armée et protège le pays. On dit souvent avec mon mari que c'est une sacrée leçon pour Nili. Elle qui déteste tellement Israël, voilà qu'elle tombe amoureuse d'un Arabe sioniste !»* Les deux amies éclatent de rire.

Dehors, le silence se fait. Rues désertes, magasins et restaurants fermés, bus et trams à l'arrêt : la ville de l'ouest s'est figée. Dans le square d'en face, sous les grands caroubiers, des enfants palestiniens jouent. Le lendemain, les familles juives reprendront possession des lieux : la cohabitation a ses règles, tacites mais connues de tous.

Le rêve d'une vie ennuyeuse

Alors qu'ils se préparent à se rendre chez les parents de Nili pour le repas du shabbat, Hamoudi admet que la situation est *« dure »* : *«Je ne veux pas passer ma vie à être montré du doigt et à me battre. Et je sais que les gens reprocheront toujours à Tamara d'avoir un père arabe, même si elle est enregistrée comme juive.»* Il voudrait s'installer à l'étranger, mais Nili refuse : *«Je suis d'ici ! Je suis une femme juive, israélienne, ça me donne un certain pouvoir pour changer les choses.»*

Ils ont déjà eu cette conversation à plusieurs reprises. Elle se dit prête à partir un an, aux États-Unis, pour reprendre ses études. Hamoudi la pousse, son regard se fait dur : *«Et quand les bombes commenceront à tomber, tu ne crois pas qu'il vaudrait mieux être loin ?»* Nili semble inquiète, vaguement lasse : *«Tu crois vraiment qu'il va y avoir une guerre ?»* Elle frissonne : *«Et tu ne serviras pas ?»* Il baisse les yeux, ignore la question.

Après quelques instants, il raconte qu'un de ses amis habitant en Suisse l'envie de vivre en Israël : il trouve cela excitant. *«Moi, je souhaite de toutes mes forces sa vie ennuyeuse et calme ! Là-bas quand tu regardes les nouvelles, tu vois des sujets sur des pompiers qui sauvent des chats !»*

Chez les parents de Nili, la tradition est respectée. Quand le shabbat commence, les bougies sont allumées même si, non religieux, ils téléphonent et conduisent le vendredi soir. *«C'est comme ça ici, les gens ont besoin de ces traditions»*, dit Nili en s'éloignant du domicile familial, alors que la sirène du shabbat se fait entendre et que le silence finit de tomber sur la ville.

Le lendemain matin, Nili et Hamoudi emmèneront leur fille vers le sud, dans le désert du Néguev. Ce sera samedi et ils rouleront presque seuls sur la route 6, dont la construction a nécessité le déplacement de villages bédouins. Là-bas, ils profiteront du désert qu'ils aiment tant et se promèneront dans les champs de fleurs sauvages. *«Nous y allons chaque année à cette époque. C'est magnifique, le désert se couvre de fleurs violettes, jaunes et rouges, à perte de vue. Il ne faut surtout pas rater ce moment qui ne dure que deux ou trois semaines. Après, tout brûle.»*

L'ENFANT DE L'AMOUR ◈ **POUR ALLER PLUS LOIN**

Le complexe de Massada

L'ancienne forteresse de Massada. AFP/MENAHEM KAHANA

Composée de palais somptueux, de terrasses, de thermes, mais aussi de gigantesques citernes et d'entrepôts, la forteresse de Massada fut construite par Hérode le Grand, au premier siècle avant Jésus-Christ. C'est là que, peu après la destruction du Temple en 70, les forces romaines firent le siège de quelques zélotes retranchés, dont les derniers, parmi lesquels des femmes et des enfants, auraient fini par se donner la mort pour échapper à la capture.

Les vestiges de la forteresse, plantés au sommet d'un gigantesque piton rocheux en plein désert de Judée, ainsi que les traces des camps militaires et rampes d'assaut qui l'ont cernée, restent tout à fait spectaculaires, et sont devenus un haut lieu du patriotisme israélien. Tous les enfants juifs du pays s'y rendent une fois au moins en voyage scolaire. Et les officiers de Tsahal quand ils prêtent serment, jurent que *« Massada ne tombera pas une nouvelle fois »*.

L'histoire de Massada n'est pas isolée. La lutte contre les Romains s'inscrit dans une longue tradition de récits mythiques qui voient s'opposer un petit nombre de braves contre un adversaire surarmé et puissant. Depuis Moïse contre les pharaons et Samson contre les Philistins, en passant par Massada, cette tradition se perpétue jusqu'à la création de l'État hébreu et son combat pour la survie dans un environnement perçu comme hostile. Certains n'ont d'ailleurs pas hésité à nommer ce sentiment d'une menace permanente, qui conduirait à l'isolement et à la nécessité de se fortifier, *« complexe de Massada »*.

Une éducation différenciée

Quatre types d'écoles bénéficient en Israël d'un financement étatique : l'école publique traditionnelle, l'école publique orthodoxe, les écoles ultraorthodoxes – sur lesquelles l'État n'exerce qu'un contrôle très limité –, et les écoles publiques pour élèves arabes.

Ces derniers reçoivent un enseignement dans leur langue et assistent à des cours d'hébreu à partir de l'âge de 10 ans. L'apprentissage de l'arabe dans les écoles pour élèves juifs reste optionnel.

Le matériel scolaire des élèves palestiniens, d'abord développé pour les élèves juifs, est ensuite « adapté » et traduit. Les manuels scolaires font d'ailleurs régulièrement l'objet de controverses, accusés de privilégier une culture et une perspective.

Une étude récente montre que les élèves palestiniens sont plus nombreux par classe, ont un accès moindre aux différents équipements et matériels scolaires, et obtiennent des résultats très inférieurs aux tests de fin d'études et d'entrée à l'université – 45 % des étudiants arabes qui passent le test d'entrée à l'université échouent, contre seulement 17 % chez les étudiants juifs.

Les militants pour la paix

Les premiers apparaissent après la guerre de 1967. Ils protestent contre l'occupation des territoires, et ne sont qu'une poignée.

C'est avec la signature des accords de paix avec l'Égypte en 1978 et la guerre du Liban en 1982 qu'on assiste à la constitution de mouvements de masse et aux premières grandes manifestations. Elles culmineront au moment de la signature des accords d'Oslo, en 1993.

Mais le mouvement est disparate. Une majorité de militants, membres d'organisations telles que La Paix maintenant, sont des pacifistes patriotes « modérés », quand les autres, bien moins nombreux, sont plutôt des antisionistes concernés avant tout par le sort des Palestiniens.

Cette ligne de fracture apparaît au grand jour après l'échec des accords d'Oslo et le début de la deuxième Intifada en 2000. Le mouvement pour la paix s'effondre alors et seuls quelques irréductibles continuent de s'opposer à l'occupation.

Depuis, les militants pour la paix rencontrent au sein de la société israélienne une hostilité croissante, et font parfois l'objet d'attaques violentes de la part de groupes religieux et nationalistes.

Manifestation du mouvement La Paix maintenant, Hébron, 2007. AFP/HAZEM BADER

À LIRE, À VOIR…

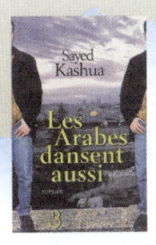

LES ARABES DANSENT AUSSI
de Sayed Kashua
(Éd. Belfond, 2003).

L'histoire, racontée avec un humour mordant, d'un jeune Arabe israélien, originaire de Galilée, qui s'installe à Jérusalem avec le désir de s'intégrer à la majorité juive.

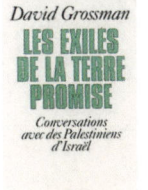

LES EXILÉS DE LA TERRE PROMISE
de David Grossman
(Éd. du Seuil, 1995).

Un recueil de conversations passionnantes entre le célèbre auteur israélien et des Palestiniens d'Israël.

LES AVENTURES EXTRAORDINAIRES DE SA'ÎD LE PEPTIMISTE
d'Émile Habibi
(Éd. Gallimard, 1987).

Le fameux roman de ce Palestinien chrétien de Haïfa, élu à la Knesset, a reçu à la fois au cours de sa carrière le prix Israël et le prix Al-Quds.

SUR LA FRONTIÈRE
de Michel Warschawski
(Éd. Stock, 2002).

Ce récit revient sur trente-cinq années de militantisme pour la paix et d'engagement à contre-courant de la société israélienne.

POUR UN SEUL DE MES DEUX YEUX
d'Avi Mograbi (2004).

Dans ce documentaire, le réalisateur israélien suit les guides et les touristes de Massada, alors que la répression de la deuxième Intifada fait rage en Cisjordanie.

Les Druzes

Branche de l'islam chiite, la religion druze se forme dans l'Égypte fatimide du XIe siècle en rupture avec l'islam orthodoxe. Baignées de philosophie grecque et de soufisme, les croyances druzes s'articulent notamment autour de deux axes : l'expérience de l'immanence divine doit se faire de façon individuelle et sans rituel ; la lecture des cinq piliers de l'islam doit être métaphorique.

Mystère et silence entourent son culte, sans doute en raison des persécutions subies pendant des siècles par la communauté druze. Seuls les initiés (*uqqal*) se voient offrir l'accès au *Livre de la sagesse*, qui se trouve au cœur de leur religion.

Essentiellement installés dans le sud de la Syrie, où ils seraient environ 1 700 000, et dans le sud du Liban (250 000), les Druzes sont un peu plus de 120 000 dans l'État hébreu, qui a su s'assurer de leur soutien. Leur relation à Israël semble néanmoins se faire de plus en plus complexe, et l'adhésion aux causes arabe et palestinienne plus fréquente.

Israël compte 7,5 millions d'habitants, dont 5,5 millions de Juifs, 1,5 million d'Arabes et 0,5 million de communautés diverses.

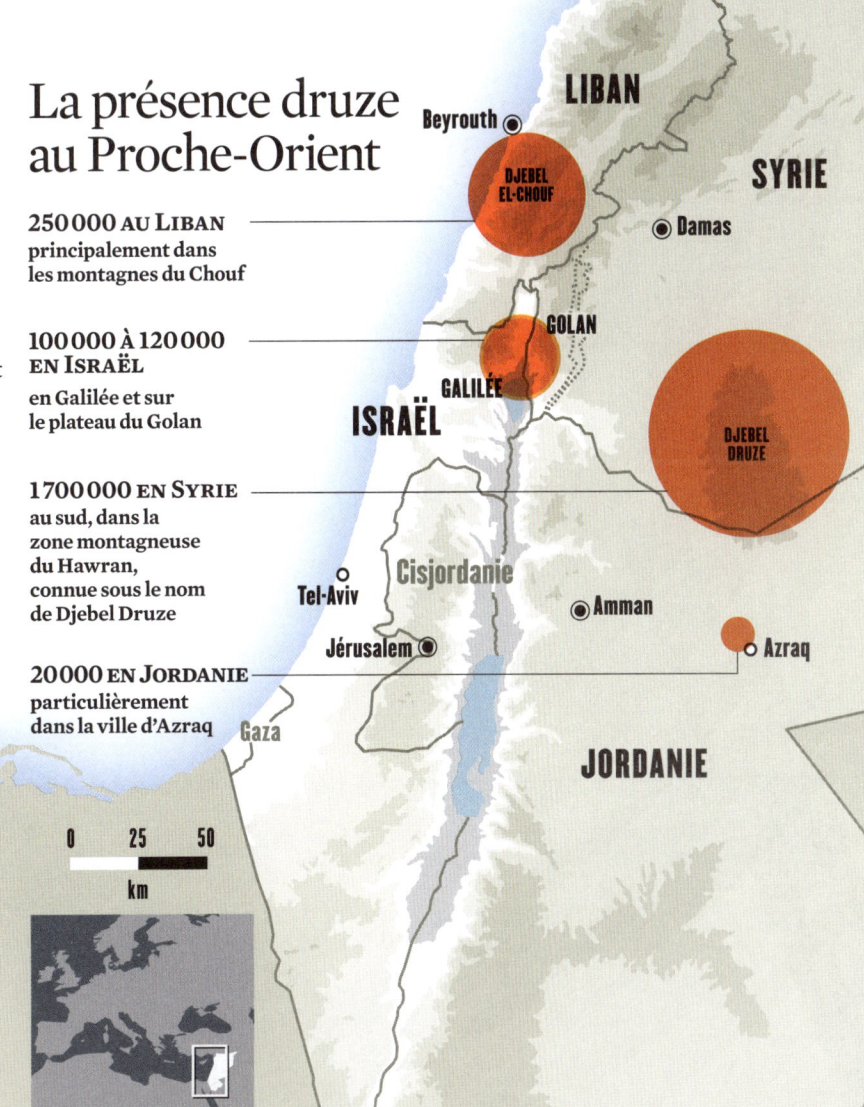

La présence druze au Proche-Orient

250 000 AU LIBAN
principalement dans les montagnes du Chouf

100 000 À 120 000 EN ISRAËL
en Galilée et sur le plateau du Golan

1 700 000 EN SYRIE
au sud, dans la zone montagneuse du Hawran, connue sous le nom de Djebel Druze

20 000 EN JORDANIE
particulièrement dans la ville d'Azraq

SOURCES : « THE ECONOMIST », DÉPARTEMENT D'ÉTAT DES ÉTATS-UNIS.

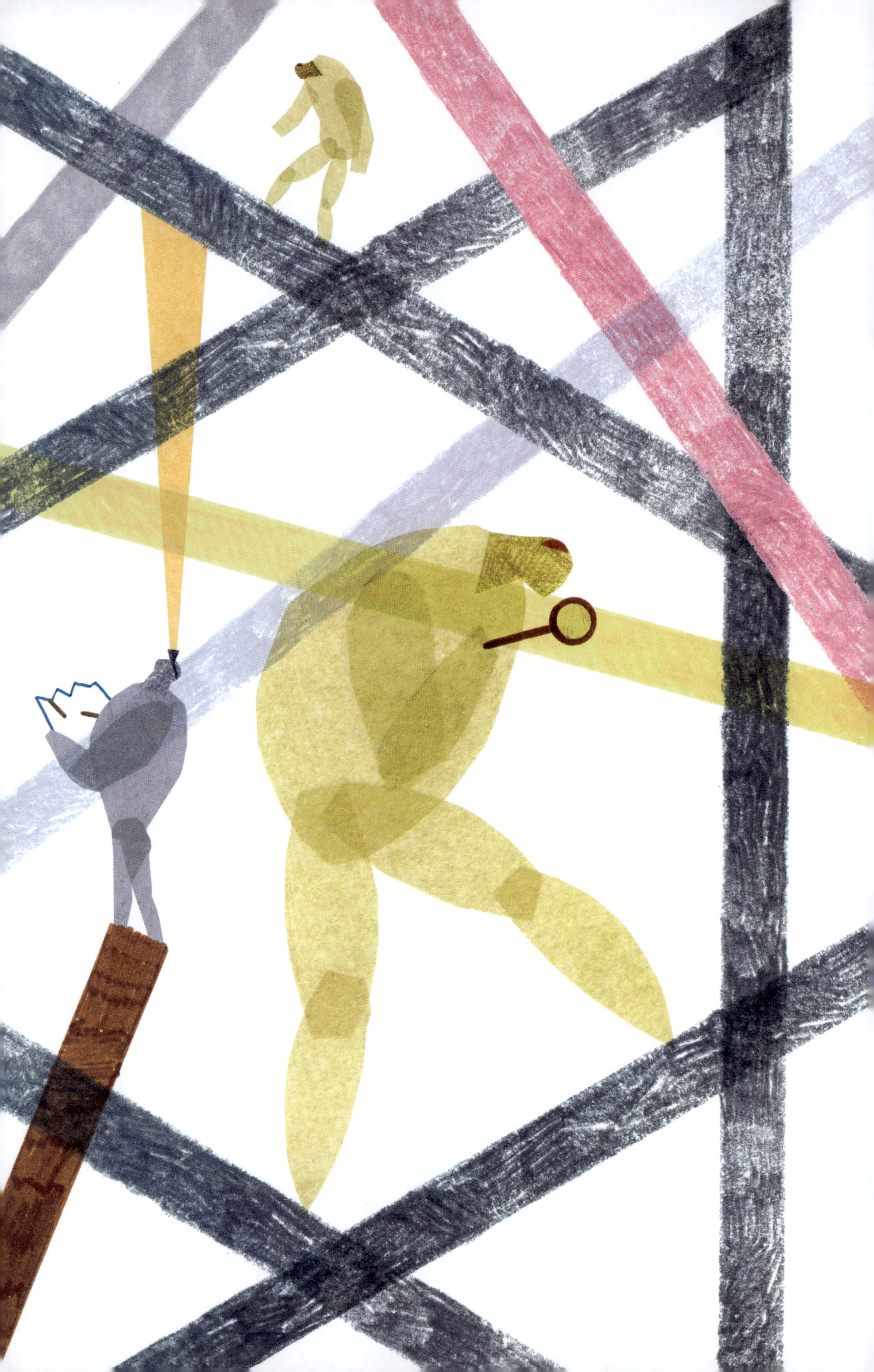

Les arpenteurs

Tous les ans, des centaines de Juifs font le voyage d'Ukraine. Venus du monde entier, ils sont lancés dans un jeu de piste planétaire à la recherche des traces de leurs familles disparues. Dans un pays où l'histoire de la « Shoah par balles » a longtemps été effacée, ils recréent des vies. Par Renaud Lavergne

ILLUSTRATIONS : VÉRONIQUE JOFFRE

SECRETS DE FAMILLE **LES ARPENTEURS**

Le coup de fil est venu d'un vendeur de journaux des environs du village de Rohatyn, à l'ouest de l'Ukraine : « *J'ai dans mon jardin quelque chose qui pourrait vous intéresser, passez en fin d'après-midi.* » Mykhailo Vorobets, historien local, a rapidement griffonné quelques notes dans la bibliothèque municipale, où il a ses habitudes. Puis, il a embarqué avec lui l'Américaine Marla Raucher Osborn et son mari Jay, installés depuis des semaines en Ukraine. Tous deux mènent depuis quatre ans un jeu de piste planétaire sur les traces de la famille de Marla, dont soixante-dix membres ont disparu, ici, pendant la Seconde Guerre mondiale.

Une voiture est réquisitionnée, Mykhailo, Marla et Jay s'y entassent et partent zigzaguer sur les petits chemins crevassés de la campagne. Après plusieurs détours, ils retrouvent l'informateur qui les mène dans l'arrière-cour d'une ferme rustique. Du doigt, l'homme désigne une pierre d'environ un mètre cinquante sur un mètre, collée au mur et couchée dans l'herbe, faisant visiblement office de marche. Dessus, des inscriptions gravées en hébreu. Aucun doute, il s'agit bien d'une pierre tombale. Comment est-elle arrivée ici ? « *Je ne sais pas. Elle y était déjà quand mes grands-parents vivaient ici. Ma grand-mère m'a toujours dit qu'elle venait du cimetière juif.* »

Près de la fosse septique de la ferme, une autre pierre est découverte. Marla, qui a placé sa carrière d'avocate à San Francisco entre parenthèses, remercie chaudement leur informateur. Jay, en disponibilité de son travail d'ingénieur au siège d'Apple en Californie, photographie les deux pièces déracinées du cimetière et se met à quadriller le terrain. Bingo ! Trois nouveaux morceaux apparaissent.

> Marla et Jay, installés depuis des semaines en Ukraine, mènent un jeu de piste planétaire sur les traces de la famille de Marla, dont 70 membres ont disparu, ici, pendant la Seconde Guerre mondiale.

En sillonnant les petites routes défoncées en bord de rivière quelques semaines plus tôt, Jay en avait déjà répertorié une dizaine, visibles à l'œil nu.

Mykhailo Vorobets, le correspondant du couple américain, a toujours vécu à Rohatyn, un petit village de trois mille cinq cents habitants, en Galicie, au sud de Lviv. Ancien instituteur, devenu membre respecté du comité ukrainien des historiens locaux, il se souvient très bien de ce qu'ont fait les nazis à leur arrivée en 1941 : « *Le village était traversé par des chemins. Ils ont voulu faire des routes pour faciliter leurs communications, alors ils ont détruit le cimetière juif et utilisé les pierres pour paver les chemins. J'en ai été témoin.* »

« UN PETIT PANSEMENT SUR UNE GRANDE BLESSURE »

Marla et Jay ont loué pour sept mois un appartement à Lviv, capitale longtemps florissante de l'ancienne province des confins de l'Empire austro-hongrois. C'est la deuxième fois depuis le début de leur quête qu'ils s'installent en Ukraine. De Lviv, ils sillonnent inlassablement la région pour réaliser leur idée folle : rapatrier au cimetière les innombrables pierres tombales éparpillées sur le territoire du petit village de Rohatyn.

L'idée de ce chantier titanesque a germé au printemps quand Marla a rencontré le descendant américain d'un autre enfant juif du village. Pour échapper aux persécutions nazies, la tante d'Alex Feller s'était cachée dans la même cave qu'une arrière-grand-tante de Marla. La première a eu la chance que n'a pas eue la seconde.

Marla et Alex ont sympathisé. Ensemble, ils ont rencontré le maire du village pour lui proposer de lancer un appel à la population : quiconque avait connaissance de la présence de pierres tombales juives était prié de contacter l'historien local, Mykhailo Vorobets, chargé d'en organiser la collecte pour les réinstaller dans l'ancien cimetière juif. Une somme de six cents euros donnée par Marla, Jay et Alex était consacrée au levage et au transport. Le maire a accepté, une télévision locale a diffusé un reportage, le chantier pouvait débuter.

Sollicité également par Marla – « *Nous savons que les gens ici ont confiance en l'Église, qu'ils vous écoutent* » –, le père Dmytro Bihun, de l'Église ukrainienne orthodoxe, a donné sa bénédiction, assis le long d'un mur marquant l'entrée de l'ancien ghetto : « *Votre action est un exemple sur la manière dont les gens peuvent s'intéresser à leur mémoire.* » Marla lui a dit l'importance « *symbolique* » de ce « *petit pansement placé sur une grande blessure* » :

« Cela suscite un débat dans Rohatyn, les enfants peuvent questionner leurs parents. »

Aujourd'hui, elle se livre avec Jay à une activité un brin surréaliste. Dans une voiture de location, le couple charge un à un de lourds débris de pierres tombales pour les rapporter dans l'un des deux cimetières juifs du village. Le premier, le plus ancien, date de 1864 : il n'y reste que trois tombes et les chèvres y gambadent en toute liberté. Le second, *« criminellement saccagé par les nazis allemands durant la Seconde Guerre mondiale »*, comme l'indique une plaque en russe et en anglais, est devenu un mémorial. Quelques rares débris de tombes, perdus dans la touffeur, ont eu le privilège de ne pas finir en pavés sur les routes.

Un chemin dégagé des hautes herbes a été ouvert par les hommes du village. Accroupi à terre au bout du sentier, Jay époussette la quarantaine de pierres transbahutées devant le mémorial. Chaque inscription, chaque trace, chaque nom découvert sur les vestiges est photographié pour nourrir une base de données destinée aux descendants éparpillés à travers le monde.

« Tu ne t'attends pas à ce que l'endroit soit beau, pourtant il l'est »

La plupart des Juifs de Rohatyn ont été massacrés sur place en plusieurs *« aktionen »*, la *« Shoah par balles »*, disent les historiens. Dans cette région d'Ukraine, la principale *« action »*, trois mille cinq cents hommes abattus dans une fosse, s'est déroulée au sommet d'une colline ondoyante, où de grands champs, certains cultivés, d'autres en friches, sont séparés par un léger dénivelé. Le lieu est d'un calme saisissant à peine entrecoupé par des croassements de corbeaux. La vue sur les vertes collines de Galicie est splendide. Il y a des boutons d'or et des coquelicots épars, comme des taches de sang qui remontent à la surface. *« Tu viens à cet endroit, tu ne t'attends pas à ce qu'il soit beau et pourtant il l'est »*, souffle Marla.

Ses grands-parents, commerçants, sont nés en Galicie. Sa grand-mère a émigré aux États-Unis en 1914 à l'âge de 4 ans, deux de ses arrière-grands-tantes ont opté pour la Palestine, le reste de la famille est resté à Rohatyn. Pour toujours. Pas un n'a survécu. Nés américains, les parents de Marla ont choisi de *« couper les racines »* : *« La pression pour devenir de parfaits citoyens était forte. »* En une génération, une page se referme : *« Tous mes grands-parents parlaient yiddish, polonais, russe, allemand. »* Elle ne se rouvre que, des années plus tard, à l'occasion d'un voyage en France : *« Je suis tombée, devant un lycée parisien,*

> « Je voulais savoir à quoi ressemblaient ces vies, je rêve de rencontrer les membres de ma famille disparue, de leur poser des questions, de savoir qui est là sur telle photo... »

sur une plaque commémorant la disparition de mille deux cents enfants juifs déportés. Cela n'existe pas aux États-Unis, où il n'y a pas eu la guerre. »

Chez elle, Marla avait toujours été celle qui s'intéressait à l'histoire familiale : *« Je prenais des notes en discutant avec ma grand-mère, ma famille s'en amusait. »* Ses parents lui reprochaient gentiment de *« s'intéresser plus aux morts qu'aux vivants »*. Rien ne la blessait plus, se souvient-elle. Quand, en Europe, *« ce passé et cette histoire qui est aussi la [sienne] »* la rattrapent au détour d'une rue, elle décide de *« recréer des vies »* : *« Je voulais savoir à quoi ressemblaient ces vies, je rêve de rencontrer les membres de ma famille disparue, de leur poser des questions, de savoir qui est là sur telle ou telle photo... »*

Mais comment *« recréer des vies »* disparues depuis si longtemps, dans de telles conditions, avec si peu de points de départ : une photo de famille anonyme, quelques vieilles lettres, de rares témoignages directs...? Les survivants et leurs proches restent souvent murés dans le silence ; la douleur, bien sûr, le moyen aussi d'épargner à leurs enfants le récit de vies perdues à jamais. Pour les Juifs ayant recommencé leur vie en Israël, *« un pays neuf tourné vers sa propre construction*, relève la diplomate Tamar Weinblum, lancée comme bien d'autres dans cette exploration, *il était très délicat d'aborder ce sujet »* : *« Les jeunes n'osaient pas poser de questions. »*

Marla, devenue détective de son histoire, a rejoint la cohorte des enquêteurs lancés sur les traces de leurs ancêtres. Chaque année, l'Ukraine accueille de plus en plus de descendants venus du monde entier pour combler les béances de leur passé. Le premier voyage en appelle souvent de nombreux autres.

« Comme s'il m'avait dit : "Je vis" »

Le bureau de la directrice des archives de Lviv, Diana Pelts, est installé dans un magnifique monastère bernardin du XVIIe, au cœur de la vieille ville à la splendeur décatie, entre baroque et *Jugendstil*.

SECRETS DE FAMILLE LES ARPENTEURS

On y accède par un raide escalier de vieilles pierres. Chaque année, dit-elle dans un français chantant, *« nous traitons de plus en plus de demandes, la moitié de celles venues de l'étranger porte sur des familles juives disparues ».* Une pièce consacrée à la généalogie juive a été aménagée dans une aile du monastère. Dans les autres salles sont regroupés les dossiers de recensements, les titres de propriété, les registres cadastraux, les annuaires commerciaux, les listes d'élèves : tous les documents sont bons à explorer.

C'est dans les archives du cadastre que Marla a connu une de ses plus grandes joies. D'un rouleau de carton, où étaient rangés les titres de propriété de Rohatyn qu'elle était venue consulter, s'est échappée par hasard une feuille portant la signature de Josef Horn, son arrière-arrière-grand-père. *« C'est comme s'il m'avait dit : "Je vis et tu m'as retrouvé" »*, raconte-t-elle, heureuse d'avoir vécu un moment rare *« que les chercheurs spécialisés guettent pendant des années ».*

Elle traversera un même émerveillement dans l'ancienne synagogue de Rohatyn, devenue école pour handicapés. À la faveur de travaux d'aménagement, le directeur de l'établissement rassemble dans deux cartons les vieux papiers entassés dans les recoins et oubliés depuis longtemps : des extraits de journaux, des pages de Torah déchirées, des lettres, des factures... Les miettes de papier datent la plupart de 1942, l'année du ghetto. Marla plonge dans ce fouillis, l'épluche patiemment, et découvre une créance adressée à un de ses grands-oncles, propriétaire d'une entreprise de matériaux de construction.

Le rabbin d'Ivano-Frankivsk guide Rachel. Les yeux brillants, Moshé-Leib Kolesnik, la soixantaine, dit « ne pas avoir de mots » : « Cela me fait beaucoup de bien, c'est comme si la famille revenait. »

Nina Lauterszstajn, 62 ans, n'avait hérité, elle, pour toute archive familiale que d'un certificat scolaire de l'établissement où son père était élève en 1934. Seul survivant familial de la Shoah, il s'était installé après-guerre en Pologne. Nina a refait sa vie en Suède et c'est en fouillant les bases de données consacrées à la généalogie juive qu'elle a découvert l'existence d'une cousine californienne ignorée, Rachel Evnine. Les deux femmes se sont rencontrées, ont partagé leurs souvenirs et, très vite, décidé de partir aux sources, en Ukraine.

Elles qui ne se connaissaient pas voici encore quelques mois se sont retrouvées à Cracovie pour débarquer ensemble à Ivano-Frankivsk, une ville de deux cent mille habitants – autrefois havre d'une communauté juive de trente mille personnes – tapie aux pieds des Carpates, à l'ouest. Nina et Rachel ont préparé leur voyage, déposé des demandes de communication de pièces, pris contact avec des guides et des historiens. Pour maintenant se confronter à leur histoire.

Les archives de la ville sont réunies dans un bâtiment de deux étages, froid et glacé, typique du communisme des années 1960. Un sombre couloir mène à une salle de lecture claire et déserte. Nina pose son sac à dos lourd des documents rassemblés depuis des mois et demande, en polonais laborieux, que lui soit transmis le dossier commandé quelques semaines plus tôt. Tout est prêt, une épaisse liasse l'attend. Elle s'en empare, feuillette en silence les documents, en extrait deux : des demandes de visa pour la Roumanie datant des années 1930. Une photo est poinçonnée en haut à droite de chaque demande : un frère de son grand-père et une arrière-petite-cousine. *« C'est la première fois que je vois ces noms. Aujourd'hui deux personnes sont nées, comme une résurrection... »*

« À QUOI BON ÊTRE AMER ? »

L'exploration se poursuit. D'un volumineux dossier, Rachel extrait un immense plan de l'usine de vodka que possédait son grand-père. Ébahie et rayonnante, elle le déploie sur la table de consultation. Son mari Jeremy filme la scène. La veille, la petite troupe a dégusté sur fond de lard fumé la vodka du grand-père. La fabrique tourne toujours aux portes de la ville. En 2004, à l'occasion d'un premier voyage, elle y avait reçu un accueil chaleureux : *« Nous avions beaucoup bu et j'étais bouleversée. C'était comme si j'avais trouvé ma place dans les photos de l'époque. Une part de moi-même disait : "C'est à moi !", mais la société a été nationalisée. À quoi bon être amer ? »*

Les deux femmes s'en vont dans la banlieue d'Ivano-Frankivsk. Près de l'usine, Rachel découvre les maisons ouvrières de type Bauhaus que son grand-père fit construire par un ami architecte autrichien réputé. Elles sont toujours là, près d'un petit bois de bouleaux, comme une incongruité au milieu d'immeubles à la mode soviétique. Sur un palier, une dame explique habiter ici depuis 1962 : « *C'est Liebermann qui a fait construire ces habitations, c'est de la bonne qualité, pour rien au monde je ne partirais.* » Rachel, qui voulait donner corps à ce grand-père disparu, est comblée. Elle en est maintenant certaine : sa mort n'a pas effacé sa vie.

Le voyage dans le labyrinthe déserté de sa mémoire n'est pas terminé. Aux États-Unis, elle est restée des heures à observer des photos de réunions familiales dans la maison de vacances de Yaremche, un village des Carpates à une heure d'Ivano-Frankivsk, où les fraises sauvages sont réputées pour leur goût délicieusement amer. Sur les clichés sépia, là un sourire, ici la moue d'un inconnu, ici encore des ombres dans une pièce.

Deux mille Juifs ont été liquidés à Yaremche. Dans une usine en ruine, que l'on aperçoit depuis la route qui grimpe vers les forêts et traverse un décor de chalets kitsch, des enfants étaient employés par les nazis à la fabrication de munitions. Le rabbin d'Ivano-Frankivsk guide Rachel. Moshé-Leib Kolesnik, la soixantaine, est le fils d'un officier dans l'Armée rouge et d'une professeur. Les yeux brillants, il dit « *ne pas avoir de mots* » : « *Cela me fait beaucoup de bien, c'est comme si la famille revenait.* » Dans sa synagogue, l'unique d'une ville qui en compta soixante-dix, il est bien seul :

SECRETS DE FAMILLE LES ARPENTEURS

« Ma présence suffit, la communauté compte aujourd'hui deux cents personnes. » Le vieux cimetière juif, où était enterrée la grand-mère de Rachel, n'existe plus : on y a construit un cinéma à la fin des années 1960, sous l'ère soviétique. À l'inauguration, raconte le rabbin, le toit s'est effondré.

Comme des centaines d'autres, Rachel et Nina espèrent *« remplir les trous d'un arbre généalogique à l'allure de squelette »*. Dans la famille de Rachel, *« il était impossible de poser des questions sur cette époque sans que tout le monde ne s'effondre en pleurs, alors à la fin on ne demandait plus rien »*. Pendant des années, les deux femmes se sont nourries par le biais de sites internet, alimentés en continu par les découvertes et voyages de descendants des disparus. Un simple clic leur permettait d'accéder à des univers oubliés qu'elles ouvraient comme une boîte à souvenirs délaissée dans le grenier. Entre peur et excitation, elles ont parcouru les éléments généalogiques, les photos d'époque, les listes d'élèves, les plans de villes, les registres, les récits de voyage et les témoignages additionnés jour après jour. C'est en consultant un annuaire professionnel des années 1930 mis en ligne que Nina a trouvé l'adresse du commerce de bois de son arrière-grand-père. Une fois réunis les éléments, l'envie d'aller voir s'est imposée.

« DE BONS ET GRANDS SENTIMENTS »

Un grand congrès international de généalogie juive (IAGJS) réunit tous les ans, pendant trois jours, une kyrielle de spécialistes, historiens, chercheurs et responsables d'archives venus de toute l'Europe de l'Est, l'ancien *« Yiddishland »*. Jusqu'à mille deux cents personnes s'y pressent, dont de nombreux candidats au voyage. Alex Dunai, un des guides les plus célèbres, participe régulièrement à ces rencontres organisées tour à tour aux États-Unis, en Europe de l'Est, en France…

> L'accueil réservé aux revenants du bout du monde est parfois tiède : « Certains ont peur et croient que les Juifs viennent récupérer leurs biens. »

Ancien professeur d'histoire de Lviv, Alex s'est lancé dans ce nouveau métier en 1996. Sa première cliente était américaine, *« le bouche-à-oreille s'est mis ensuite à fonctionner »*. *« À l'époque soviétique*, explique-t-il, *l'histoire juive était pratiquement inconnue, son influence dans la région était ignorée. Je m'y suis intéressé et c'est ainsi que je me suis retrouvé dans les réseaux de généalogie juive. »* L'écrivain américain Daniel Mendelsohn a recouru à ses services pour *Les Disparus*, le récit d'une enquête sur les traces d'un grand-oncle assassiné par les nazis dans une petite ville de Galicie. Ce flirt avec la littérature n'a pas peu contribué à la réputation du guide. L'impact du livre, salué par le prix Médicis 2006, a poussé de nombreux descendants à franchir le pas.

Alex est très occupé d'avril à octobre pour des voyages de quatre à huit jours en moyenne. Il organise et prépare tout. Ses clients habitent à des milliers de kilomètres et ont du mal à aborder dans le détail l'histoire tourmentée de cette Europe des confins. Toute recherche de nom ou d'adresse s'y transforme inéluctablement en un mystérieux et fascinant jeu de pistes où le barrage de nombreuses langues se marie aux usages de multiples bureaucraties. La Galicie fut austro-hongroise, polonaise, ukrainienne, soviétique, sous administration nazie, puis de nouveau, selon les régions, polonaise ou soviétique, avant de redevenir ukrainienne. L'accueil réservé aux revenants du bout du monde est parfois tiède : *« Certains ont peur et croient que les Juifs viennent récupérer leurs biens »*, observe l'Américaine Pamela Weisberger, responsable d'un centre de recherche sur la Galicie.

À Lviv, au moins quatre autres guides ou structures proposent le même type de services. Tiré à quatre épingles, anglais parfait, Alex Denyschenko a débuté comme guide pour Intourist, l'agence de tourisme officielle de l'ex-URSS. À l'indépendance de l'Ukraine en 1991, il s'est intéressé à la généalogie juive, une partie de sa famille l'était. Puis, il s'est formé à l'histoire de la Shoah à l'institut Yad Vashem, de Jérusalem. Volubile, il dit adorer ce travail *« qui produit de bons et grands sentiments »* : *« Je noue des relations très personnelles avec les gens et, parfois, j'ai l'impression de me transformer en Hercule Poirot. »* Correspondant d'une organisation en charge de programmes de réhabilitation de cimetières juifs, Alex Denyschenko n'ignore rien de l'ancienne vie de Lviv. Comme ces quelques pavés en face des ruines de la synagogue de la Rose d'or où sont gravées des inscriptions tombales…

> Une porte-fenêtre ouvre sur le grenier, la fermière apporte une échelle. Zeev s'engouffre dans le sombre capharnaüm. Au fond de la pièce, un rai de lumière dessine un recoin. Il s'y faufile : « C'est là, c'est là que nous étions cachés ! »

C'est sur ces mêmes pavés qu'un groupe d'une vingtaine d'Israéliens, tous originaires d'une région du sud de la Galicie, boucle un périple d'une semaine. Regroupés au sein d'une association dirigée par une chef d'entreprise de biotechnologies, Daniela Mavor, ils viennent de parcourir les collines agricoles de Drogobytch-Boryslav, un petit eldorado pétrolier du début du XXe siècle qui irrigua l'Empire austro-hongrois, troisième producteur mondial d'or noir avant la Première Guerre mondiale.

Leurs parents – ouvriers spécialisés, ingénieurs ou propriétaires de petits puits – ont participé à cette aventure méconnue. Plusieurs l'ont partagée avant de partir pour Israël. Dans l'arrière-cour arborée d'un immeuble du centre de Lviv, une exposition de photos est organisée à leur intention. Un photographe local a déniché dans un grenier d'amis de splendides clichés de l'époque pris par un ingénieur pétrolifère : des familles posant devant un pipeline, des forêts de puits, des raffineries sous la neige, des hommes noirs de pétrole…

LE SOMBRE CAPHARNAÜM

Le père de Zeev Mayer possédait une entreprise d'extraction de bitume. « *Quand il rentrait le soir, la maison était pleine des effluves de pétrole qui imbibaient ses habits* », se souvient son fils aujourd'hui âgé de 81 ans. Ces odeurs ont bercé sa jeunesse, elles ont aussi baigné son adolescence. De 1943 à 1944, Zeev a vécu un an caché avec sa mère et son frère dans une ferme sur les hauteurs de Boryslav. Du soupirail dont il approchait rarement, il avait vue sur une raffinerie et respirait ses émanations.

Cet homme, alerte et âgé, a voulu partager son enfance avec son fils, Reuven, et sa fille, Frida : « *Mon père a toujours dit qu'il voulait venir une dernière fois, je lui ai promis de l'accompagner.* » Zeev veut retrouver la fermette où il s'est terré un an.

Une guide locale, Tanya Firman, qui travaille avec énergie pour une association d'aide aux Juifs sans ressources, a accepté de l'aider. La famille embarque dans la robuste voiture de Tanya qui se lance sur les pistes de montagnes empierrées. On dépasse une raffinerie d'un autre âge, de petits puits plantés dans les jardins et les forêts de sapins plongent toujours dans le sol.

L'arrivée de la petite troupe dans le hameau isolé est observée avec méfiance. Des habitants restent calfeutrés derrière leur fenêtre. Quelques-uns acceptent toutefois de guider les étrangers. Au bout d'un chemin bordé de pommiers, Zeev reconnaît immédiatement l'endroit. Rien n'a changé : ni la maisonnette grise et basse, ni la petite dépendance pour les cochons.

Le vieil homme ne tient pas en place et file à grands pas à l'arrière du bâtiment toujours habité. Une porte-fenêtre ouvre sur le grenier, la fermière apporte une échelle. Zeev s'engouffre dans le sombre capharnaüm où s'empilent vieux vêtements, ustensiles ménagers et cartons. Au fond de la pièce, un rai de lumière dessine un recoin. Il s'y faufile, tête baissée : « *C'est là, c'est là que nous étions cachés ! De là, je pouvais voir le ghetto* », s'exclame-t-il avant de se cogner la tête, comme à l'époque…

Sa mère, qui avait appris que les paysans de la ferme acceptaient de cacher des Juifs, est morte pendant le rude hiver de ces terres de Galicie. Ses deux fils l'ont inhumée dans le jardin. Tremblant d'émotion, Zeev désigne l'emplacement. Quand l'armée soviétique a repris la ville à l'été 1944, explique-t-il à ses enfants, son frère et lui ont déplacé le corps de leur mère dans les restes de l'ancien cimetière juif. Depuis, il verse tous les ans une petite somme aux descendants des fermiers.

Zeev, bouleversé et heureux, entonne un poème en polonais. C'est en polonais aussi qu'il aborde plus tard quelques vieux habitants de Boryslav, avant de se délecter d'un verre d'eau à l'arrière-goût de bitume aux thermes de Trouskavets, la petite station où il venait passer les week-ends en famille. Sur un marché qui fut autrefois un cimetière juif, il achète quelques framboises « *aussi douces qu'il y a soixante-dix ans* ».

« MON CŒUR S'EST EMBALLÉ »

Salek Linhard, 83 ans, a longtemps hésité avant de venir en Ukraine avec le petit groupe. Son père a probablement été tué dans la forêt de Bronica, proche de Drogobytch, où cinq mille à dix mille Juifs périrent. Sa mère a succombé dans un abattoir proche, aujourd'hui en ruine.

SECRETS DE FAMILLE LES ARPENTEURS

Lui a échappé au train de l'extermination en étant réquisitionné dans un camp de travail où était raffiné le pétrole de la Wehrmacht. Il sait bien *« qu'il n'y a plus rien ici de la vie d'autrefois »*. Longtemps, dit-il, il n'a pas eu *« le courage »* de venir : *« À quoi bon ? Je n'ai plus de famille ici. »*

À l'entrée de la forêt de Bronica, son visage se lit à livre ouvert : la colère le dispute à l'incompréhension. Comme Zeev, il est pourtant prêt à tenir tête à ses fantômes. Dans une clairière, douze immenses dalles de béton, plusieurs longues d'une vingtaine de mètres, recouvrent les morts. La prière des défunts est lue, le silence qui suit est brisé par l'hymne israélien repris en chœur, l'écho porte loin. En retrait, Salek dépose sur une stèle deux roses et un petit caillou rond sur lequel il a porté un hommage à son père, Ika.

Ancien inspecteur de police, il a entraîné sa mémoire tout au long de sa vie. À Drogobytch, ville où le passé juif a été effacé, il retrouve les yeux fermés le tragique théâtre de son enfance. Dans l'actuel commissariat de police, il n'hésite pas un instant à identifier l'ancien siège de la Gestapo. Son père y fut torturé pour avoir poussé des Juifs à se cacher. Dans l'espoir de trouver un message que son père *« très fort et courageux »* aurait pu écrire *« avec son sang »*, Salek demande à visiter les geôles. Le commissaire accepte. Le vieil homme descend scruter les murs des sinistres geôles. En vain.

Salek persiste. Malgré sa canne, c'est lui qui donne le rythme. En face du commissariat, il repère une maison en bois où ses parents ont vécu. De là, se souvient-il, il a assisté, enfant, aux pogroms menés par les Ukrainiens avant l'arrivée des Allemands : *« Le sang coulait sur le trottoir, ils étaient si fiers d'eux... »* Le propriétaire bloque l'entrée, mais l'accueil est meilleur quelques mètres plus loin. À l'ancienne maison de son oncle et de sa tante, boulangers, il parvient à faire ouvrir la cave où étaient préparés les desserts. L'inscription peinte dans un renfoncement – *« Jakob Linhard – Lido Delikatessen »* – lui saute aux yeux : *« Mon cœur s'est emballé. »*

Des milliers de kilomètres pour une inscription dans une cave ? Là n'est pas la question : *« J'ai clos mon histoire avec ce voyage, je m'y suis confronté et j'en suis fier même si ça a été dur. »* Ses enfants et sa femme, qui l'accompagnant, disent *« avoir eu de la chance »* : *« Tout le monde n'a pas retrouvé ses lieux. »*

« SANS LUI, JE NE SERAIS PAS DE CE MONDE »

Un troisième participant au pèlerinage a eu également de la chance. Eyal Haberman, 38 ans, est venu d'Israël pour mettre ses pas dans ceux de son père, bijoutier sur le Rynek, la place centrale en arcades de Drogobytch. Avec lui, il a emporté les photos d'une maquette réalisée par son père, héritée à sa mort, des années plus tard, une fois installé en Israël. Il s'agit de la reproduction miniature et très précise d'un bunker souterrain où le bijoutier vécut caché, avec jusqu'à quarante-cinq personnes, pendant dix-huit mois, sans jamais être repéré par les nazis. Eyal connaît l'histoire par cœur, il veut rencontrer le fils de celui qui sauva son père.

Le guide local Leonid Goldberg a arrangé l'affaire. Elle se joue dans une taverne en plein air où l'on sert des brochettes et des bières fraîches. Alfred Schreyer, musicien, chanteur d'opéra et dernier Juif rescapé de la région encore vivant, témoigne de son histoire. Les échanges vont bon train, les souvenirs fusent quand, discrètement, le guide s'approche d'Eyal pour lui présenter un homme d'une soixantaine d'années, en costume sombre. Yvan Bur, glisse-t-il, est le fils de l'homme qui fit creuser le bunker.

> Eyal a emporté avec lui les photos d'une maquette réalisée par son père, la reproduction miniature d'un bunker souterrain où le bijoutier vécut caché pendant dix-huit mois. Eyal veut rencontrer le fils de celui qui sauva son père.

Émus mais pas intimidés, les fils du sauveur et du sauvé s'installent dans un coin tranquille. De sa poche, Eyal tire les photos de la maquette du bunker tandis qu'Ivan lui raconte l'histoire qu'il n'a apprise que quarante ans plus tard, à la chute de l'URSS. Son père, dit-il, avait *« beaucoup d'amis juifs depuis l'école »*. Par *« devoir »*, il a fait creuser *« en secret »* la cache indétectable *« par un ami, ingénieur juif dans une fabrique de bougies »*. L'opération était risquée : *« C'était la mort assurée s'il se faisait prendre »*. *« Pour acheter la nourriture, mon père devait aller jusqu'à Lviv pour vendre l'or que les Juifs lui donnaient*, reprend-il. *S'il l'avait vendu ici, les Allemands auraient immédiatement soupçonné l'existence d'une cache. »*

Eyal écoute, passionné. Le récit éclaire un peu plus sa propre vie : *« Sans le père d'Ivan, je ne serais pas de ce monde. »* Le soir, les deux hommes se retrouvent à nouveau. Ivan apporte des photos de sa famille, Eyal montre des images de sa femme et de ses enfants. *« Je vous invite en Israël »*, dit-il à Ivan. *« Je viendrai »*, promet celui-ci.

Tous les descendants n'ont pas la chance de Marla, Nina, Zeev, Salek ou Eyal. Pendant des heures, Lea Kupferman a arpenté en vain les hautes herbes du cimetière juif de Drogobytch à la recherche de la tombe de son grand-père. Naava Othnay n'a pas retrouvé la maison de sa famille au numéro 300 de la rue Targowica ; partiellement débaptisée, celle-ci n'a plus que trente numéros. Erez Dor, 30 ans, a regretté de ne pas avoir mieux préparé son voyage. Yossi Wagner, 54 ans, a découvert un petit square à l'emplacement de la maison de ses grands-parents : *« Bien sûr, il n'y a plus rien ni personne, ici, mais je viens de fêter mon anniversaire et ma présence est une manière de dire qu'ils n'ont pas réussi à tous nous détruire. »* Il reviendra avec sa famille. Pour partager l'histoire.

LES ARPENTEURS — POUR ALLER PLUS LOIN

Quelques grandes dates

Au moment de la Première Guerre mondiale, l'Ukraine est majoritairement intégrée à la Russie tsariste. La Galicie, à l'ouest de l'Ukraine, siège d'une importante minorité juive, appartient en revanche à l'Autriche-Hongrie.

1917-1922

Série de violentes guerres civiles, principalement entre nationalistes ukrainiens indépendantistes et Soviétiques. En 1921, le traité de Riga partage le territoire entre la Pologne, qui hérite de la Galicie, et l'Union soviétique dont l'Ukraine devient officiellement une des républiques en 1922.

1932-1933

À la dékoulakisation voulue par Moscou et entamée en 1928 succède une collectivisation forcée des terres agricoles et l'établissement arbitraire d'impossibles quotas de livraison de céréales. Fruit de cette politique, une terrible famine fait de cinq à sept millions de morts. C'est l'« *Holodomor* », « l'extermination par la faim ».

1939-1945

En vertu du pacte germano-soviétique, l'Allemagne occupe la Pologne et l'Union soviétique récupère la Galicie. Avec l'opération Barbarossa, l'Ukraine devient un champ de bataille. L'Armée rouge reprend Kiev en novembre 1943. En 1945, l'Union soviétique contrôle l'Ukraine.

1991

Indépendance de l'Ukraine, proclamée le 24 août au Parlement.

Le pétrole de Galicie

Province la plus peuplée de l'Empire austro-hongrois, la Galicie a connu une véritable ruée vers l'or noir de la deuxième moitié du XIXe siècle jusqu'à l'avant-Première Guerre mondiale.

L'épicentre de cette ruée vers le pétrole était la ville-champignon de Boryslav tandis que Drogobytch était le siège d'une grande raffinerie d'État, toujours en fonction. Les deux villes ont connu par la suite un long déclin, les réserves d'or noir ayant été surexploitées.

Un petit musée du pétrole à Boryslav et un autre à Drogobytch retracent cette épopée, avec maquettes de tours d'extraction, vieilles cartes et bidons d'époque.

À Lviv, un musée de la pharmacie possède des exemplaires de la première lampe à pétrole de l'histoire, créée dans une pharmacie de la ville par Ignacy Lukasiewicz. D'importantes mines de cire minérale, destinées à la fabrication de bougies, ont prospéré dans la région.

Boryslav et ses pompes à pétrole d'un autre temps. RENAUD LAVERGNE

Lviv, ville juive

Au début de la Seconde Guerre mondiale, un tiers des 340 000 habitants de Lviv, principale ville de Galicie, était juif. La ville compte aujourd'hui 730 000 habitants, dont 4 000 à 5 000 Juifs, venus pour beaucoup des anciennes Républiques soviétiques.

La plupart des sites juifs de la ville ont été détruits. Il reste les ruines de la magnifique synagogue de la Rose d'or, située dans le quartier pavé de la vieille ville, et un hôpital juif aux allures mauresques. L'ancien cimetière juif de l'hôpital est devenu un marché et l'entrée du ghetto de Lviv, au nord du centre-ville, est aujourd'hui marquée par un monument commémorant l'Holocauste.

Plus à l'ouest se trouvent le site du camp de travail forcé de Janowska et la gare de Kleparivska, d'où partaient les trains pour Belzec.

La « Shoah par balles »

Sur les six millions de Juifs exterminés lors de la Seconde Guerre mondiale, environ un million et demi de Juifs de l'ex-URSS, majoritairement ukrainiens, sont assassinés sur place et inhumés dans des fosses communes au cours de massacres de masse.

Le plus important de ces massacres a été perpétré dans le grand ravin de Babi Yar, en banlieue de Kiev, où 34 000 Juifs sont assassinés les 29 et 30 septembre 1941. Connues sous le nom de « Shoah par balles », ces terribles opérations sont lancées à compter de l'invasion de l'Union soviétique par l'Allemagne en 1941. Des unités de tuerie mobiles allemandes, les « Einsatzgruppen », appuyées par des supplétifs locaux, en sont chargées.

Depuis 2004, le père Desbois, qui dirige l'association Yahad in Unum, documente cet aspect de la Shoah resté longtemps méconnu.

La généalogie juive

Éditrice d'un simple bulletin lors de sa création en 1987, l'association américaine JewishGen (www.JewishGen.org), qui dépend du musée de l'héritage juif de New York, gère le site de référence sur la question.

Près de vingt millions de documents sur l'histoire des Juifs d'Europe, arbres généalogiques, fichiers d'écoles, listings professionnels, bases de données sur les cimetières juifs... sont disponibles sur ce site, qui permet les recherches par noms et met aussi à disposition, traduits en anglais de l'hébreu ou du yiddish, des centaines d'Yzkor Books, ces récits de la vie juive d'avant-guerre, et de la guerre elle-même, localité par localité, shtetl par shtetl – le nom yiddish de ces petites localités d'Europe de l'Est à forte communauté juive.

Ce site est alimenté en permanence par un millier de membres bénévoles. En France, la maison de la culture yiddish, à Paris, organise aussi parfois des ateliers de généalogie.

L'association strasbourgeoise Valiske (« la valise », en yiddish) propose également des voyages sur les terres du « Yiddishland ».

À LIRE...

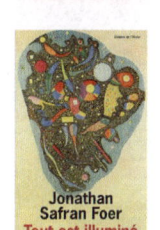

LES BOUTIQUES DE CANNELLE
de Bruno Schulz (Éd. Gallimard, coll. « L'Imaginaire », 2005).

Régulièrement comparé à Kafka, l'auteur est le héros littéraire de Drogobytch, où il fut également professeur de dessin. Ce recueil de nouvelles fait vivre cette petite ville par le regard d'un enfant, dans un univers onirique et inquiétant. Bruno Schulz, dont la mémoire est honorée tous les deux ans par un festival dans sa ville natale, a été assassiné à Drogobytch en 1942 par un SS.

LES DISPARUS
de Daniel Mendelsohn (Éd. Flammarion, 2007).

Ce best-seller a été un déclic pour de nombreux Juifs qui hésitaient encore à se rendre sur les terres de leurs familles disparues. L'auteur mène une enquête planétaire et très actuelle sur les conditions de la disparition à Bolechow (Galicie) de son grand-oncle lors des massacres de 1941.

TOUT EST ILLUMINÉ
de Jonathan Safran Foer (Éd. de l'Olivier, 2003).

Un récit à trois voix, où le comique le dispute parfois au grotesque, de la vie d'une communauté juive, un shetl, jusqu'à son anéantissement. Le récit est mené en parallèle avec une quête d'aujourd'hui.

JOB, ROMAN D'UN HOMME SIMPLE
de Joseph Roth (Éd. du Seuil, 2011).

HISTOIRE D'UNE VIE
d'Aharon Appelfeld (Éd. de l'Olivier, 2004).

Deux romans indispensables pour entrer dans la vie des shtetls de Galicie ou de Bucovine, la région voisine.

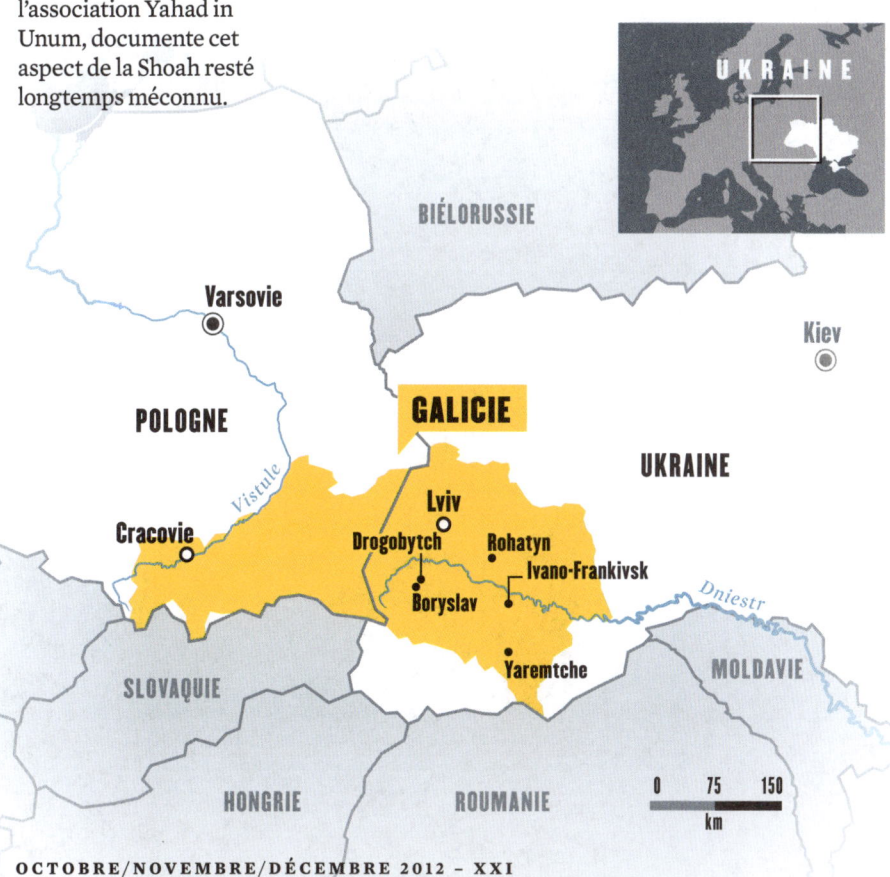

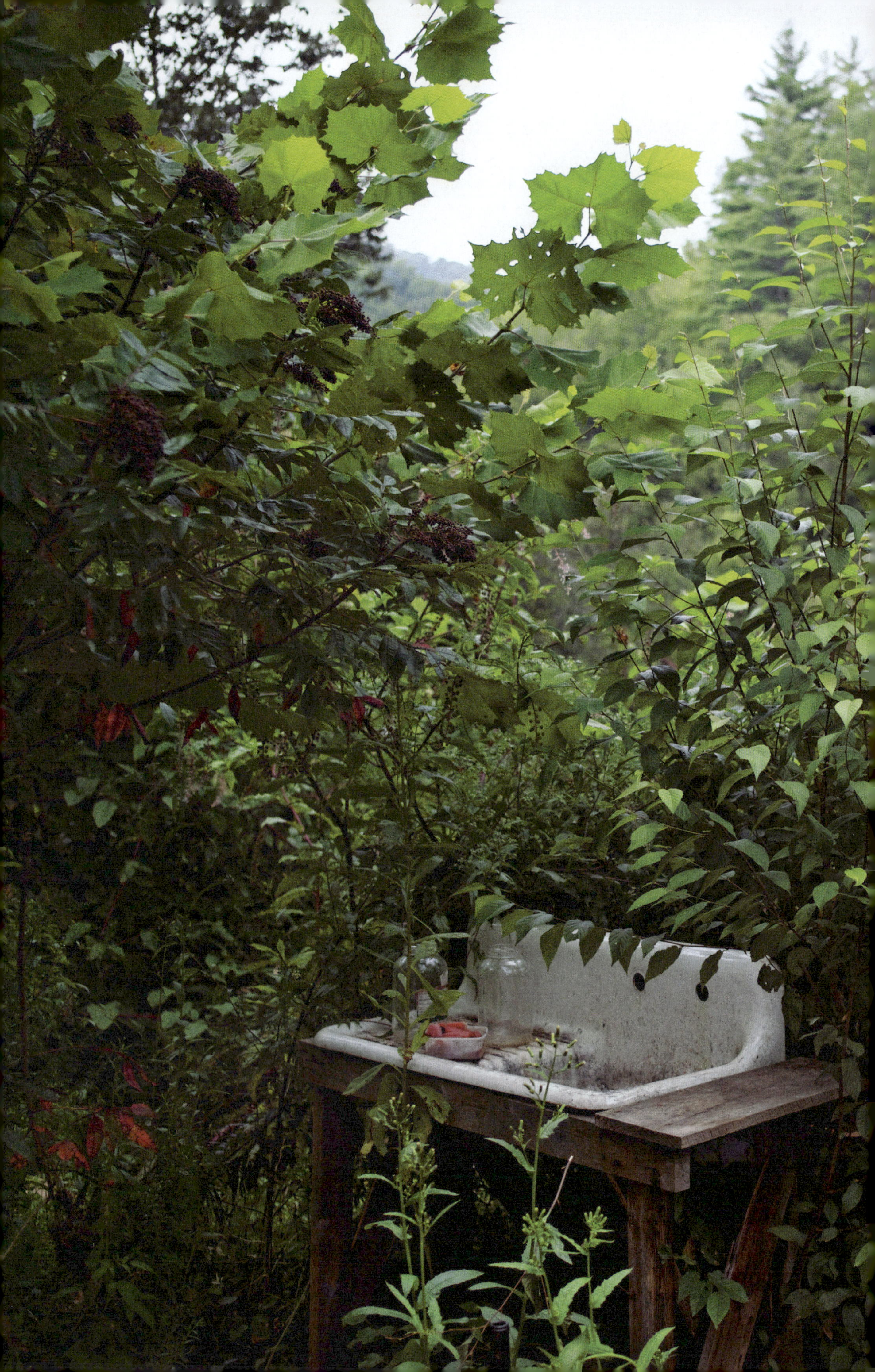

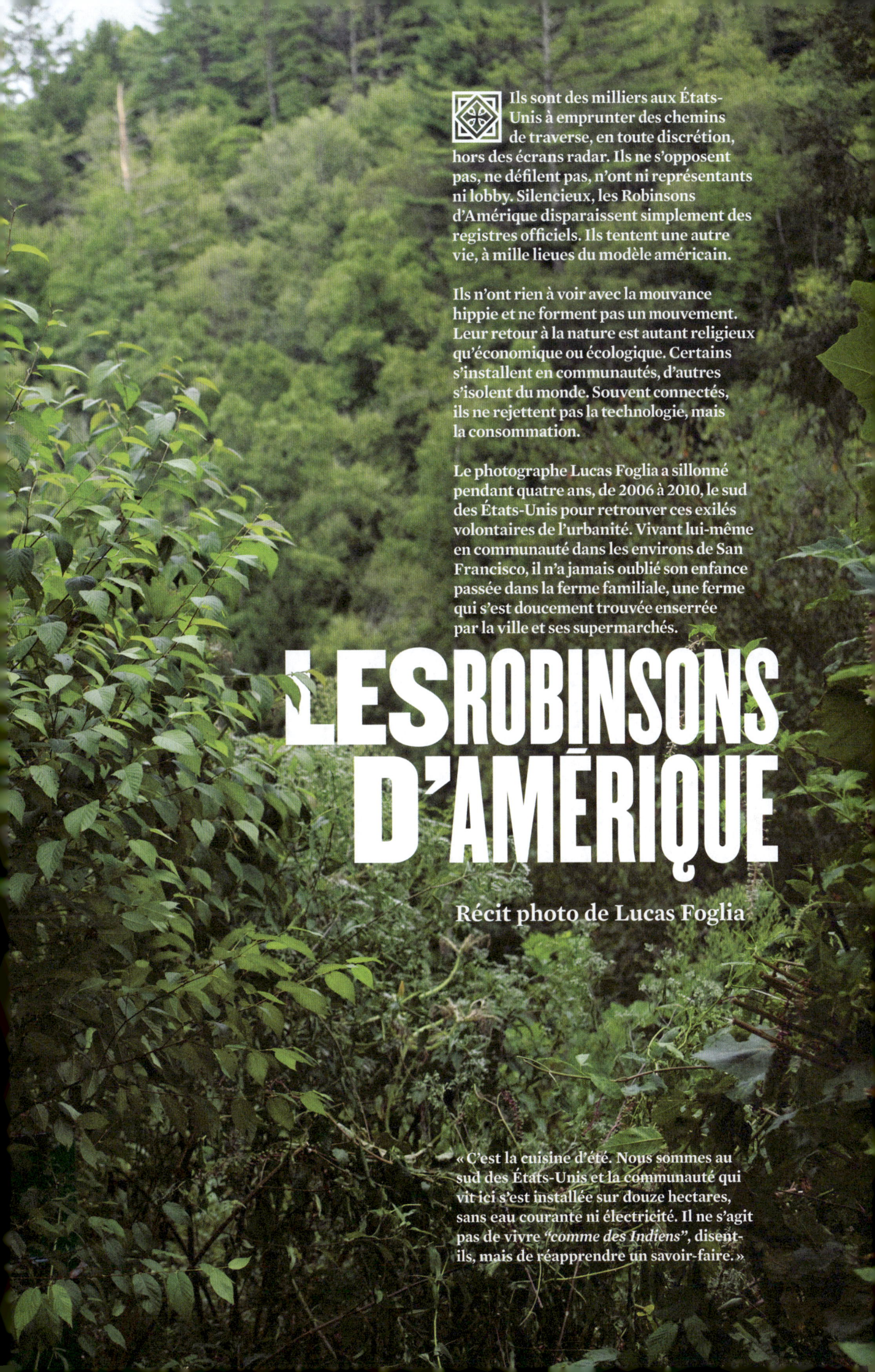

Ils sont des milliers aux États-Unis à emprunter des chemins de traverse, en toute discrétion, hors des écrans radar. Ils ne s'opposent pas, ne défilent pas, n'ont ni représentants ni lobby. Silencieux, les Robinsons d'Amérique disparaissent simplement des registres officiels. Ils tentent une autre vie, à mille lieues du modèle américain.

Ils n'ont rien à voir avec la mouvance hippie et ne forment pas un mouvement. Leur retour à la nature est autant religieux qu'économique ou écologique. Certains s'installent en communautés, d'autres s'isolent du monde. Souvent connectés, ils ne rejettent pas la technologie, mais la consommation.

Le photographe Lucas Foglia a sillonné pendant quatre ans, de 2006 à 2010, le sud des États-Unis pour retrouver ces exilés volontaires de l'urbanité. Vivant lui-même en communauté dans les environs de San Francisco, il n'a jamais oublié son enfance passée dans la ferme familiale, une ferme qui s'est doucement trouvée enserrée par la ville et ses supermarchés.

LES ROBINSONS D'AMÉRIQUE

Récit photo de Lucas Foglia

« C'est la cuisine d'été. Nous sommes au sud des États-Unis et la communauté qui vit ici s'est installée sur douze hectares, sans eau courante ni électricité. Il ne s'agit pas de vivre *"comme des Indiens"*, disent-ils, mais de réapprendre un savoir-faire. »

LES ROBINSONS D'AMÉRIQUE

La Wildroots Community

Cette communauté, littéralement les racines sauvages », compte de cinq à vingt membres selon les saisons. Elle est installée en Caroline du Nord et regroupe des moins de 40 ans qui se partagent le coût des impôts fonciers, 300 dollars par an.

« Le van roule à l'huile végétale. Ses propriétaires, Tod et Talia, la quarantaine, sont parmi les plus anciens de la communauté. Avec leur van, ils ramènent l'indispensable de la ville : café, sucre… Ce jour-là, ils se sont ravitaillés en nourriture naturelle pour chien. Talia : *"Au fil des ans, je me suis aperçue que la plupart des gens ne peuvent pas, ne veulent pas, changer radicalement de vie. Il y a l'école des enfants, le boulot, les prêts à rembourser. Du coup, ils ne font rien parce qu'ils ne savent pas par où commencer."* »

« Il a changé de nom en rejoignant la communauté, et choisi celui d'Acorn. Il vient de préparer un ragoût d'opossum, une spécialité régionale, pour fêter son départ en Corée du Sud où il va enseigner l'anglais avec sa petite amie. Acorn s'est installé ici il y a plusieurs années, après avoir longtemps nomadisé dans d'autres microsociétés. »

LES ROBINSONS D'AMÉRIQUE

« Maddie, 4 ans, vit au pied des Appalaches, en Caroline du Nord, dans une maison octogonale construite avec des rondins d'arbres. Des panneaux solaires posés sur le toit apportent l'électricité. La famille a un cheval, des poules, des chèvres laitières, des porcs, des chats et des chiens. Les légumes viennent du jardin et des bois, la viande de l'élevage et de la chasse. Le père dirige un centre de vacances qui aide les enfants à revenir à la nature. »

En famille dans la nature

De nombreuses familles quittent les villes pour s'établir, seules ou à plusieurs, dans des régions sauvages à la végétation luxuriante et aux rivières claires. Elles refusent de donner leur adresse exacte, mais le bouche-à-oreille aide à les localiser. Certaines vivent en quasi-autarcie, les enfants font l'école à la maison. Ils s'y connaissent souvent davantage en nom de plantes qu'en mathématiques.

« Avec sa femme et son fils, James a quitté une communauté pour rejoindre la ferme d'amis. Il a fabriqué tout ce qu'il porte : son chapeau, son arc et la flèche en bois et en pierre. James avait auparavant une entreprise de construction qui a fait faillite ; son associé a fui en laissant des dettes. Il était aussi professeur d'art martial. Il a épousé une de ses élèves, pris des cours de "retour à la nature". Ensemble, James et Rebecca ont disparu des cartes. Depuis que j'ai pris cette photo, ils ont eu un deuxième enfant et migré vers un autre groupe. »

LES ROBINSONS D'AMÉRIQUE

« J'ai croisé Andrew et son fils Taurin par hasard, dans la campagne du Tennessee. Avec sa femme et un autre enfant, ils venaient d'Oklahoma et traversaient les États-Unis à pied et en train, à la recherche d'une petite communauté ou d'un terrain pour construire une maison. La famille est chrétienne, végétarienne et crudivore. »

OCTOBRE/NOVEMBRE/DÉCEMBRE 2012 - XXI

LES ROBINSONS D'AMÉRIQUE

« Cet adolescent souhaite garder l'anonymat. Il est venu en famille depuis une banlieue urbaine. Il vient de terminer un cours sur la cuisson au feu de bois et goûte du poisson. »

Les rendez-vous

Deux fois par an, des centaines de personnes convergent vers les champs de Géorgie pour assister au « Falling Leaves Rendez-Vous », « le rendez-vous des feuilles mortes ». Une semaine durant, des cours et des ateliers sont organisés. On y apprend à pêcher à la main dans les rivières, à faire du feu avec des pierres, à tanner des peaux de daim. Il y a là les membres de communautés, des familles rurales, mais aussi des citadins soucieux de renouer avec la nature.

« Pixie a financé son voyage jusqu'au rassemblement en faisant du troc. Elle a tenu à ce que son fils choisisse lui-même son prénom. Quand il a eu 3 ans, elle lui a demandé comment il souhaitait s'appeler. Il a répondu : "Kyd", "enfant". Je crois qu'il n'a pas de numéro de sécurité sociale : officiellement, Kyd n'existe pas. »

LES ROBINSONS D'AMÉRIQUE

La Twin Oaks Community

Fondée à la fin des années 1960 en Virginie, c'est l'une des plus anciennes sociétés alternatives américaines. Elle interdit dès l'origine les drogues, l'alcool, et établit des règles de vie autour du respect de la nature. Sa centaine de membres n'a ni religion ni chef. Chacun reçoit un toit, de la nourriture et de l'argent de poche qui provient de la vente de hamacs, de miel, de tofu et autres aliments.

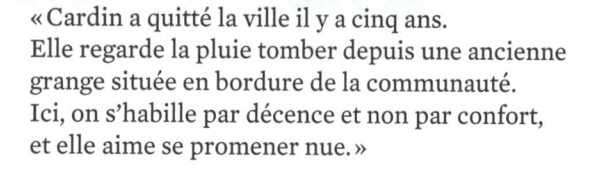

« Cardin a quitté la ville il y a cinq ans. Elle regarde la pluie tomber depuis une ancienne grange située en bordure de la communauté. Ici, on s'habille par décence et non par confort, et elle aime se promener nue. »

« Luke, à droite, anime un atelier sur la reconnaissance des feuilles. Il demande aux participants de bien observer les nervures de la feuille qu'ils tiennent en main : chacune a sa propre individualité, explique-t-il, et chacune est différente de toutes les autres feuilles de la forêt. Les "stagiaires" sont des Américains qui souhaitent intégrer la communauté. »

LES ROBINSONS D'AMÉRIQUE

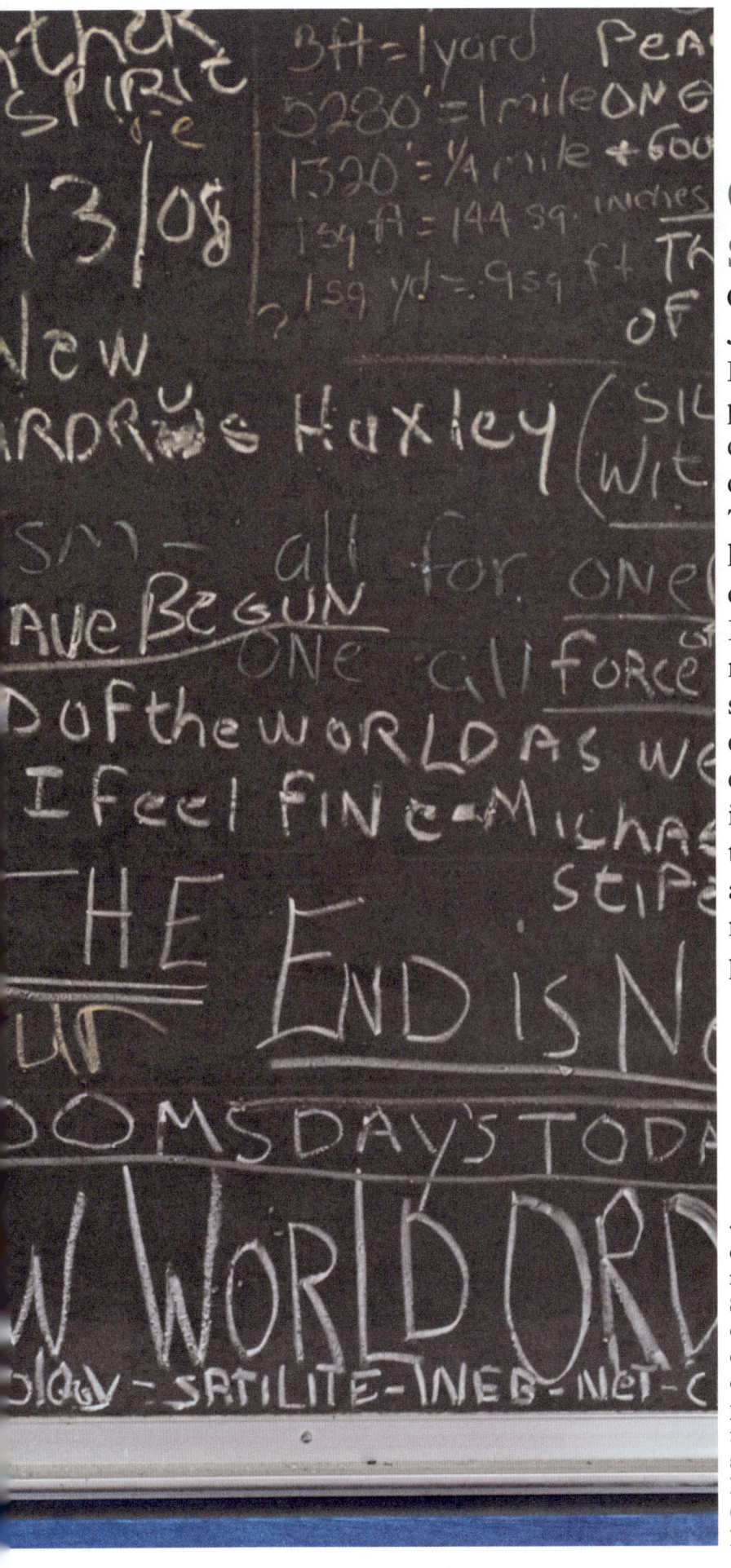

Cora et sa famille.

Cora, ses cinq frères, Jimmy, Dustin, Ethan, Lee, Nolan, et leurs parents partagent douze hectares avec quelques familles dans le Tennessee. Ils prédisent le chaos économique et veulent s'en préserver. Ils refusent d'avoir un numéro de sécurité sociale. Dans la région, on les surnomme « les cow-boys mennonites » : ils portent des vêtements traditionnels semblables à ceux de la communauté religieuse et se promènent armés.

« Dans la salle de classe aménagée dans la ferme, Cora, 12 ans, me montre le tableau de classe. Son père, Lowell, lui demande d'entourer les mots qu'elle est censée avoir retenus. La moitié des notes ont été écrites par un professeur qui vient ici plusieurs fois par semaine. Quelques semaines après cette photo, le professeur a été licencié, et Cora m'a demandé si je pouvais lui envoyer des livres par e-mail. »

LES ROBINSONS D'AMÉRIQUE

« La famille de Cora vit de chasse et de cueillette. Des dizaines d'autres fusils sont rangés à l'intérieur de la maison. »

« Cette petite ville est la plus proche de la ferme. Cora regarde les robes d'un magasin. La sienne est faite d'un tissu au motif "camouflage", qu'elle a cousu avec sa mère. La famille s'habille comme les mennonites car leur style simple et modeste correspond à ses valeurs chrétiennes. Mais aussi parce ce qu'en étant confondue avec la communauté, elle risque moins d'avoir affaire aux autorités. »

LES ROBINSONS D'AMÉRIQUE

« Nolan est le frère de Cora. Il a été adopté par la famille. Des pommiers ont été plantés dans le verger quelques mois plus tôt, et il fauche l'herbe pour les aider à mieux pousser. »

LES ROBINSONS D'AMÉRIQUE

« Lowell, le père de Cora, retourne son champ de patates. Après avoir tenté de brider sa mule, il a fini par mettre la charrue derrière son pick-up. Lowell était auparavant chef de projet pour une entreprise qui installait des turbines électriques. Convaincu du déclin de l'économie américaine, il garde ses économies en or. Pour lui, *"rien n'est plus précieux que le lait de chèvre. Si les chèvres vous aiment, elles vous suivent partout. Elles vivent de rien. Elles vous donnent le lait, la viande"*. »

LES ROBINSONS D'AMÉRIQUE

Une fuite du monde moderne

Ils étaient intégrés dans la société américaine. Ils ont tout lâché d'un coup pour se placer hors cadre.

« Le père de Victoria, George, était ingénieur nucléaire. Il a rencontré la mère de la petite fille lors d'un rassemblement moto. Après leur mariage, il s'est inquiété de la récession économique et du risque nucléaire. Pleine d'angoisses et de foi, la famille a abandonné travail et moto pour une ferme du Tennessee rural. Un ami les a convertis à une secte chrétienne messianique. »

« Conrad et sa fille, Ruth, se sont repliés il y a dix ans dans une ferme du Tennessee, au milieu des terres d'une compagnie de construction de bois. Ils chassent, cultivent leur jardin, vont chercher l'eau à la rivière. Ils n'ont pas de numéro de sécurité sociale, pas de compte bancaire ni d'assurance, Conrad a jeté son permis de conduire. Aujourd'hui, il est décédé. Ruth s'est mariée et a rejoint une communauté chrétienne. »

LES ROBINSONS D'AMÉRIQUE

L'Acorn Community

En Virginie, cette communauté de vingt membres vend des semences biologiques et partage équitablement tous les revenus. Chaque membre travaille quarante-deux heures par semaine. Toutes les activités quotidiennes sont considérées comme du travail. Les familles, presque toutes végétariennes, cuisinent et mangent ensemble.

« Brittiney a rejoint l'écovillage d'Acorn pour y élever son fils, au plus près de la nature. Je ne sais pas ce qu'elle faisait avant. Elle vit maintenant au Costa Rica. Les tenants de l'autosuffisance s'installent souvent dans des pays pauvres, où ils ont encore moins besoin de revenus. Le système de santé est gratuit au Costa Rica ».

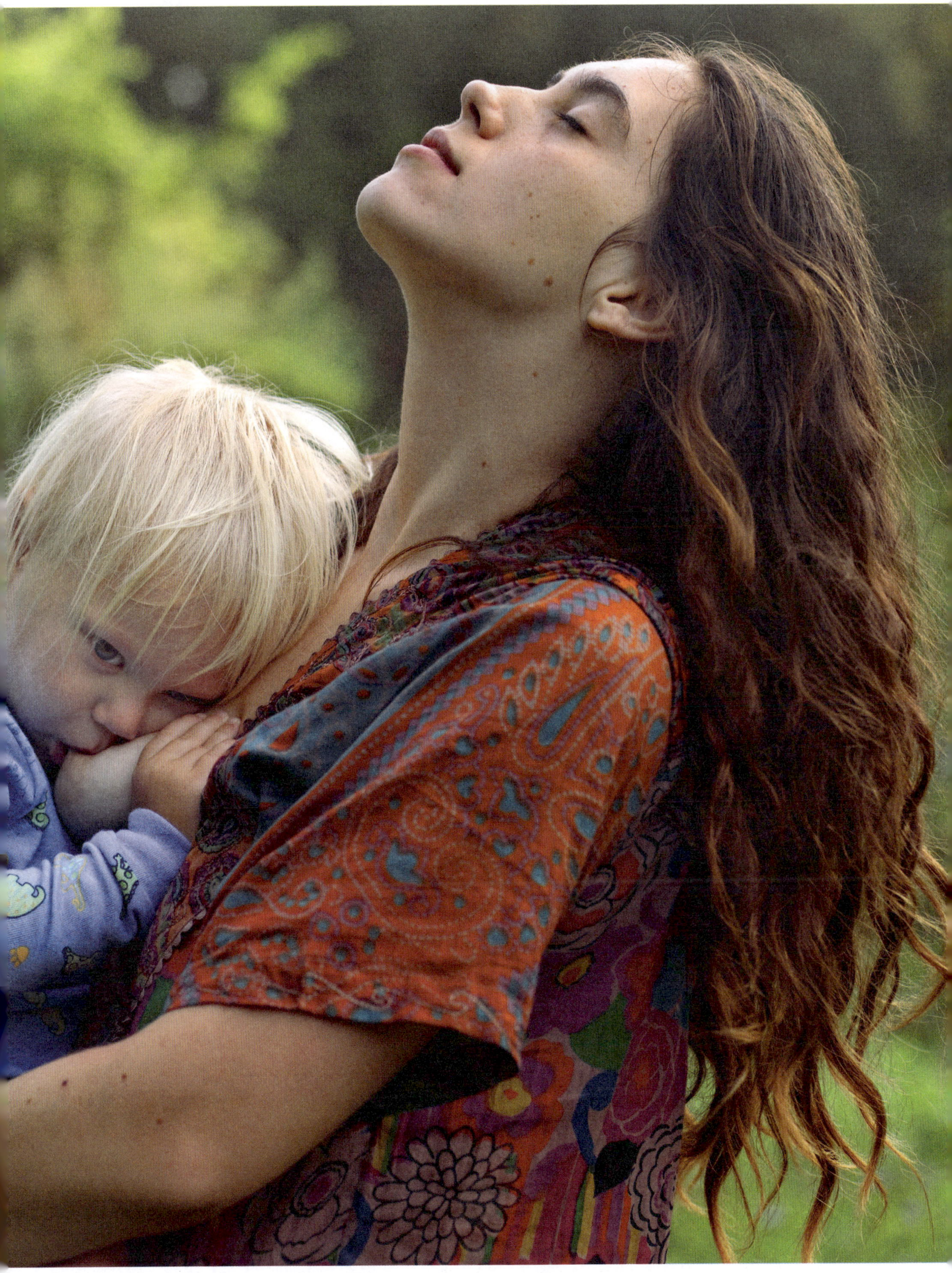

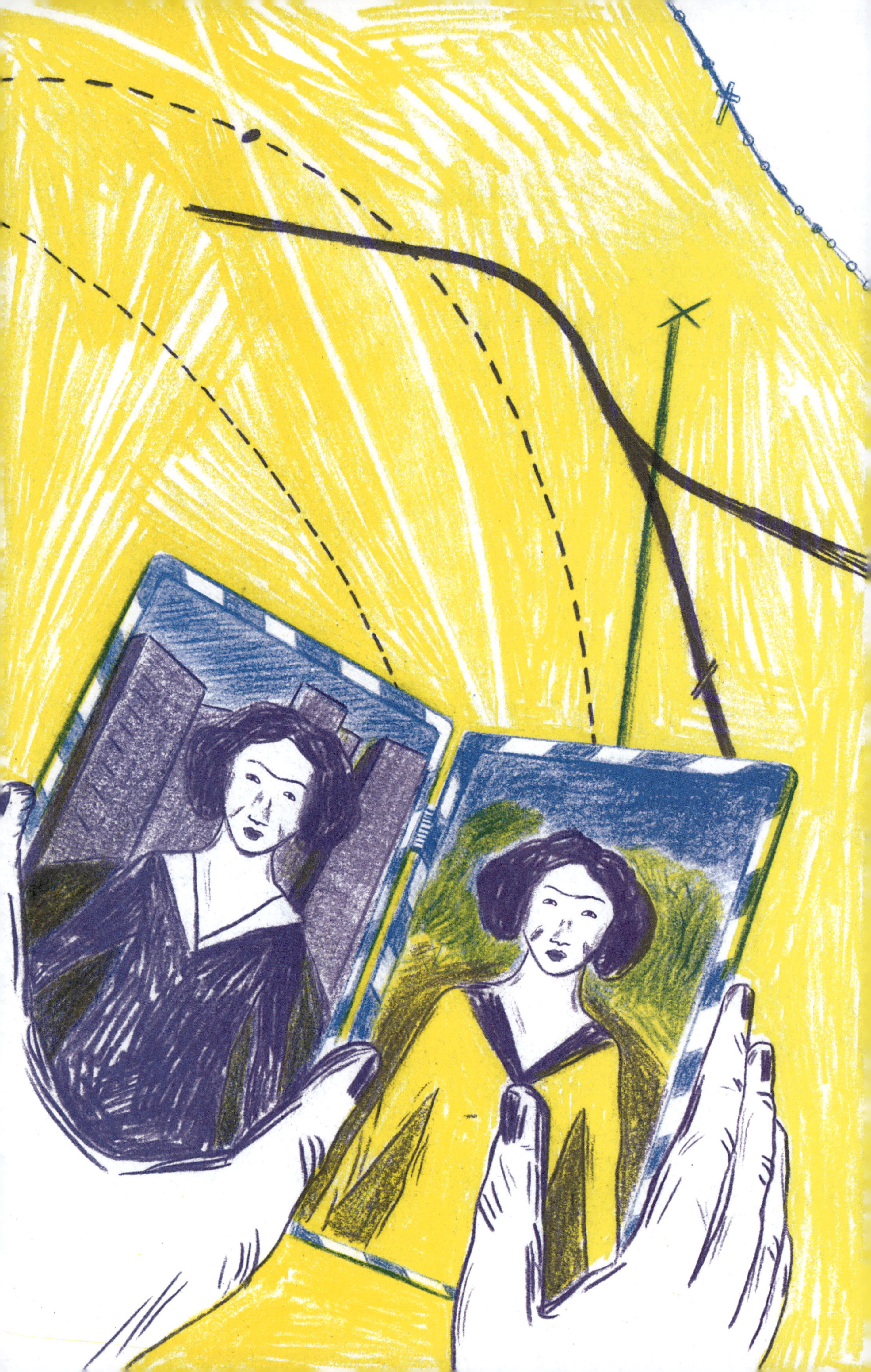

LA DOUBLE VIE DE KRYS

Des milliers de femmes philippines quittent leur pays. Pendant des années, au loin, elles se sacrifient pour l'avenir de leurs enfants. Criselda voulait devenir médecin en Amérique. Employée de maison en France, elle était chef d'entreprise dans son pays. La femme aux deux visages a été assassinée aux Batignolles, un soir d'hiver.

Par Marie-Dominique Lelièvre

Lorsqu'Aline a besoin de parler à sa mère, elle lui laisse un message sur Facebook. Deux cent quatre-vingt-dix-huit amis, et elle parle au seul être qui ne répond plus : *« Tu me manques. Je t'aime. Où es-tu, maman ? »*, *« Where are you, Mommie Krys ? »* Au début, c'était tous les jours, plusieurs fois par jour : *« What happened, Mommie Krys, what happened ? »*, *« Qu'est-ce qui t'es arrivé ? Qui t'a fait ça ? »*

OCTOBRE/NOVEMBRE/DÉCEMBRE 2012 – XXI ILLUSTRATIONS : GALA VANSON

LA DOUBLE VIE DE KRYS

Sous la fenêtre, les flotteurs en bambou des trimarans oscillent sur l'eau. Anyayahan Ferries, cabotage entre l'île de Mindoro et Lobo, province de Batangas, au sud de Manille. La grande fierté de Krys, son plus bel investissement, les Anyayahan Ferries. Les bateaux sont rentrés de Calapan, il est donc midi passé. La plage est déserte. En bas, la servante s'active dans la cuisine. Aline n'a pas vu le temps filer. C'est elle, à présent, qui conduit la barque.

Après le déjeuner, Aline monte sur les collines avec le 4x4 qu'elle gare près de la tombe. Un bungalow de ciment équipé d'une table et deux chaises au milieu d'une jungle de manguiers et de lantanas sauvages, tout au bout d'un lotissement de monuments funéraires aux couleurs de sorbets pistache, mandarine, fraise. En contrebas, l'île Verde se détache au milieu de la passe. Aline époussette les chrysanthèmes en polyester et la statue de la Vierge, arrose les plants dans les boîtes de conserve, astique la pierre tombale. Un magnifique granit rouge commandé à Mindoro, l'île voisine.

À Paris, Mme Gautrot, l'employeuse de Krys depuis trente ans, dit que c'est trop, que Krys n'aimait que la simplicité. Peut-être, mais Aline a besoin de ça. Aucun bruit, sinon les oiseaux et le souffle du vent dans les herbes hautes. « Maintenant, elle est avec nous, pour toujours », dit Aline. « Krys Anyayahan for ever. »

Aline avait 12 ans quand sa mère a quitté l'archipel après avoir confié ses trois enfants à une tante. C'était en 1982, Krys en avait 32. Encore aujourd'hui Aline pleure en se remémorant le départ de sa mère et les mois d'abandon qui suivirent. Elle jette un œil vers la station émettrice d'un blanc immaculé sur la pente du mont Banoy, c'est l'heure à laquelle sa mère téléphonait. Maintenant Krys ne partira plus, Aline n'a jamais passé autant de temps avec sa mère que depuis que celle-ci repose sous la pierre tombale.

LE MYSTÈRE DE KRYS

Pendant trente ans, Criselda Anyayahan a travaillé comme domestique à l'étranger, dont la moitié en France. Comme les millions de Philippines qui élèvent les enfants des autres à Abu Dhabi, Toronto, Cannes ou New York, elle a aimé les siens à distance. Krys Anyayahan a été assassinée le vendredi 14 janvier 2011 aux Batignolles au pied de l'immeuble où elle travaillait depuis presque trois décennies. Son dossier est toujours à l'instruction chez le juge Hubert, au palais de justice à Paris.

Sur sa table de nuit, on a trouvé une prière de Claudel copiée, annotée et méditée par Krys, qui avait cherché les mots compliqués dans un dictionnaire. « Il est midi. / Je vois l'église ouverte. Il faut entrer. / Mère de Jésus-Christ, je ne viens pas prier. / Je n'ai rien à offrir et rien à demander. / Je viens seulement, Mère, pour vous regarder. »

Krys priait en français. Elle parlait quatre langues : le tagalog, l'espagnol, le français, l'anglais. L'église était comble, le jeudi 27 janvier 2011, pour la cérémonie en sa mémoire. Un texte avec sa photo a été distribué à l'entrée du chœur. Dans la crèche de Noël, l'enfant emmailloté semblait le représentant de ceux que Krys a élevés. Une jeune femme a lu la prière de Claudel à haute voix. L'assistance pleurait.

Le père Olivier Teilhard traduisait en anglais avec l'accent des Batignolles, il s'est étranglé d'émotion, a dû s'interrompre, en larmes, a repris : « Ça ira mieux après la prière. » Mme Gastineau, la pharmacienne de la rue Brochant, tamponnait ses yeux avec des mouchoirs à l'eucalyptus. « Nous sommes un seul cœur, un seul corps. » La famille Gautrot au grand complet, grands-parents, les quatre enfants et les petits-enfants, la maire du 17e arrondissement et une quantité de personnes avec lesquelles Krys avait créé des liens au fil des années, tous avaient les yeux humides.

À l'exception de son amie Marleyn, d'une petite équipe de télévision et de la consule Rosalita Prospero, pas de Philippins. Des services pour la communauté se dérouleraient au sein des différentes paroisses le week-end, en dehors des heures de travail. Marleyn a lu un texte en tagalog.

> **Pendant trente ans, Criselda Anyayahan a travaillé comme domestique à l'étranger, dont la moitié en France. Comme les millions de Philippines qui élèvent les enfants des autres, elle a aimé les siens à distance.**

En 1985, à Singapour, l'aisance sociale, l'esprit de décision de Krys frappent une Française, Françoise Gautrot. Elle ignore encore qu'aux Philippines, Krys était responsable du service obstétrique du dispensaire de Bongabong.

Et puis, vers la fin, *« nous allons prier pour Krys, mais aussi pour son meurtrier, et pour le mal qui est à l'intérieur de chacun de nous »*, a dit le père Teilhard.

Le mal qui est à l'intérieur de nous... Un retour sur soi-même pour détourner la haine ou la révolte de l'indignation si facile, si féconde. Prier, donc, pour le meurtrier... Qui a tué Krys dans les ténèbres ? Qui a brisé sa vie ?

Au moment de la quête en faveur de ses trois enfants et de ses treize petits-enfants, les corbeilles débordaient de billets. À la télévision philippine, un de ses employeurs a dit que Krys était une sorte de sainte. Une sainte ? Chaleureuse et attentive, oui. Rendant des services avec le sourire, le magnifique sourire des Philippins qui accomplissent des tâches rébarbatives avec bonne humeur et rient volontiers. Mais une sainte ?...

Qui connaissait Krys ? Qui sait qui était Krys Anyayahan ? Il a fallu sa mort pour que la famille Gautrot, avec laquelle elle a passé trente années de son existence, apprenne que Krys Anyayahan n'était pas son vrai nom. Pas plus que n'était vraie la date de naissance portée sur son passeport.

« Je t'aime, maman, je t'aime tant »

« En 1985, à Singapour où mon mari travaillait chez Elf, j'ai remarqué une merveilleuse nounou au service d'une Anglaise que j'ai aussitôt enviée », raconte Françoise Gautrot. L'aisance sociale de Krys, son esprit de décision frappent la Française qui ignore encore qu'à Mindoro, aux Philippines, Krys était responsable du service obstétrique du dispensaire de Bongabong.

Arrivée à Singapour depuis peu, cette femme qualifiée rêve d'Amérique. New York, le rêve des migrants du monde entier : les vitrines de Noël sous la neige sur fond de « Jingle Bells », la réussite par le travail, le courage et la détermination. Yves et Françoise Gautrot engagent la jeune femme, qui prend des cours de français. Chaque année, Krys visite Aline, Allan et Carlos dit Coco, ses trois enfants à Lobo, où ils grandissent dans sa famille. Elle arrive les bras chargés de cadeaux, repart en pleurs.

Lorsque les Gautrot s'expatrient avec leurs quatre enfants à Dubaï, ils emmènent Krys. Elle prend des cours d'informatique. Jamais le professeur n'a vu une élève aussi rapide, dit-il à Françoise Gautrot, fière de sa protégée. *« Krys adorait apprendre. »* Puis elle les suit à Genève. *« Ma vieille, j'ai un compte en Suisse »*, écrit-elle à sa cousine et amie d'enfance Emelita, qui a épousé un pêcheur de Lobo.

Krys est toujours avec les Gautrot quand ils prennent leur retraite en France, une destination prisée. Paris jouit d'une cote d'amour, les salaires y sont plus élevés que dans d'autres pays d'Europe, et la couverture sociale est attractive. Krys élève deux des petits-enfants Gautrot. Grâce à une protection de Simone Veil, alors ministre des Affaires sociales, son employeur lui obtient sans difficulté un permis de travail et des papiers en règle, l'autorisant à rentrer dans son pays chaque année au moment des vacances. Le 1er septembre 1995, elle est affiliée à la Sécurité sociale sous le numéro 2 55 05 99 220 039 et le nom de Criselda Anyayahan. À sa demande, ses nombreux employeurs l'appellent tous Krys.

Son vrai nom, c'est Cresenciana Nilo, née le 5 mai 1949. Elle a changé de nom, elle a changé d'identité, elle s'est réinventée. Ses enfants ne connaissent pas le visage de la « Krys de France ». Ils ont vu des extraits de la cérémonie religieuse aux Batignolles, ainsi qu'une interview en anglais des Gautrot, qui faisaient un point sur l'état de l'enquête. Durant tout ce temps, ils n'ont attendu qu'une chose : le rapatriement de sa dépouille aux Philippines, retardé de jour en jour à cause de l'enquête.

C'est seulement deux semaines après sa mort qu'à l'institut médico-légal, quai de la Rapée à Paris, un prêtre philippin a donné à Krys la bénédiction. Un « smartphone » filmait la cérémonie : Aline y a assisté à distance. Amplifiés par le micro du téléphone, ses pleurs retentissaient dans la petite salle mortuaire, métalliques.

Méconnaissable, le visage de Krys semblait séparé du corps, emmailloté des pieds au cou dans un long cocon blanc de momie. Plus de bras, plus de jambes, plus de main à embrasser, mais seulement cette longue bûche de coton et une tête, rouge brique, qui avait doublé de volume. Comment, dans cette forme inanimée, reconnaître leur mère ? L'œdème déformait la boîte crânienne.

LA DOUBLE VIE DE KRYS

Krys est la quatrième fille. Son père lui reproche de ne pas être le fils qu'il désirait. La trique sur les fesses et les jambes avec interdiction de pleurer et, à la moindre occasion, l'humiliation constituent l'essentiel de sa pédagogie.

La douce Krys, qui dans ses bons jours ressemblait à une squaw de haut lignage dans le genre d'Ali MacGraw, avait pris la figure d'un vieil Indien alcoolique ou d'un personnage grimé pour un rôle maléfique. Ce n'étaient pas des images réconfortantes. À la fin, Marleyn a approché le téléphone de l'oreille de Krys pour qu'Aline lui fasse ses adieux : *« Maman, nous attendons ton retour aux Philippines. Je t'aime, maman, je t'aime tant. »*

Son bout de plage des Philippines

Dix mille kilomètres séparent Paris de Manille. De quatorze à vingt-deux heures de vol, suivant le tarif du billet. L'avion survole tout le nord de l'Europe, l'Oural, le plateau sibérien, la Chine… Dans le 4x4 qui roule sur la voie rapide au sud de Manille, Marleyn, l'amie de Krys, raconte l'histoire de sa voisine, une passagère du vol Emirates montée à Doha, une Philippine qui travaillait à Koweït City : *« Elle sortait de prison. Son employeur la maltraitait, elle s'est enfuie, il l'a fait arrêter. C'est fréquent dans les Émirats, le pire endroit pour nous. En prison, elle a découvert plusieurs Philippines, violées par leurs employeurs ou leurs fils, arrêtées par la Sharia Police parce qu'elles étaient enceintes. Avoir des relations hors mariage est un acte criminel. Certaines sont enfermées depuis plusieurs années, leurs enfants avec elles. »* Et que fait l'ambassade ? *« Nos ambassades ? De l'art décoratif ! »*

Marleyn rit dans la pénombre en serrant contre elle le sac Dior acheté à Greenhill, le temple de la contrefaçon à Manille. Elle est propriétaire d'une pimpante villa dans un lotissement sécurisé à Cavite. Les programmes immobiliers destinés à la classe moyenne des Overseas Filipino Workers (OFW), les Philippins expatriés d'outre-mer, sont légion. Son fils de 4 ans et la fillette qu'elle vient d'adopter y grandissent auprès de sa sœur. Le petit garçon est heureux de voir sa mère, avec laquelle il échange chaque jour sur Skype, mais c'est à sa tante qu'il réserve sa tendresse.

Marleyn est plus proche de Jacqueline, dite Jackie, la petite Parisienne qu'elle garde aux Batignolles depuis sa naissance. En riant, Marleyn montre le slogan peint sur le camion de bières Colt 45 garé devant la station-service où elle s'arrête pour acheter des hamburgers : *« The strong beer for real men »*, « La bière forte des vrais hommes ». Visage doux aux pommettes hautes, Marleyn ressemble à une belle Tibétaine. Krys aussi était belle.

En béret et trench-coat, Krys a du chic sur cette photo prise devant le Colisée lors d'un voyage à Rome. Elle a rendez-vous avec Jean-Paul II, à Saint-Pierre. Un grand rêve de sa vie. Logée chez les franciscaines missionnaires de Marie, elle visite Sainte-Marie-Majeure, la première église dédiée à la Vierge. La photo souvenir repose sur une étagère, à Lobo, dans la maison de palmes sur pilotis que Krys a fait construire sur la plage, juste au-dessus de la grotte de Lourdes miniature édifiée après que la Vierge lui est apparue à cet endroit. À force de prier la mère de Dieu, celle-ci a fini par se matérialiser.

Krys a grandi ici, sur ce bout de plage, dans une maison de palmes. Son endroit préféré, c'était la banquette de bambou sur la véranda qui surplombe la mer, où sa fille Aline, sa cousine Emelita et sa sœur Leonida attendent Marleyn, devenue leur lien avec la France. Emelita et Krys avaient le même âge. *« Garçon manqué, Krys se battait avec les garçons. Parce qu'elle était forte, elle était notre leader. En cas de problème, elle nous protégeait. Diplomate, elle empêchait les disputes. Au besoin, elle en venait aux mains. »*

Chez Krys, l'enfer. À 5 ans, son père l'oblige à tirer les filets sur la plage et l'empêche de jouer. *« Nous avions des poules et des chèvres, chaque matin nous devions aller travailler à la ferme »*, dit sa sœur. Fermier et pêcheur, propriétaire d'une palmeraie, plutôt à l'aise matériellement, il est aussi le maire du quartier. Krys est la quatrième de ses filles, il lui reproche de ne pas être le fils qu'il désirait. Véritable *tomboy*, elle s'habille en garçon, short et t-shirt. *« Son père la traitait comme un garçon et se montrait très dur envers elle »*, dit Aline. Il lui prodigue l'attention réservée à un fils, lui tombant dessus à bras raccourcis aussitôt que l'occasion se présente. La trique sur les fesses et les jambes avec interdiction de pleurer et, à la moindre occasion, l'humiliation constituent l'essentiel de sa pédagogie.

LA DOUBLE VIE DE KRYS

Brillante, alors qu'elle termine ses études de sage-femme, Krys remporte une bourse pour l'Illinois. Elle y travaillera comme obstétricienne tout en complétant sa formation. Elle a été sélectionnée parmi des centaines de candidates philippines, avec deux autres étudiantes. Une chance extraordinaire pour Krys, qui se voit déjà médecin. *« La signature des parents était nécessaire. Son père a refusé »*, dit Emelita. Quelque chose se brise, racontent-elles chacune à leur façon.

Lorsque son père veut la marier à un riche veuf, *« Krys s'est mise à le haïr et s'est enfuie à Mindoro où vivait sa sœur aînée Leonida »*. Révoltée, elle épouse un beau chauffeur d'autobus, collègue du mari de Leonida. *« Mon père, "the handsome husband", le beau mari de ses rêves. Toujours très beau, d'ailleurs. Et atrocement fainéant »*, dit Aline avec humour. Sur l'île de Mindoro, Krys exerce son métier au dispensaire de Bongabong. Elle est déjà enceinte lorsqu'elle réalise que *« le beau mari de ses rêves »* constitue un sérieux handicap. Non seulement José Nilo n'est pas instruit, mais cet amateur de bière San Miguel dilapide son argent au poker. José joue depuis l'enfance, et tous les jours de sa vie. Il n'est pas le seul. Le jeu est un vice national.

« JE VOULAIS TROIS ENFANTS, DU MÊME PÈRE »

Le matin même à Manille, traversant le quartier chinois avec Marleyn, nous avons remarqué un tripot clandestin devant un cercueil. Lequel contenait un vrai mort. La loi autorisant les parties de cartes durant les veillées funèbres – théoriquement pour aider les familles à financer les obsèques –, les bookmakers rachètent à la morgue des cadavres... José Nilo parie sur tout, match de foot, de boxe, combat de coqs. Pusoy, Pusoy Dos, Pares-Pares : des variétés de poker. Quand José est à sec, il puise dans le salaire de sa femme.

Pour la première fois, Krys découvre la malnutrition. *« Je me souviens très bien du premier voyage*, dit Aline. *La mer était mauvaise et j'étais terrifiée. À 3 ans, je comprenais ce qui se passait : nous n'avions plus à manger, ma mère me ramenait chez ses parents. Pour dissimuler notre situation, elle prétendrait que j'étais malade. »* Furieux de son mariage, ils la punissent en lui refusant toute aide financière, en dépit de leur aisance.

Krys attend un deuxième, puis un troisième enfant. Son mari continue à perdre aux cartes. Pourquoi reste-t-elle avec cet homme si peu fait pour elle ? *« Je voulais trois enfants, et du même père »*, dira-t-elle plus tard à Marleyn. Et puis le divorce n'existe pas aux Philippines.

Le salaire de Krys est versé sur le compte de son mari. Parfois, dès le 10 du mois, il a tout dépensé. Lorsqu'il joue l'argent destiné à l'achat du lait maternisé, il l'emprunte à des connaissances en prétextant la maladie de l'un de ses enfants. Ces mensonges mortifient l'orgueilleuse Krys. Être démuni, c'est donner à son enfant un biberon rempli d'eau de cuisson du riz ou attendre que la poule ait pondu son unique œuf pour ajouter au dîner un peu de protéines.

Souffrir et voir ses enfants souffrir par la faute d'un imbécile lorsqu'on est soi-même une femme intelligente est désespérant. Krys a réussi à acheter une maisonnette, financée par un emprunt. Elle cache l'argent des mensualités. Un jour, au moment de s'acquitter de la dette, la cachette est vide. Krys perd son sang-froid. *« Mon père était irresponsable. À Bongabong, ma mère devenait violente*, dit Allan. *Elle m'a cassé une dent avec un marteau. J'avais arraché ses fleurs... »*

Une dent avec un marteau ? *« C'est possible*, dit Françoise Gautrot. *Krys n'était pas que douceur. »* À Dubaï, l'impeccable maison de verre des Gautrot est prise un jour dans une tempête de sable. Lorsque le vent se calme, les vitres sont opaques. *« "Krys, mettons-nous au travail", ai-je dit. Elle regardait les vitres, furieuse. »* Dans la boîte crânienne de l'ancienne sage-femme se forme une rage impuissante contre le destin qui l'oblige à répéter une opération aussi vaine qu'un lavage de vitres. Elle se maîtrise à grand-peine.

> **Le salaire de Krys est versé sur le compte de son mari. Parfois, dès le 10 du mois, il a tout dépensé. Lorsqu'il joue l'argent destiné à l'achat du lait maternisé, il l'emprunte à des amis en prétextant la maladie de l'un de ses enfants. Ses mensonges la mortifient.**

Après la naissance de son troisième enfant, elle décide de s'expatrier. Au début des années 1980, elle obtient un permis de travail pour Singapour. Elle ne reviendra plus à Lobo qu'aux vacances.

« Une autre fois, je l'ai vue revenir de chez une de ses employeuses, femme assez énervante. "J'ai dû partir. J'allais la gifler", m'a dit Krys. » La même, confrontée jour après jour au désordre endémique d'Yves Gautrot, fait preuve d'une patience quasi maternelle. Pourtant, Krys ne le cache pas à Françoise Gautrot : *« Je suis violente. Je peux tuer. Mon mari, j'aurais été capable de le tuer. »*

Faire sa vie loin, très loin

C'est elle qui a été tuée, en fin de compte. Son amie Marleyn a appris la nouvelle à Aline sur Skype. Marleyn a grandi dans la province de Batangas, comme Krys. Belle et intelligente, comme Krys. Chaleureuse et attentive, elle aussi. Courageuse, comme Krys.

Marleyn est arrivée en France il y a dix ans. Les choses ont mal commencé. Elle part en Italie pour y obtenir un permis de travail et, attirée par les salaires élevés, revient en France trois semaines trop tôt : son permis italien ne lui donne pas encore le droit de circuler dans l'espace Schengen. Arrêtée à la frontière, elle est envoyée dans un centre de rétention à Strasbourg où on l'oublie. La vie quotidienne y est si difficile qu'un jour Marleyn décide d'accélérer son dossier. Avec une chaise, elle casse tout ce qu'il est possible de casser dans une cellule. Aussitôt, elle est renvoyée à Manille entre deux policiers français.

Lorsqu'on la voit si jolie et sereine, on a du mal à l'imaginer en passagère Air France menottée avec pour escorte deux flics en uniforme, un petit sac Dior sur les genoux. *« Mes "bodyguards" ! Très gentils avec moi. Cette année-là, mon billet aller ne m'a rien coûté »*, rit-elle. Désarmés par sa gentillesse, les policiers français expliquent à leurs collègues philippins que Marleyn est autorisée à rentrer en France quelques semaines plus tard. Elle revient à la fin des vacances, ses papiers en règle cette fois. Elle est toujours en contact avec l'un des policiers.

Le périple de Krys, plus âgée que Marleyn, est différent. Après la naissance de son troisième enfant, elle décide de devenir le sujet de sa vie et de s'expatrier. Comme les premières immigrantes des années 1970, elle pense d'abord à l'Espagne, pays où les domestiques philippines qualifiées, obéissantes et catholiques jouissent d'une bonne réputation. Elle ignore qu'elle pourrait travailler comme sage-femme aux Pays-Bas. On y signe des contrats de trois ans à des femmes qui émigrent ensuite au Canada où leur qualification est reconnue.

Ses papiers, Krys les demande sous son vrai nom – Nilo, le patronyme de son mari – et sa véritable date de naissance, tandis qu'elle épargne pour financer une agence de placement. *« Ses parents avaient de l'argent, ils ne l'ont pas aidée parce qu'ils refusaient son départ »*, raconte sa cousine Nida. Averti par un proche, son mari s'arrange pour faire échouer son projet. Le salaire de sa femme lui est nécessaire.

Krys tente un nouveau départ au début des années 1980, mais sous une identité d'emprunt pour déjouer les ruses de son mari : faux nom, fausse date de naissance. Elle obtient cette fois un permis de travail pour Singapour par l'intermédiaire de The Foreign Maids Employment Agencies Association. Elle ne reviendra plus à Lobo qu'aux vacances.

Sa décision fait l'admiration de ses amies. Non seulement Krys est capable d'accoucher une voisine prise de contractions subites, mais elle n'a pas froid aux yeux. *« Elle n'a pas eu peur de partir, dit sa cousine. Elle a toujours eu plus de courage que nous. »* Leonida, la sœur aînée de Krys, est d'accord : *« Ma sœur était forte, déterminée. Moi, je pleurais et demandais de l'aide à Dieu. Il est très bon. Seule, je ne serais pas arrivée à élever mes six enfants. »*

À près de 80 ans, Leonida persiste à glaner le riz dans les champs, après la récolte. *« Un hectare rapporte trente-cinq sacs de riz. Chacun pèse 50 kilos. Nous en consommons un kilo par jour et par personne… La riziculture, c'est très dur. Les escargots, les rats peuvent détruire une récolte. On plante le riz grain à grain sur des étendues gigantesques. À elle seule, la préparation du sol dure quinze jours… C'est dur, très dur. »* Sur les routes de Mindoro, où se trouvent les rizières de Leonida, on croise des silhouettes à angle droit équilibrées par une canne, vieillards cassés en deux par le métier. Bien souvent, elle aussi, elle a remplacé la poudre de lait des biberons par l'eau de cuisson du riz.

LA DOUBLE VIE DE KRYS

Krys est l'héroïne du clan familial : il faut un sacré cran pour abandonner des êtres chers et se jeter dans l'inconnu, à dix mille kilomètres de chez soi. Singapour est sa première étape, son terrain d'entraînement. Elle y améliore son anglais et se familiarise avec les codes des Occidentaux. Elle fait un effort énorme pour s'adapter au mode de vie de ses employeurs. Sa destination finale, c'est l'Amérique, celle que son père l'a empêchée d'atteindre.

Cette nuit-là, à Paris

Allan, le fils aîné de Krys, s'affale sur la banquette en bambou où sa mère aimait s'asseoir : *« Le mobilier des Gautrot à Dubaï, qu'ils ont offert à maman. »* Allan veut comprendre ce qui s'est passé aux Batignolles, cette nuit-là. Nous lui dessinons la rue Brochant, l'angle avec la place Charles-Fillion, la pizzeria La Gioconda en face. Dix mètres séparent l'immeuble de Krys et le trottoir où elle a trouvé la mort… Elle, elle était allongée là, entre le banc de bois et la grille du platane. Il faisait nuit, personne n'a rien vu.

Comment dépeindre à Allan ce quartier de Paris ? Enchâssé entre la porte d'Asnières et celle de Clichy, le square des Batignolles est bordé par l'immense *no man's land* des ateliers de la SNCF du pont Cardinet, fantastique futaie ferroviaire, et la pente de la rue de Rome qui dévale vers la gare Saint-Lazare. Cent millions de voyageurs par an. Le jour, les Batignolles forment une enclave bobo – bars à vin bio, vêtements *vintage* et Vélib – cernée par les cités populaires des Épinettes et de la porte d'Asnières. La nuit sécrète une faune de zombies en bivouac. Il y a quelques années, un SDF polonais a été égorgé par un autre SDF. Ex-lieu de drague homo, le square aimante aujourd'hui les marginaux : ivrognes, toxicomanes, malades mentaux sous camisole chimique, crackeurs parfois violents. Le dépeceur canadien y a élu domicile lors de ses séjours à Paris. Des travaux sont en cours pour surélever les grilles du square.

Il était midi à Paris, 18 heures à Lobo, lorsque Françoise Gautrot a téléphoné au commissariat. Elle s'étonnait de ne pas voir Krys, si ponctuelle. Une femme asiatique avait été trouvée sur la voie publique et transportée à l'hôpital.

Lorsqu'on a découvert Krys allongée devant le centre paroissial de Sainte-Marie-des-Batignolles, 4, rue Brochant, elle était inconsciente. Un coup d'une force terrible à la tête. La figure méconnaissable, une coloquinte, un masque de carnaval. Le beau et doux sourire de Krys, effacé. Elle est morte sans avoir repris conscience. C'est arrivé à 5 h 30 du matin, il faisait encore nuit devant l'église Sainte-Marie-des-Batignolles, un petit temple grec offert par la fille aînée de Louis XVI.

Au centre d'une niche bleu Tiepolo, une Vierge en assomption s'élève au milieu des anges. Autour de la nef, des statues de saints dans une lumière suave devant lesquelles Krys s'agenouillait quand ça lui chantait. Même devant le Bon Dieu, elle ne pliait pas facilement. Le tueur, un type qu'elle a énervé avec son fichu caractère de *tomboy* ?

L'espoir absurde qu'elle décroche

« Jusqu'à ce que la ligne soit coupée, je l'appelais à Paris plusieurs fois par jour. Maman, réponds, réponds… J'espérais qu'elle décrocherait », dit Allan. Pour traverser ce temps mort, il n'y avait plus que les messages sur les répondeurs téléphoniques, les longs échanges sur Skype avec Marleyn qui voulait quitter la France à jamais, les images de la morgue sur Youtube, les e-mails à l'adresse de Krys, les mots sur Facebook, le nom de Krys tapé sur tous les moteurs de recherche…

Le corps était toujours en France, confié au bon vouloir des enquêteurs qui semblaient n'avoir rien trouvé d'autre que les sept cents euros que Krys avait laissés dans sa chambre de service désormais sous scellés. Tromper l'attente, c'est tromper la mort, paraît-il. Incapables de trouver la paix ou l'oubli, les deux aînés s'étaient réparti la veille électronique : à Allan le téléphone, à Aline l'ordinateur. Coco, comme d'habitude, errait dans son monde, les yeux rougis.

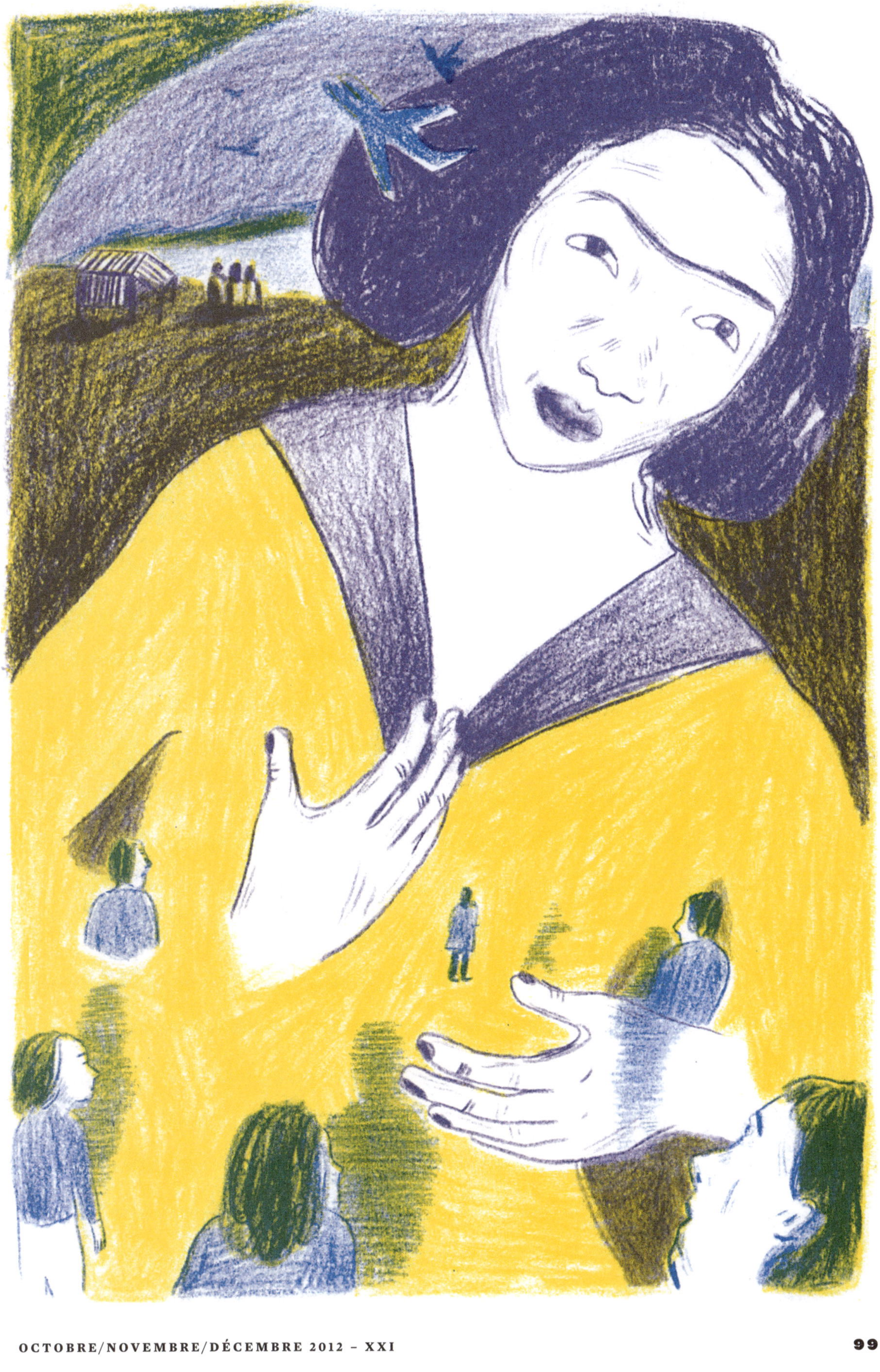

LA DOUBLE VIE DE KRYS

Il avait 7 ans quand sa mère est partie, il semble n'avoir pas fini de grandir. Un jour, il lui avait écrit à Singapour pour se plaindre des deux aînés, qui se partageaient l'argent de poche qu'elle envoyait. Sur l'enveloppe, il avait simplement écrit le nom de sa mère et Singapour. Grâce au policier que Krys avait failli épouser, la lettre lui était parvenue. L'histoire de la lettre de Coco a fait le tour de Singapour, et a même été relatée dans la presse.

Inlassablement, Allan a composé le numéro de sa mère à Paris. Tendu et concentré, il écoutait la texture chaude de la voix maternelle. Cet échantillon vocal, ultime trace organique, il ne se lassait pas de l'entendre. Puis, il écoutait le silence qui suit le message préenregistré et les instructions délivrées par l'opérateur dans une langue étrangère. « Si ce message vous convient, faites le 1 ; pour l'écouter, faites le 2 ; pour le réenregistrer, faites le 3 ; pour marquer urgent, faites le 4 ; pour rajouter quelque chose à votre message, faites le 5. Merci de votre appel. » Toujours, l'espoir absurde qu'elle décroche enfin : « Bonjour Allan, c'est moi... »

Allan avait à nouveau 12 ans, comme l'année où il pleurait sans fin le départ de sa mère à Singapour. La tante à laquelle Krys avait confié ses enfants s'appropriait leur pension et les dénigrait. Son grand-père tabassait Allan, comme auparavant il avait corrigé sa mère. Les enfants n'osaient pas se plaindre, de crainte de représailles.

« Tout le monde mentait. Dans ses récits à sa famille, Krys idéalisait sa vie en France. Les membres de la famille mentaient sur ses enfants pour continuer à recevoir l'argent de France. Les enfants mentaient pour ne pas alourdir son fardeau... Nous, les mères expatriées, nous ignorons tout de la vérité. On nous raconte... ce que nous avons envie d'entendre », dit Marleyn.

Plus tard, lorsque les enfants ont été capables d'exprimer leurs émotions, ils se sont confiés à leur mère aux vacances. Krys pleurait et repartait, elle n'avait pas le choix. Qui pouvait prendre soin d'eux ? Le « handsome husband » n'était pas devenu plus responsable. Les enfants, très unis, faisaient bloc.

DONNER LA VIE, DONNER SA VIE

Pour décrire leur expatriation, les Philippines emploient un mot : « sacrifice ». Elles se sacrifient pour leur famille. S'engager comme domestique à l'étranger pour une femme mariée, épouser un Occidental pour une célibataire, c'est le destin de millions de Philippines comme Krys. Trente ans à envoyer de l'argent aux siens. Trois enfants, dix petits-enfants. Treize personnes à charge.

À Paris, la journée de Krys commençait chaque matin à 5 h 30 par le ménage de la salle paroissiale. Puis elle s'occupait des Gautrot : ménage, courses, repassage, repas, et travaillait dans d'autres familles parisiennes l'après-midi. Parfois, la nuit, elle faisait des gardes auprès de personnes âgées malades.

Krys a donné sa vie pour ses enfants. À part le pèlerinage de Rome et un autre à Lourdes, elle ne faisait pas de folies. Logée et nourrie, elle vivait avec cent euros par mois. Cent euros pour ses propres dépenses, téléphone et Internet compris. Le reste, elle l'épargnait pour sa famille ou ses proches.

Domestique à Paris, femme d'affaires dans son pays, elle détenait un compte titres à la BNP, finançait les Anyayahan Ferries gérés par Allan, le restaurant tenu par Aline et le taxi de Coco. Elle possédait un peu d'immobilier, des plantations à Lobo et gérait ses investissements bancaires avec l'aide d'Yves Gautrot. Il lui déconseillait d'investir dans les terres agricoles à Lobo, elle ne l'écoutait pas. Ces terres, son père avait fini par les perdre, elle rachetait son honneur.

Elle n'était peut-être pas le fils désiré, mais elle a mieux réussi qu'un garçon. À Lobo, elle est une notable, une maîtresse femme des Philippines, qui fait des dons à l'église et prête de l'argent à ses proches, une dame qu'on appelle « Dita Krys » et dont on baise la main. Dans les champs, si personne ne la regarde, elle cueille des gousses velues de tamarin et en suce les fruits acides, comme lorsqu'elle était gosse. Il y en a un gros planté là-haut, devant le phare de Malabrigo Point.

> **Elle a mieux réussi qu'un garçon. À Lobo, Krys est une notable, une maîtresse femme des Philippines, qui fait des dons à l'église et prête de l'argent à ses proches, une dame qu'on appelle « Dita Krys » et dont on baise la main.**

« Elle était heureuse, elle faisait le bonheur de ses enfants. Elle ne voulait pas qu'ils souffrent ce qu'elle avait souffert. » Marleyn sait de quoi elle parle : elle connaît les deux Krys, la Parisienne des Batignolles et l'entrepreneur de Lobo.

Tandis que la nuit avance, quelqu'un demande si Krys était heureuse. « *Non, nous lui manquions* », dit sa fille, catégorique. « *Oui, elle était heureuse* », dit Marleyn, tout aussi catégorique : « *Elle faisait le bonheur de ses enfants. Elle ne voulait pas qu'ils souffrent ce qu'elle avait souffert.* » Marleyn, l'amie proche de Krys, sait de quoi elle parle : elle connaît les deux Krys, la Parisienne des Batignolles et l'entrepreneur de Lobo. L'aimable et l'autre, dominatrice, violente parfois. Les deux, généreuses jusqu'à l'oubli de soi.

La séparation est douloureuse mais, en même temps, Krys a prise sur sa vie. Sur les murs de sa chambre, place Charles-Fillion, elle affiche avec fierté des agrandissements de ses bateaux. Devenue l'auteur de son destin, elle découvre une certaine liberté. À l'église, elle n'entre plus que lorsque ça lui chante. Elle a des amoureux, on la demande en mariage, mais Krys ne voulait plus de mari. Son dernier amoureux, un veuf Philippin vivant à Paris, n'a pas donné signe de vie depuis sa disparition.

En poster géant sur fond bleu, comme une Vierge Marie

Krys a échappé au destin tracé par son père et ratifié par son époux. Enfin presque... « *Elle souffrait de voir écrit "employée de maison" sur ses papiers. Elle avait rêvé d'être médecin et s'en savait capable* », dit Françoise Gautrot. À une époque, elle crut son rêve d'Amérique près de se réaliser. Une de ses employeuses, américaine, lui proposa de la faire venir, sans donner suite. Des années plus tard, elles se parlèrent au téléphone et Krys comprit que l'Américaine l'avait crue repartie aux Philippines. Souvent, elle racontait cette occasion manquée.

A-t-elle fait le bonheur de ses enfants ? Fait-on le bonheur de qui que ce soit ? « *J'étais pauvre, je n'ai pas terminé mes études*, dit sa cousine Emelita. *Mon mari est pêcheur, je vends son poisson et des fruits au marché. J'ai eu quatre enfants, deux fils et deux filles.* *"Tu es pauvre, fais de ton mieux", me disait Krys.* » Aussitôt qu'elle arrivait pour les vacances, Krys appelait Emelita, qui restait avec elle à parler toute la nuit en se bourrant de bonbons au tamarin. « *Nous finissions par aller dormir mais, dans l'obscurité, elle continuait à parler... Nous appelions ça nos séances de "chica-chica".* »

Les enfants d'Emelita ont tous fait des études, financées par la famille, par eux-mêmes et, pour l'une, par un prêt de Krys. « *Mes quatre enfants sont diplômés. Mes deux fils sont à Dubaï, l'un comme plombier, l'autre comme comptable. Une de mes filles travaille dans l'immobilier à Manille. L'autre, institutrice, vit en Australie. Elle a épousé un Australien. J'ai eu de la chance.* »

Partir ? Ne pas partir ? Qui, de la femme du pêcheur ou de la femme de ménage, a enfanté les enfants les plus heureux ? Les mieux construits ? Les plus libres ? Les enfants de Krys ont aussi des diplômes, mais pas la même autonomie. Incapables de prendre leur envol, ils ne se sont jamais séparés et ont pris racine autour du foyer maternel, construisant chacun leur maison en parpaings autour du patio illuminé par un poster géant de Krys sur fond bleu, comme une Vierge Marie.

Christian-Marc, le premier petit-fils de Krys, a fait une école d'hôtellerie de la marine. Sans emploi, il vit avec ses parents. Avec l'appareil photo que Krys lui a offert pour célébrer son diplôme, il a gagné le premier prix du concours organisé par le Lobo Photography Club et fait des photos. La fille aînée d'Allan, Vanessa-Angela, vient de donner naissance à son premier enfant. Elle n'a que 16 ans.

La disparition brutale de Krys suscite chez ses proches une angoisse matérielle. Que deviendront-ils sans son appui financier ? Chaque année, Krys apportait d'importantes sommes d'argent au moment de ses vacances : dix mille euros en général, qu'elle réinvestissait aussitôt. Le 4x4, les deux motos de Coco, les bateaux d'Allan, les maisons, les études des enfants : Krys a tout financé.

Trop âgée pour participer aux semences, Leonida, la sœur de Krys, a glané pendant la récolte cinquante kilos de riz, cinquante jours de nourriture. Aline, elle, a ouvert la succursale d'une banque de microfinance par téléphone cellulaire.

Aux Batignolles, Marleyn a remplacé Krys chez les Gautrot. En revenant à Paris, elle a été arrêtée par les douaniers qui ont saisi tous les objets siglés en sa possession : les contrefaçons achetées à Greenhill comme le porte-monnaie Vuitton authentique offert par un employeur. L'amende s'est élevée à quatre cents euros, le prix de son billet de retour.

LA DOUBLE VIE DE KRYS — **POUR ALLER PLUS LOIN**

Géographie d'un archipel

Les Philippines sont un archipel constitué de plus de sept mille îles, situées à mille deux cents kilomètres à l'est des côtes vietnamiennes et excentrées par rapport au Sud-Est asiatique. Onze de ces îles totalisent plus de 90 % des terres ; un peu plus de deux mille seulement sont habitées.

Cet éclatement a valu à l'archipel diverses occupations, de l'invasion espagnole au xvie siècle – accompagnée d'une vigoureuse évangélisation et de regroupements de population – à l'occupation des États-Unis qui, en 1898, rachètent l'archipel aux Espagnols pour vingt millions de dollars.

C'est de ce double mouvement qu'émergent, après l'indépendance en 1946, les mouvements d'émigration de la population : pour les plus paupérisés, les déplacements sont intérieurs ; pour la population urbaine et majoritairement féminine, l'émigration est internationale. Cette mobilité a été encouragée par les politiques des dirigeants philippins.

7,4 millions de Philippins, soit 10 % de la population, sont aujourd'hui dispersés dans 193 pays. Le pays est le premier exportateur mondial de main-d'œuvre.

Les flux migratoires sont passés ces vingt dernières années de 300 000 à 866 000 départs annuels.

Une politique volontaire d'émigration

L'ancienne présidente des Philippines, Gloria Arroyo, disait que si certaines nations se contentaient d'envoyer des véhicules à leurs citoyens vivant dans les pays riches du Moyen-Orient, son pays envoyait, lui, des *« super-bonnes »* pour les servir.

Mise en place dans les années 1960, sous la dictature de Marcos, la politique d'exportation de main-d'œuvre est un élément stratégique qui a été repris par les gouvernements ultérieurs. De Corazón Aquino à Benigno Aquino III, en passant par Fidel V. Ramos, Joseph Estrada ou Gloria Arroyo, tous les dirigeants ont compté sur les revenus tirés de l'expatriation pour soutenir l'économie. Un mythe des expatriés, tenus pour les *« nouveaux héros »*, a été développé pour soutenir l'effort.

L'émigration est une des principales sources de rentrées de devises au pays. On estime les revenus tirés des travailleurs émigrés les plus représentés entre douze et quatorze milliards de dollars, l'émigration des femmes étant souvent *« non documentée »*. Cet apport représente officiellement au moins 10 % du PIB.

L'argent de l'émigration finance notamment la dette philippine, de soixante milliards de dollars aujourd'hui. *« L'argent envoyé au pays en repart aussitôt pour retourner au Nord ! »*, note Sally Rousset, de l'association Babaylan-Femmes philippines en France.

Ces revenus de l'expatriation, qui permettent de financer les frais de scolarité et les soins de santé des enfants laissés dans l'archipel, sont taxés par le gouvernement. Une très faible partie des rentrées de devises est engagée pour surmonter les faiblesses structurelles, pour maintenir une agriculture paysanne pourvoyeuse d'emplois et pour développer la santé et l'éducation.

L'exode féminin a des conséquences graves. En désintégrant le tissu familial, il provoque une perte de repère chez les enfants. Il participe aussi à la dévalorisation des femmes, dont l'éducation et les diplômes ne servent à rien. *« L'émigration nourrit l'émigration pour payer le service de la dette aux banquiers du Nord »*, note Sally Rousset.

SOURCES : SALLY ROUSSET, « FEMMES PHILIPPINES ÉMIGRÉES À L'HEURE DE LA MONDIALISATION : ACTRICES ET VICTIMES DU DÉVELOPPEMENT », ET LISA THUC DUYÊN HUA, « LES FEMMES PHILIPPINES : EXPATRIÉES ÉCONOMIQUES ».

Flux de migrants philippins par destination

SOURCE : ANICETO ORBETA JR ET MICHAEL ABRIGO, « PHILIPPINE INTERNATIONAL LABOR MIGRATION IN THE PAST 30 YEARS : TRENDS AND PROSPECTS », NOVEMBRE 2009.

- Moyen-Orient
- Asie
- Europe
- Autres

Des femmes surqualifiées

L'émigrée type est une femme diplômée. De nombreuses institutrices, comptables, professeurs, infirmières et sages-femmes deviennent domestiques au Moyen-Orient, en Europe ou d'autres pays d'Asie plus riches comme Singapour, Hongkong ou le Japon, voire au Canada.

Étudiantes à Manille, 2004. AFP/JOEL NITO

La femme philippine est appréciée. Surqualifiée, la Filipina parle anglais et peut, en plus du ménage et de la cuisine, aider les enfants dans les études. Dans la grande majorité des cas, les femmes philippines n'émigrent pas pour faire carrière, mais par devoir familial. Le chômage est élevé au pays. Le salaire d'une institutrice est de l'ordre de 300 euros dans une école publique, moins dans le privé. Elles n'ont guère de choix.

La relative surqualification de la main-d'œuvre, féminine en particulier, tient au fort taux de scolarisation des filles relevé dès le début du XXe siècle, après la colonisation américaine de l'archipel. L'enseignement primaire a été introduit en 1901, l'enseignement universitaire en 1908.

L'émigrée est aujourd'hui la sacrifiée, celle qui abandonne tout afin d'aider le reste de la famille.

Un pays où le divorce est proscrit

Avec le Vatican, les Philippines sont la seule nation au monde à interdire le divorce et l'avortement, proscrits par la Constitution.

L'archipel compte 85 % de fidèles catholiques. Forte de ce socle, la hiérarchie catholique exerce une grande influence sur la vie politique, bien que la Constitution prône la séparation de l'Église et de l'État.

Le cardinal Luis Antonio Tagle, 55 ans, incarne l'influence d'une Église riche et puissante dans les affaires publiques. Conservateur selon les critères du Vatican, et considéré comme un des successeurs possibles du pape Benoît XVI, l'influent archevêque de Manille s'oppose à l'avortement, à la contraception et à tout contrôle des naissances dans un pays à la démographie galopante.

La Vierge du Perpétuel Secours de Baclaran est l'icône la plus vénérée des Philippines.

Manifestation anti-contraception à Manille, août 2012. AFP/TED ALJIBE

À LIRE…

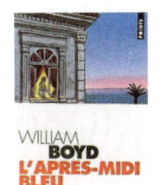

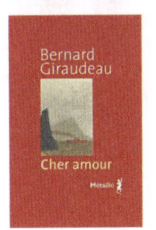

L'Après-Midi bleu
de William Boyd
(Éd. du Seuil, 1993).

Une jeune femme se laisse entraîner par un vieillard sur les traces d'une belle dame de la bonne société qu'il aima passionnément, aux Philippines, dans la tourmente de la guerre hispano-américaine. À travers trois continents, une intrigue criminelle et une histoire d'amour fou, sur fond d'occupation américaine des Philippines.

La Servante
de Louis-Olivier Vitté
(Éd. de Borée, 2007).

Aux confins de l'Auvergne et du Limousin, à l'orée du XXe siècle, Quitterie, cadette d'une famille de métayers pauvres, connaît l'enfance des oubliés du progrès. Sa vie bascule le jour où, à 13 ans, elle est embauchée comme servante.

Cher Amour
de Bernard Giraudeau
(Éd. Métailié, 2009).

Un voyage autour du monde, dont les Philippines, sur fond de correspondance imaginaire avec une inconnue.

Harry Marne est conciliateur bénévole. Il tient tous les lundis sa permanence à Drancy, en Seine-Saint-Denis, et traite une centaine d'affaires par an. Dans son bureau, un local blanc et anonyme mis à disposition par la mairie, il dénoue les mille et un petits conflits du quotidien. Par Anne Brunswic

LE DIPLOMATE DU 9-3

Tous les lundis matins, Harry Marne tient sa permanence à Drancy. Il reçoit au point d'accès au droit, dans un local aux murs blancs et anonymes mis à disposition par la mairie. Ses services de conciliateur de justice sont libres – personne n'est contraint de se présenter – et totalement gratuits. Une fois par mois, il reçoit aussi au tribunal de Bobigny des personnes qui lui sont adressées directement par le juge d'instance.

Depuis qu'il est à la retraite, Harry Marne, 70 ans passés mais en très grande forme, s'est fait bénévolement conciliateur. Bénévole ne veut pas dire amateur ni dilettante, loin de là. Il prend très au sérieux sa mission de diplomate de proximité et s'investit avec la même ardeur dans l'association nationale des conciliateurs dont il est devenu président en 2007.

S'il a choisi la Seine-Saint-Denis, ce n'est pas par commodité : depuis son domicile près de la tour Eiffel, il lui faut plus d'une heure de trajet pour s'y rendre, aussi bien en voiture que par les transports en commun. Ni par goût de la facilité.

Pour avoir longtemps vécu à Rosny-sous-Bois et travaillé de longues années à Air France à Roissy, il s'est attaché à ce département qui concentre tant de problèmes sociaux : échec scolaire, pauvreté, intégration. *« J'ai été dix ans conciliateur à Rosny-sous-Bois. Un poste était à pourvoir à Drancy.*

LE DIPLOMATE DU 9-3

Parmi les collègues, il n'y avait aucun candidat car c'est mal desservi. Les autobus de banlieue, ça décourage même les meilleures volontés. Moi, cela ne me dérange pas et j'ai accepté la proposition du maire de Drancy. »

La commune, quoique relativement petite avec 67 000 habitants, résume bien les caractéristiques de la Seine-Saint-Denis. Elle se classe dans les 20 % des villes les plus pauvres de France et le logement collectif, essentiellement social, l'emporte sur la maison individuelle. Ajoutons à cela que le chômage touche 17 % de la population, dont beaucoup de jeunes, que l'âge moyen des habitants des pavillons est nettement supérieur à celui des HLM, qu'une soixantaine de nationalités se croisent quotidiennement dans les autobus et le RER et l'on aura une petite idée des multiples tensions qui peuvent s'accumuler en une seule journée à Drancy, banlieue ouvrière naguère communiste.

Les élus municipaux, toutes tendances confondues, ne pouvaient que se réjouir de l'arrivée d'un conciliateur bénévole. Mais ce n'est pas pour faire plaisir à un parti ou à un élu qu'Harry Marne se lève de bonne heure le lundi matin. Ni pour l'argent, on s'en doute. L'indemnité annuelle d'un conciliateur censée couvrir ses frais de transports, de timbres et de téléphone se monte à 232 euros.

Harry Marne se définit comme un spécialiste du dialogue. Chez Air France, il a longtemps été en charge des relations avec les syndicats. *« Des préavis de grève, j'en ai reçu des dizaines sur mon bureau. Mais on peut toujours dialoguer. »* Méthodiquement, car tout ce qu'il entreprend, il l'entreprend avec méthode, il s'est formé aux relations humaines, à la négociation, à la communication et au droit, mais il admet qu'il avait pour cela une véritable vocation. Plus en tout cas que pour l'ingénierie électronique, son premier métier.

Conformément au décret du ministère de la Justice qui encadre leurs missions, les conciliateurs de justice traitent de petites affaires civiles : factures contestées, conflits de voisinage, litiges entre propriétaires et locataires, conflits opposant un consommateur à un professionnel, difficulté dans le recouvrement d'une somme d'argent...

En quinze ans de pratique, à raison d'une centaine d'affaires par an, Harry Marne a accumulé une expérience considérable des petits riens qui empoisonnent la vie quotidienne. La mairie pourrait le consulter comme un expert, elle apprécie surtout le fait que le conciliateur la soulage de beaucoup de travail. Il en va de même pour le tribunal d'instance de Bobigny où les justiciables se voient proposer de régler leur différend devant le conciliateur qui intervient alors par délégation du juge.

« S'IL A DONNÉ SA PAROLE, ÇA VA »

Drancy, 9 heures du matin. Le centre-ville est quasi désert. Ceux qui travaillent partent aux aurores et rentrent tard le soir après en moyenne trois heures de transport. Le petit supermarché Carrefour lève ses rideaux de fer devant quelques mères de famille revenant de la crèche avec leurs poussettes vides. À droite, des rues étroites bordées de pavillons, à gauche de grands ensembles HLM comme la cité de La Muette devant laquelle un monument rappelle qu'elle servit sous l'Occupation de camp de concentration.

Le point d'accès au droit vient d'ouvrir. Mme Benil*, mère au foyer, et M. Georges, cadre de l'office HLM, prennent place devant Harry Marne. Mme Benil, la quarantaine, tête couverte d'un foulard islamique, n'est pas très à l'aise en français. Bien que Harry Marne s'efforce de la mettre en confiance, elle semble un peu intimidée. Elle rappelle en quelques mots le motif de sa plainte.

Les travaux dans sa cuisine ont duré six mois, six mois pendant lesquels elle a dû quasiment faire du camping pour nourrir son mari et ses trois enfants. *« Vous imaginez, sans évier ! Mon mari devenait fou. »* De plus les travaux ont été réalisés en dépit du bon sens. Une grille d'aération a été fixée juste devant un conduit bouché, le nouvel évier est trop petit, les plinthes sont de travers, les carrelages mal joints.

> **En quinze ans de pratique, Harry Marne a accumulé une expérience considérable des petits riens qui empoisonnent la vie quotidienne. La mairie, qui pourrait le consulter comme un expert, apprécie surtout qu'il la soulage de beaucoup de travail.**

> On vient spontanément exposer un problème au conciliateur. À la suite de quoi, il provoque une réunion entre le « demandeur » et le « défendeur ». Un compromis amiable évite de passer au tribunal.

À Noël, son mari était tellement excédé par la lenteur du chantier qu'il a pris lui-même en charge la peinture de la cuisine. Côté salle de bains, ça a recommencé en pire. Le mari a bien failli rosser les ouvriers. La gardienne a fait la sourde oreille aux réclamations de Mme Benil et l'a même sans ménagement *« envoyée sur les roses »*. À l'office HLM, impossible d'avoir un interlocuteur au bout du fil, les responsables étaient toujours en réunion ou en déplacement. Mme Benil s'apprêtait à suspendre le paiement de son loyer, mais on le lui a fermement déconseillé : elle risquait d'être expulsée avant de n'avoir rien obtenu.

Harry Marne a déjà entendu toutes ses doléances il y a trois semaines lorsqu'il l'a reçue pour la première fois. C'est la procédure normale pour les conciliateurs de justice. On vient spontanément exposer un problème au conciliateur. À la suite de quoi, il provoque une réunion de conciliation entre le « demandeur » et le « défendeur » en envoyant un courrier standard : *« Ayant été saisi par Mme Benil d'une difficulté concernant les travaux menés dans son appartement par votre office HLM, je vous invite à vous présenter le… en vue d'une conciliation. »* Le papier à en-tête du ministère de la Justice fait parfois son petit effet. La personne ou la société mise en cause peut saisir la perche d'un compromis amiable qui évite d'aller devant les tribunaux.

Pour apaiser Mme Benil qui, à l'énoncé de ses griefs, commence à monter le ton, Harry Marne lui fait observer que l'office HLM n'était pas obligé d'envoyer un représentant. C'est de la part de M. Georges un geste de bonne volonté qu'il convient d'apprécier. Mme Benil déclare qu'elle veut simplement sortir de l'impasse : *« Il faut en finir ! »* De son côté, M. Georges, tout sourire, s'adressant plutôt à Harry Marne qu'à Mme Benil, prodigue des paroles rassurantes. Il regrette les retards et les malentendus, explique qu'une vaste rénovation impliquant plusieurs centaines de logements est en cours, *« avec forcément quelques loupés »*, mais il assure que, sous huit jours, les ouvriers de la régie reviendront achever les travaux.

Le conciliateur demande à Mme Benil si cette assurance verbale de M. Georges lui suffit ou si elle souhaite formaliser l'accord par écrit. Mme Benil se dit satisfaite. *« S'il a donné sa parole, ça va. »* Pour aujourd'hui, on en reste donc là. Conciliation réussie.

On peut s'interroger tout de même : un locataire HLM qui saisit le conciliateur pour résoudre un problème avec le bailleur social, est-ce courant ? *« Ce n'est pas rare, répond Harry Marne. Pour un locataire lambda, ce n'est pas facile d'avoir en face de soi un responsable de l'office HLM. Il n'a en général affaire qu'au gardien. »*

« ÇA M'A TOUT L'AIR D'UN ABUS DE FAIBLESSE »

Un autre lundi matin arrive Mme Legrand, une dame de 85 ans qui se déplace à grand-peine en s'appuyant sur une béquille. Vêtue avec une certaine coquetterie, maquillée, souriante, elle place visiblement beaucoup d'espoirs dans cette réunion de conciliation. Son litige la met aux prises avec à la fois l'office HLM et une société de dépannage en électricité qui lui a laissé une facture très salée. Au rendez-vous, le conciliateur a invité les trois parties prenantes. La régie est représentée par Mme Verrier, mais personne ne se présente pour la société de dépannage.

Les ennuis de Mme Legrand ont commencé le 6 février dernier. Ce jour-là, elle signale à son gardien un problème avec son compteur d'électricité. Bien que le compteur soit la propriété de la régie, personne ne se déplace pour l'examiner. Cinq semaines plus tard, à 7 heures du matin, au moment où elle appuie sur le commutateur électrique du séjour, tout saute et le compteur se met à fumer.

Affolée, elle compose le premier numéro de dépanneur qu'elle a sous la main, il figure sur une de ces plaquettes publicitaires que tout le monde reçoit dans sa boîte aux lettres. Un électricien arrive rapidement, préconise de changer le disjoncteur et le compteur et lui soumet un devis de 2 140 euros. Mme Legrand appose sa signature précédée de *« lu et approuvé, bon pour travaux »*. L'électricien procède aussitôt aux réparations et disparaît avec l'ancien compteur.

Après quoi, la vieille dame appelle au téléphone sa fille qui vit en province pour lui demander de l'aide car cette très modeste retraitée est loin de disposer d'une telle somme. Celle-ci lui suggère de demander un échelonnement du paiement.

Au standard de la société de dépannage, Mme Legrand s'entend dire qu'elle aurait dû le demander d'emblée à l'ouvrier électricien. *« Mais il ne m'a jamais dit qu'on pouvait payer par mensualités, et moi, comment je pouvais savoir ? »*

Le rendez-vous est déjà bien avancé, et la chaise toujours vide. Harry Marne appelle le standard de la société de dépannage et demande courtoisement si quelqu'un est en route. Il met le haut-parleur afin que chacun puisse suivre la conversation. Au bout du fil, l'interlocutrice qui se présente comme la *« plateforme de mise en contact »* répond sèchement que non. *« Avez-vous bien reçu mon courrier ?*

— *C'était un recommandé ?*

— *Non, les conciliateurs sont des bénévoles et nous envoyons nos invitations par courrier ordinaire.*

— *Ah, bon, envoyez un recommandé.*

— *Si vous y tenez. Pouvez-vous m'indiquer le nom du gérant ?*

— *Non, je le connais pas.*

— *Je vous remercie madame et vous enverrai une nouvelle invitation par lettre recommandée pour dans deux semaines. »*

Lorsqu'une partie invitée ne se présente pas, Harry Marne téléphone systématiquement pour s'assurer que son courrier est bien arrivé et qu'une personne est chargée de le traiter. S'il se heurte à un répondeur automatique ou à une secrétaire qui débite une réponse standardisée, il laisse un message d'une extrême courtoisie. Il en faut beaucoup plus pour le faire lâcher prise.

Mme Legrand se retourne vers la représentante des HLM : *« Pourquoi personne n'est venu chez moi regarder le compteur ? J'avais prévenu le gardien.*

— *Oui, nous avons la trace de votre signalement du 6 février,* admet Mme Verrier, *mais nos ouvriers sont très chargés. Et puis, il y a eu les vacances,* ajoute-t-elle à mi-voix comme si elle était elle-même peu convaincue de cette excuse.

— *Ça fait tout de même trois mois !* proteste timidement la vieille dame.

— *Madame Legrand, au lieu d'appeler un dépanneur le 14 mars, vous auriez dû appeler le gardien à la borne ! Il y a un gardien en astreinte vingt-quatre heures sur vingt-quatre. Vous ne connaissez pas la borne ?*

« — Si je connais, mais il faut descendre dans la cour. Je marche très mal. Je reconnais que je me suis un peu affolée. Je n'étais peut-être pas dans mon état normal. »

Apparemment saisie de compassion, Mme Verrier esquisse une petite proposition au nom de l'office HLM. Pour le cas où le fournisseur ne consentirait pas un *« geste commercial »*, elle envisage de demander à sa hiérarchie de mettre à l'étude un dédommagement partiel. *« Mais naturellement, nous attendons la réponse de la société de dépannage avant de nous positionner. »*

Appuyée au bras de Mme Verrier, Mme Legrand repart à petits pas. Elles devront toutes deux revenir dans quinze jours. Harry Marne n'est guère optimiste pour l'issue de cette affaire. *« Ce genre de sociétés n'a pas pour habitude de négocier. En plus, ça m'a tout l'air d'un abus de faiblesse, et ça, c'est du pénal, ce n'est pas de notre compétence. »*

Derrière l'anodin, des vies

Par contraste, le rendez-vous suivant prêterait presque à sourire. M. Gérard Paul, un jeune homme de 30 ans, se plaint des très mauvaises manières de sa banque. En janvier, il a fait le compte, sa banque lui a prélevé 1 950 euros d'agios et de frais au cours de l'année 2011. Harry Marne l'interroge avec tact sur sa situation financière. Connaît-il des difficultés particulières ? *« Non ! »*, se récrie le jeune homme. Il a un bon salaire de technicien au Bourget ; seul et sans enfants, il vit chez sa mère. Son compte est très souvent débiteur, il l'admet *« mais je régularise toujours »* : *« Quand je suis dans le rouge, j'appelle pour prévenir que mes heures sup vont arriver en fin de mois, mais ils n'en ont rien à faire. Ils m'ont même refusé un chèque de 25 euros et ils m'ont débité 90 euros de frais pour l'incident. »* *« En somme, résume le conciliateur, vous souhaiteriez que j'invite dans ce bureau le directeur de votre agence ? Peut-être pourriez-vous lui demander un rendez-vous directement ? »*

Au moment de quitter le bureau, le jeune homme se retourne vers Harry Marne. *« Vous croyez que je devrais changer de banque ? »* Le conciliateur n'a pas vocation à donner de conseil de ce genre. À titre personnel, il lui prodiguerait volontiers des conseils de *« père de famille »*, mais il tient à rester strictement dans son rôle. *« Beaucoup de gens viennent pour qu'on les écoute, ils ont besoin d'être écoutés. »*

Les litiges avec des commerçants ou des fournisseurs sont fréquents. *« À une époque, nous avions beaucoup de problèmes avec les fournisseurs d'accès Internet et les services de téléphonie mobile. La législation est devenue plus précise et ce genre de litiges a diminué. Depuis la privatisation de l'énergie, les contentieux se multiplient avec les fournisseurs de gaz et d'électricité. »*

Mlle Kebir, une jeune femme grande et ronde à la mine abattue, se laisse tomber lourdement sur la chaise. Depuis plusieurs mois, elle est en conflit avec un club de gymnastique auprès duquel elle a souscrit un abonnement de deux ans. Au bout du quatrième mois, elle s'est fracturé le poignet au cours d'un exercice conduit par une jeune monitrice de l'établissement. Depuis, elle ne peut plus pratiquer aucun sport comme en atteste un certificat médical. Elle demande donc le remboursement de la fraction de l'abonnement qu'elle n'a pas pu utiliser, c'est-à-dire 20/24ᵉ de 900 euros soit 750 euros. Elle pourrait également demander des dommages et intérêts pour l'accident, mais elle est prête à se satisfaire de 750 euros. *« J'ai eu beaucoup de frais à la clinique pour soigner mon poignet. Je suis actuellement en arrêt maladie pour dépression. Au départ, j'ai pris l'abonnement parce que j'étais en surpoids. »*

Harry Marne écoute avec bienveillance. Par expérience, il sait que derrière une affaire apparemment anodine se cache souvent beaucoup de souffrance. Il propose d'écrire au gérant du club pour l'inviter à se présenter dans trois semaines. Mlle Kebir ne connaît que son prénom. *« Ne vous inquiétez pas, je vais écrire à "Monsieur le gérant du club", ça arrivera quand même. »*

> « Nous avions beaucoup de problèmes avec les fournisseurs d'accès Internet et les services de téléphonie mobile. Depuis la privatisation de l'énergie, les contentieux se multiplient avec les fournisseurs de gaz et d'électricité. »

LE DIPLOMATE DU 9-3

Huit jours plus tard, le gérant a rappelé pour annoncer qu'il était prêt à *« faire un geste commercial »* vis-à-vis de Mlle Kebir. Le rendez-vous de conciliation était dès lors sans objet.

« IL Y EN A QUI EN VIENNENT AUX MAINS »

Lorsqu'Harry Marne traite des dossiers qui lui sont envoyés par le juge de Bobigny, il reçoit dans le cadre plus solennel du tribunal d'instance. Dans ce tribunal surchargé d'affaires de toutes sortes, on apprécie beaucoup le dévouement de cet auxiliaire bénévole. D'autant qu'il prend la peine, à chacune de ses visites, de saluer tout le personnel, y compris la greffière chargée du surendettement dont la tête disparaît derrière de monumentales piles de dossiers. *« Ici, l'entente est vraiment excellente autant avec le juge qu'avec les greffiers. Ce n'est pas comme ça dans tous les tribunaux. Certains juges sont très jaloux de leurs prérogatives. »*

Sur la proposition du juge d'instance, MM. Tarik et Arki ont accepté d'aller en conciliation. Le demandeur, M. Tarik, est un Turc d'une cinquantaine d'années qui porte une minerve et dont l'état de santé général semble médiocre. Comme il parle mal le français, il est venu accompagné de son fils âgé de 16 ans. Le défendeur est aussi un Turc, gérant d'un magasin de cuisines sur mesure. Un homme jeune, souriant, vêtu d'un costume élégant et qui s'exprime avec aisance.

Le plaignant, M. Tarik, jette des regards chargés de haine sur son adversaire. Sa cuisine aurait dû être finie il y a six mois ; or il manque toujours un élément, un petit meuble bas de 38 centimètres sur 40. Voilà des mois qu'il adresse au magasin des coups de fil furibards sans rien obtenir d'autre que de vagues promesses. *« Si vous raccrochez le téléphone au nez de ma secrétaire, ça ne peut pas avancer »*, se défend M. Arki. *« Je n'ai pas l'habitude de raccrocher le téléphone, surtout à une dame. D'ailleurs, je me suis excusé pour ça »*, réplique M. Tarik.

Harry Marne tente de calmer les échanges et demande posément à quelles conditions M. Tarik pourrait s'estimer aujourd'hui satisfait. La réponse tarde à venir, car M. Tarik revient sans cesse sur les promesses non tenues, les affronts, les entourloupes. Finalement, il lâche : *« Je veux le remboursement, à titre de dommages et intérêts, de toute la cuisine, soit 6 271 euros. »*

M. Arki aussitôt contre-attaque. Il rappelle qu'il a accepté de prendre M. Tarik pour client uniquement parce qu'il était recommandé par un ami commun. Mais dès le début, il n'a eu que des difficultés avec lui ; sans cet ami commun, il aurait tout de suite renoncé à ce client impossible. *« On pose cent cuisines par an. On n'a jamais de problèmes. »*

Le conciliateur tente, comme toujours, de ramener la conversation sur un terrain concret : *« Monsieur Tarik, vous demandez le remboursement intégral, mais voulez-vous qu'ils démontent tous les éléments de cuisine déjà installés ?*
— Euh... »

Le gérant, M. Arki, toujours souriant et affable, lui fait alors une contre-proposition. Il est prêt à annuler son dernier chèque de 470 euros et à lui installer gratuitement le dernier élément. Mais pour cela, il demande un nouveau délai de six semaines, compte tenu des délais de fabrication en Allemagne et de livraison. *« Ça fait déjà six mois que j'attends. Il se moque des gens ! »*

« Six semaines, c'est beaucoup, reprend le conciliateur à l'adresse du gérant. *Vous ne pouvez pas réduire le délai ? »* Des explications de M. Arki, il ressort que ce sera peut-être quatre, voire trois, mais qu'il vaut mieux compter large.

Sans répondre à l'offre de M. Arki, M. Tarik revient rageusement sur toutes les occasions précédentes où, selon lui, M. Arki a manqué à sa parole. Il n'a pas confiance. Et ne parvient pas à formuler une demande qui le satisferait. Son fils lui chuchote des mots d'apaisement, mais il ne décolère pas.

Harry Marne cherche un impossible terrain d'entente. Il se met devant l'ordinateur et commence à rédiger la solution suggérée par le gérant, mais avant même qu'il ait fini d'écrire la première phrase, M. Tarik reprend ses doléances en ressassant tous les malencontreux épisodes précédents.

> **« Monsieur Tarik, vous demandez le remboursement intégral, mais voulez-vous qu'ils démontent tous les éléments de cuisine déjà installés ?
> — Euh... »**

« Pourquoi m'apportez-vous cette pétition ? Vous pourriez l'apporter au gérant du restaurant, non ? — On ne sait pas qui c'est. Si ça se trouve, il ne travaille pas sur place. Ceux qui sont là, ils ne parlent même pas français. »

On devine que la seule chose qui pourrait apaiser sa frustration serait une condamnation de son adversaire pour escroquerie.

« Je vois que vous n'êtes pas prêts à un accord aujourd'hui, constate sobrement Harry Marne. *Vous irez donc à la convocation du juge dans six semaines et là, que sa décision vous plaise ou non, elle aura force de loi. Mais il faudra lui apporter par écrit toutes les preuves. Aujourd'hui, vous ne m'avez rien apporté. Le juge, lui, ne se basera que sur des preuves écrites. Maintenant, si vous voulez, vous pouvez encore d'ici là vous mettre d'accord tous les deux. Et même revenir me voir plus tard dans l'après-midi ; je suis là jusqu'à 17 heures. »*

Alors que le conciliateur commence à entendre les personnes suivantes, M. Tarik et son fils se profilent dans l'ouverture de la porte en faisant de grands signes. Harry Marne s'interrompt pour savoir s'il y a du nouveau. Cette fois, M. Tarik, plus blême que jamais, se plaint d'avoir reçu des insultes et des menaces de mort – en turc – de la part de son adversaire. *« Cela relève du pénal. Vous pouvez aller porter plainte au commissariat de police, c'est tout près »,* répond sobrement Harry Marne.

Ce n'est pas la première fois, hélas, que les parties s'insultent au sortir de son bureau. *« On a beau faire, il y en a même qui en viennent aux mains. »* La conciliation ne réussit pas à tous les coups, loin de là, surtout lorsqu'elle se fait par délégation du juge. *« En général, les gens sont plus déterminés à en découdre, plus crispés sur ce qu'ils estiment être leur bon droit. Avec ces deux-là, cela ne valait pas la peine de poursuivre plus longtemps. On voyait bien que M. Tarik n'était pas mûr pour un arrangement. »*

« On peut faire reculer les préjugés, jusqu'à un certain point »

Elles sont venues à deux pour exposer leur plainte assortie d'une pétition signée par quinze propriétaires de pavillons de la rue du Petit-Drancy**. Les odeurs émanant du restaurant indien qui a ouvert l'été dernier au carrefour sont insupportables. *« Avant, il y avait une pizzeria, on n'avait pas de problème. Maintenant, c'est intolérable dès le matin. On est obligés de fermer les fenêtres sinon les odeurs d'épices s'imprègnent dans toute la maison. »*

La dame qui a pris la parole et semble bien décidée à ne pas la lâcher est une brunette survoltée, dans les quarante ans. *« Mon mari est dans la restauration, alors les problèmes de ventilation, je m'y connais. Au lieu de faire marcher la hotte, ils cuisinent fenêtres grandes ouvertes, et cet été ils travaillaient même dans la cour ! C'était intenable. »* L'autre dame, plus âgée, confirme. *« Avant, on était tranquilles. Maintenant, on ne sait plus quoi faire. »*

Le conciliateur, par principe, laisse toujours parler les demandeurs sans les interrompre. Ils ont d'abord besoin de se sentir écoutés avec une certaine empathie. Tout de même, un détail l'intrigue : *« Pourquoi m'apportez-vous cette pétition ? Vous pourriez l'apporter au gérant du restaurant, non ?*

— On ne sait pas qui c'est. Si ça se trouve, il ne travaille pas sur place. Ceux qui sont là, ils ne parlent même pas français.

— S'ils sont indiens ou pakistanais, ils parlent peut-être anglais, avance Harry Marne.

— On est en France tout de même ! Les gens devraient faire l'effort de parler français, vous... »

La dame semble en peine de finir sa phrase. Quelque chose la trouble. Peut-être est-ce la couleur de peau d'Harry Marne ? Après le départ des deux plaignantes, il lâche avec un grand sourire : *« Les gens qui poussent la porte de mon bureau sont parfois surpris. D'origine guadeloupéenne, je suis le seul Noir parmi les conciliateurs. »* Quant à la xénophobie, Harry Marne ne s'en étonne plus. *« Dans les affaires de bruit et d'odeurs, il y a souvent une dimension xénophobe. Voyez, ces dames n'ont même pas essayé de parler avec le patron du restaurant. Mais quand on arrive à instaurer le dialogue, on peut faire reculer les préjugés. Enfin, jusqu'à un certain point. »*

Comment fait-il après tant d'années pour conserver son optimisme et sa bienveillance ? À cette question, Harry Marne répond en éludant. Un silence. Un grand sourire. *« J'ai beaucoup reçu, je peux bien donner un peu. »*

Trois semaines plus tard, le directeur et le gérant du restaurant Délices du rajah se présentent au rendez-vous de conciliation. Les deux dames sont revenues, et sans attendre que le

LE DIPLOMATE DU 9-3

conciliateur leur donne la parole, elles reprennent leurs doléances sur un ton agressif à l'adresse des deux Indiens.

Harry Marne leur rappelle comme il le fait toujours que ces messieurs les défendeurs n'étaient pas obligés de venir, qu'il convient d'apprécier ce geste de bonne volonté et de les laisser s'expliquer sans les interrompre. Première surprise, les deux hommes comprennent le français et s'expriment assez clairement. Le directeur reconnaît qu'il y a eu des problèmes avec la hotte aspirante. Il vient de la faire réviser et d'y adapter un moteur plus puissant.

À l'appui de ses dires, il montre une facture récente. Il s'engage désormais à ne pas ouvrir les fenêtres pendant le temps de la préparation des plats entre 7 heures et 10 heures. « *Après, on ne fait plus de cuisine, on utilise seulement le micro-ondes.* » Les deux hommes ont bien préparé leur défense et présentent aussi une feuille couverte d'une quinzaine de signatures. « *Les habitants de la rue Antoine soussignés certifient qu'ils ne sont pas gênés par les odeurs du restaurant Les Délices du rajah.* »

Cette seconde pétition déclenche une discussion sur l'orientation des vents, car si la façade du restaurant donne sur la rue Antoine, la cuisine, elle, donne sur la rue du Petit-Drancy. Et c'est de ce côté que les vents charrient les effluves d'épices orientales. « *Quand j'aère la chambre le matin, j'ai les odeurs qui pénètrent partout dans la maison. Vous trouvez ça normal ?* », reprend la plaignante la plus vindicative. « *Vous avez un commerce, vous gagnez de l'argent, vous recevez qui vous voulez, ça ne me regarde pas. Mais j'ai bien le droit d'ouvrir les fenêtres. Et puis, avec vos bonbonnes de gaz stockées dans la cour, c'est dangereux. Les drogués qui traînent dans le coin, un jour, ils peuvent s'amuser à tout faire sauter !* » Le directeur ne se laisse pas déstabiliser par cette nouvelle attaque : « *Mais les bouteilles de gaz sont vides, pas de danger.* »

Harry Marne juge qu'il est temps de conclure sans se laisser entraîner sur d'autres terrains glissants : « *Ces messieurs ont déjà fait le nécessaire concernant la hotte. Ils s'engagent à faire plus attention et à fermer les fenêtres pendant qu'ils feront la cuisine. Est-ce que cela vous convient ? Voulez-vous que la conciliation soit écrite ?*
— *Non, ça ira. Mais si ça recommence ?*
— *Si ça recommence, revenez me voir. Ou faites venir un huissier pour constater les nuisances olfactives.* »

« IL A REPEINT UN CAMION ENTIER DANS LA COUR »

Des affaires de bruit et d'odeurs, il en vient presque chaque semaine. « *Ce qui les rend si compliquées, c'est que la preuve est difficile à établir*, explique Harry Marne. *Et faute de preuve, les tribunaux ne peuvent rien faire. En conciliation, quand les gens sont de bonne foi, on peut obtenir des résultats.* »

M. et Mme Loubier, un couple de retraités locataires en HLM, se plaignent de leur voisine du dessus, une Sénégalaise qui élève seule trois enfants. « *Là-haut, c'est la pagaille du matin au soir !*
— *Êtes-vous montés pour essayer de parler avec votre voisine ?*
— *Non, mais on a prévenu le gardien et la mairie.*
— *Si vous le souhaitez, je vais l'inviter à venir ici pour essayer une conciliation, mais je vous conseille d'abord d'aller la voir.*
— *Ah bon !* », lâche d'un air déçu Mme Loubier qui s'attendait sans doute à trouver chez le conciliateur un soutien plus enthousiaste.

Le dialogue, pour Harry Marne, est presque un article de foi. « *Il faudrait que les gens apprennent à se parler. Neuf fois sur dix, ils viennent me voir avant d'avoir même essayé de discuter avec l'autre partie. Ou bien ils ont tout de suite commencé par les menaces et les invectives. Voire les coups !* »

M. et Mme Doublette, autre couple de retraités, viennent se plaindre de leur voisin du dessous, ce qui est plus rare. Mais l'affaire est originale. « *Il a installé dans l'appartement un atelier de réparation de motos. Il est en rez-de-chaussée. En plus du bruit des moteurs et des odeurs de peinture, on a plein de taches partout dans le hall et dans la cour.* »

> « Il faudrait que les gens apprennent à se parler. Neuf fois sur dix, ils viennent me voir avant d'avoir même essayé de discuter avec l'autre partie. Ou bien ils ont tout de suite commencé par les menaces voire les coups ! »

À l'appui, M. Doublette présente des photos des taches en question. Mme Doublette ajoute : *« Soi-disant qu'il est au chômage, mais la journée il est tout le temps sorti. C'est le soir et les week-ends qu'on est gênés. L'été dernier, il a même repeint un camion entier dans la cour. De la peinture, il y en avait partout ! »*

« D'après ce que vous me dites, conclut Harry Marne, *votre voisin ne respecte pas le règlement de l'immeuble. Dans chaque immeuble, il y a un règlement qui définit les modalités de jouissance des appartements et des parties communes. À votre place, je crois que je m'adresserais d'abord à l'office HLM. Mais, si vous voulez, je peux inviter ce monsieur à une conciliation, le résultat sera peut-être plus rapide.*

— Non, il ne viendra pas. Il dira qu'il n'a pas le temps.

— *Alors, mon conseil est d'aller voir l'office HLM. »*

« Vous accusez de faux, c'est grave »

M. Merzouf, propriétaire d'un pavillon, sexagénaire, se plaint des fumées émises par la chaudière de son voisin. Au lieu d'évacuer par une cheminée de toit, la nouvelle chaudière de M. Kemoun a un conduit latéral dont la sortie se situe juste en face des fenêtres de sa chambre. *« À cause de la fumée, j'ai mal à la tête, j'ai la nausée, c'est pas normal que la fumée parte sur le côté ! Je suis maçon, j'ai jamais vu ça. »*

M. Kemoun a bien voulu venir à la réunion de conciliation mais il n'a pas grand-chose à proposer. Il semble fatigué et même excédé des récriminations bruyantes de son voisin. Cette chaudière mixte eau chaude/chauffage central, il vient de la faire installer à grands frais par un artisan qualifié qui lui a garanti que tout était aux normes. *« Alors pourquoi j'ai mal à la tête ? »*, s'énerve M. Merzouf.

Harry Marne suggère alors une solution qu'aucun des deux n'avait avancée. *« Il faudrait vérifier si ces émanations sont toxiques. Monsieur Kemoun, accepteriez-vous que monsieur Merzouf fasse venir chez vous, à ses frais bien entendu, un expert pour analyser la toxicité des fumées ? »* M. Kemoun fait oui de la tête. Le conciliateur s'empresse de consigner par écrit l'accord amiable, avant que l'un ou l'autre ne se ressaisisse et revienne dessus. Arracher un accord est souvent une question de rapidité.

LE DIPLOMATE DU 9-3

L'affaire de M. Bachir paraît plus compliquée. Retraité d'origine algérienne, vivant seul, M. Bachir a été récemment hospitalisé. *« J'étais trop stressé à cause du bruit »*, dit-il. Il se plaint de bruits étranges provenant de l'appartement voisin. Chaque fois qu'il tire la chasse d'eau, chaque fois qu'il se déplace dans le séjour, il entend contre la cloison un *« toc-toc »* réprobateur. *« Je n'ai plus le droit d'habiter chez moi. Je ne vais plus dans le séjour. J'ai déplacé la télé dans ma chambre pour pas faire de bruit. Je mange dans la cuisine pour pas faire de bruit et malgré ça, dès que je bouge dans l'appartement, toc-toc, toc-toc, ça recommence ! Moi, je vais devenir fou. »*

L'appartement voisin de M. Bachir dans la cité HLM de La Muette est occupé par un jeune couple turc, M. et Mme Tekman. Dans la journée, Monsieur travaille. Sa jeune épouse se présente au rendez-vous de conciliation avec sa belle-sœur qui lui sert d'interprète. Elle tient sur les genoux un bambin très sage suçant une tétine. À vrai dire, la situation est confuse, les deux dames turques ne comprennent pas ce que M. Bachir leur reproche.

Pourquoi se plaint-il du bruit ? De quel bruit ? Mme Tekman, la plupart du temps est seule dans l'appartement avec son bébé. Sa belle-sœur insiste sur le fait qu'elles ont une grande considération pour les personnes âgées et à ce titre un grand respect pour M. Bachir. En entendant ces paroles, M. Bachir se lève, indigné et attrape par le bras la belle-sœur. Elle proteste avec véhémence : *« Je vous respecte, monsieur Bachir, mais vous n'avez pas à me toucher comme ça. Je suis enceinte de cinq mois, calmez-vous ! »* M. Bachir est hors de lui. Ses voisins turcs mentent, ils lui rendent la vie impossible, il n'en peut plus, il va retomber malade. Mme Tekman présente une pétition signée de douze voisins attestant qu'ils ne sont pas gênés par le bruit en provenance de l'appartement des Tekman.

M. Bachir bondit à nouveau hors de son siège prêt à frapper la belle-sœur. *« C'est pas vrai. Elle a fabriqué les signatures !* s'écrie-t-il indigné à l'adresse du conciliateur.

— J'ai apporté la pétition à l'office HLM. Ils ont vérifié les noms et les signatures, se défend la belle-sœur de Mme Tekman.

— Monsieur Bachir, vous accusez madame Tekman d'avoir fait des faux, c'est une accusation grave ! On ne peut pas arriver à une conciliation si les deux parties ne sont pas de bonne foi. Monsieur Bachir, avez-vous des preuves de ces bruits que vous entendez ? Y a-t-il des témoins ?

— Si vous ne me croyez pas, je m'en vais ! », crie M. Bachir hors de lui. Joignant le geste à la parole, il ramasse ses affaires et court à la porte.

Resté seul face aux deux jeunes femmes turques et au petit garçon qui n'a pas pipé mot depuis le début du rendez-vous, Harry Marne prend acte de l'échec de la conciliation. Dans les affaires de bruit, il sait par expérience qu'existe une grande part psychologique. Celui qui vit seul dans son appartement peut se concentrer sur les bruits extérieurs, faire une fixation dessus. *« La paranoïa, ça existe,* conclut-il, *et la conciliation ne peut pas donner grand-chose dans ces cas-là. »*

UNE IMPRESSION D'INACHEVÉ

Les deux « clients » suivants prennent place rapidement : un septuagénaire ventru au crâne dégarni, une femme plus jeune, maigre et nerveuse. M. Blanche se plaint que Mme Lopez ne lui a pas restitué les 1 300 euros qu'elle lui a empruntés il y a un an. Il l'accuse d'escroquerie. *« Je ne vous pardonnerai jamais d'avoir employé le mot "escroquerie". Je travaille. J'élève mes enfants. Je fais des ménages et des marchés. L'argent, je l'ai pas. Si je vous rembourse 100 euros par mois, je serai obligée de priver mes enfants, mais 100 euros, je veux bien essayer, pas plus. »* M. Blanche soupire. *« C'est ce qu'elle dit toujours, "Je vais payer." J'en ai assez d'entendre cette chanson. »*

Le conciliateur reprend la parole avec fermeté. *« Résumons. Madame Lopez s'engage à rembourser à monsieur Blanche 100 euros par mois pendant treize mois, la première mensualité sera payée le 1er juin 2012, la dernière le 1er juillet 2013. Je vous rappelle, madame Lopez, que cet accord une fois qu'il est signé par les deux parties a la force exécutoire d'un jugement. Si dans trois mois, vous arrêtez de payer, M. Blanche peut faire appel à un huissier pour récupérer la somme entière restant due. »*

Sans ajouter un mot ni échanger un regard, Mme Lopez et M. Blanche apposent leurs signatures sur le protocole de conciliation. Mme Lopez quitte aussitôt le bureau en se dispensant de serrer la main de son adversaire. Celui-ci prend une dernière fois à témoin le conciliateur des mauvaises manières de cette dame.

Pour cette fois, la conciliation a réussi. Ce sera autant que le juge n'aura pas à traiter. Mais la confrontation laisse une impression d'inachevé. *« Je n'ai pas cherché à savoir,* explique Harry Marne, *d'où venaient cette dette de 1 300 euros ni le lien existant entre ces deux personnes qui ont l'air*

> « Dès lors qu'il y a une possibilité concrète de trouver un accord, il faut se concentrer dessus. Ce que nous voyons ici dans le bureau, par définition, ce n'est qu'une partie infime de l'iceberg. »

de bien se connaître. Dès lors qu'il y a une possibilité concrète de trouver un accord, il faut se concentrer dessus et laisser tomber tout le reste. Ce que nous voyons ici dans le bureau, par définition, ce n'est qu'une partie infime de l'iceberg. »

L'affaire suivante met aux prises une locataire avec son ancien propriétaire qui lui réclame pour le préavis de départ et la remise en état des locaux 4 500 euros. La locataire, Mme Bakari, est venue escortée de son compagnon, originaire comme elle de Côte d'Ivoire. Le propriétaire est représenté par son avocate.

D'emblée, Harry Marne rappelle qu'à la conciliation, les parties doivent se présenter en personne, car l'avocat n'a pas véritablement de mandat pour négocier. Le principe veut que les parties dialoguent et trouvent d'elles-mêmes un terrain d'entente.

Il donne d'abord la parole aux demandeurs. Bien que Madame soit titulaire du bail de location, c'est Monsieur qui prend la parole. La somme de 4 500 euros est astronomique pour ce couple qui élève deux enfants. Ils louaient leur deux-pièces pour 700 euros par mois. *« D'où voulez-vous qu'on les sorte ? »*

« Pourquoi le propriétaire réclame-t-il trois mois de préavis ? demande Harry Marne à l'avocate.

— Ils sont partis le 1ᵉʳ novembre, sans avoir déposé de préavis. Après, il a fallu remettre l'appartement en état.

— L'appartement a-t-il été reloué ?

— Oui, le 15 janvier.

— En tout état de cause, il n'est donc resté vacant que deux mois et demi »*, fait remarquer le conciliateur.

Puis se tournant vers le couple de locataires : *« Vous souhaitez répondre sur ce point ? »* Cette fois, Mme Bakari souhaite parler : *« On nous avait promis un logement HLM pour le 1ᵉʳ septembre. On a donc donné notre préavis le 1ᵉʳ juin. Mais en septembre, l'appartement n'était pas fini. Il y avait dedans des travaux de rénovation.*

J'ai appelé le propriétaire pour lui demander de rester, sinon on était obligés d'aller à l'hôtel. Juste à la rentrée des classes, c'était pas possible. Il a dit qu'il était d'accord.

— Vous avez une trace écrite ? demande Harry Marne.

— Non, ça s'est fait au téléphone, répond son compagnon. *Et maintenant, il dit qu'on n'a pas donné de préavis. Jusque-là, on s'entendait bien et là, il s'est mis à balancer des trucs racistes. Il nous a dit "Vous vous croyez peut-être en Afrique !"*

— Et pour la remise en état de l'appartement, vous réclamez 3 500 euros, reprend le conciliateur à l'adresse de l'avocate. *Y a-t-il des justificatifs ?*

— Nous les avons joints au dossier.

— Ah oui, je vois un devis de peinture et papiers peints. Mais vous savez qu'on calcule une usure normale par année d'occupation. Depuis combien de temps occupiez-vous cet appartement ? demande-t-il aux locataires.

— Huit ans.

— Il me semble que là, on est dans le cadre de l'usure normale. Au bout de huit ans, la réfection des peintures est en principe à la charge du propriétaire. Donc, pour nous résumer, quel serait le minimum auquel votre client pourrait consentir ? demande-t-il à l'avocate.

— 2 200, répond-elle après avoir refait quelques calculs.

— Et vous, combien êtes-vous prêts à payer pour indemniser votre propriétaire des loyers qu'il n'a pas touchés de novembre à mi-janvier ?

— 700 euros, pas plus », répond Monsieur après un petit conciliabule avec sa compagne.

Prenant un ton plus solennel, Harry Marne conclut en se levant : *« Je constate qu'il n'y a pas d'accord entre les parties aujourd'hui. Vous êtes donc renvoyés à l'audience du 25 juin prochain. Mais vous êtes libres d'ici là de vous parler et de trouver un accord. »*

Depuis que les beaux jours sont revenus, Harry Marne préfère venir à Drancy par les transports en commun. Il lui arrive même de faire une partie du chemin à pied à grandes enjambées élastiques. Il a été sportif toute sa vie et reste à 70 ans passés un fervent adepte de la photo sous-marine. *« La plongée, ça demande beaucoup de discipline, un esprit d'équipe et un très grand sens des responsabilités. »* On pourrait en dire autant de la manière avec laquelle il exerce ses talents de conciliateur.

---

* Les noms des conciliés sont tous des pseudonymes.

** Les noms de lieux ont été modifiés.

LE DIPLOMATE DU 9-3 — POUR ALLER PLUS LOIN

Drancy, une commune industrielle délaissée

Enserrée dans l'écheveau de routes, de voies ferrées et de canaux qui rend le paysage de la Seine-Saint-Denis quasiment labyrinthique, Drancy fait peu parler d'elle. La ville n'a pas d'aéroport comme Le Bourget, pas de grandes usines en détresse comme Aulnay-sous-Bois, pas de gigantesques cités en ébullition comme La Courneuve.

Le métro (ligne 5) s'arrête à la préfecture de Bobigny. Il faut ensuite compter vingt-cinq minutes à pied pour atteindre la mairie de Drancy. Depuis la gare du RER (ligne B), compter encore vingt minutes. Tout cela ne favorise pas l'emploi dont le principal pourvoyeur local est la SNCF avec son énorme gare de triage.

Si elle n'avait pas été rendue tristement célèbre par une cité d'habitation à bon marché (HBM) transformée en camp de transit vers Auschwitz, Drancy serait restée une commune industrielle indistincte, fondue dans l'histoire de la défunte « ceinture rouge ».

Naguère communiste, la ville est devenue en 2012 cohabitationniste. François Hollande a obtenu 61,8 % des voix au second tour de l'élection présidentielle, et Jean-Christophe Lagarde, maire centriste depuis 2001, a rassemblé 70,6 % des voix de la commune aux législatives.

Le chômage atteint 17,37 % dans la commune contre une moyenne nationale légèrement supérieure à 10 %.

Un parc HLM très concentré en Seine-Saint-Denis

Taux de logements sociaux en 2009
SOURCE : IAU-ÎDF

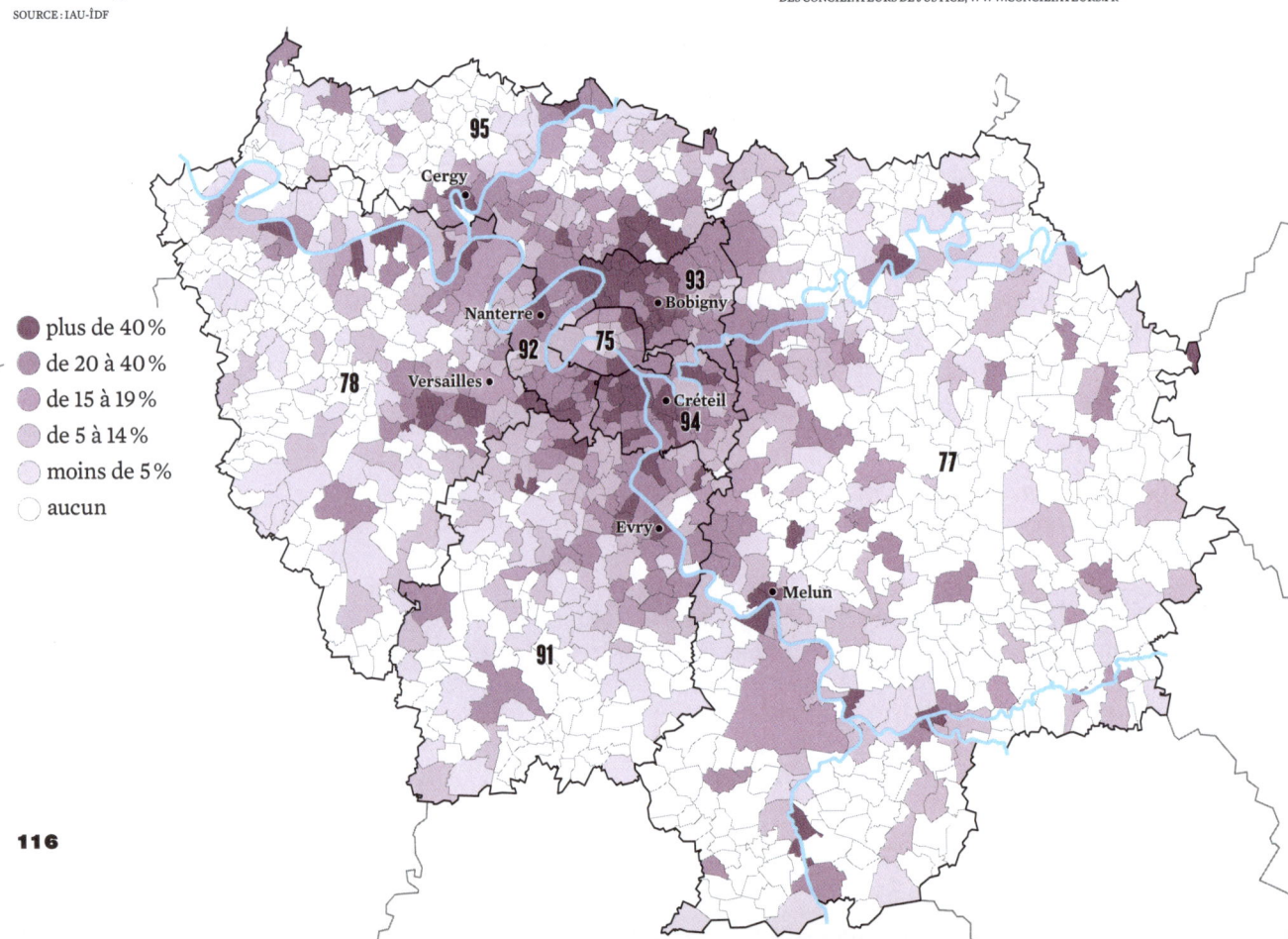

- plus de 40 %
- de 20 à 40 %
- de 15 à 19 %
- de 5 à 14 %
- moins de 5 %
- aucun

Les conciliateurs de justice

1590 conciliateurs sont en fonction dans toute la France, dont 12 % de femmes. Âge moyen : entre 65 et 70 ans.

93 % sont des retraités. La plupart étaient cadres du privé ou du public, chefs d'entreprise, gendarmes ou exerçaient une profession libérale.

53 % ont moins de cinq ans d'ancienneté dans leur fonction, 26 % entre cinq et dix ans.

74 % des conciliateurs reçoivent en mairie, 16 % dans une maison de la justice et du droit (MJD), 13 % au tribunal, 4 % dans un point d'accès au droit (PAD).

120 309 litiges ont été traités par les conciliateurs, qui ont accordés 212 993 rendez-vous en 2010.

90 % des saisines proviennent directement des particuliers et 10 % des juges.

60 % des litiges ont abouti à une conciliation.

SOURCES : MINISTÈRE DE LA JUSTICE 2010 ET UNION NATIONALE DES CONCILIATEURS DE JUSTICE, WWW.CONCILIATEURS.FR

Amiable, un doux mot

On disait autrefois en vers ou en prose d'une damoiselle qu'elle était amiable, que ses paroles et ses manières étaient amiables, entendez douces, amicales, agréables, avenantes. La chose pouvait aussi se dire d'un damoiseau, le cas échéant.

Dans le contexte moins galant du règlement d'un litige, on pouvait faire appel à un compositeur amiable, une tierce personne neutre et bienveillante qui vous aidait à composer avec autrui à l'amiable. Aux yeux de tous, l'arrangement à l'amiable était non seulement moins coûteux et plus satisfaisant pour l'amour-propre des protagonistes, mais il avait l'insigne avantage de tenir le pouvoir éloigné de vos affaires.

Jean de La Fontaine le rappelle avec vigueur dans la fable du « Jardinier et son Seigneur » (Livre IV, fable 4) :
*« Petits princes, videz vos débats entre vous ;
De recourir aux rois vous seriez de grands fous.
Il ne les faut jamais engager dans vos guerres,
Ni les faire entrer sur vos terres. »*

Le plus fort taux de chômage d'Île-de-France

Taux de chômage en pourcentage de la population active

SOURCE : INSEE, MOYENNE DU 1ᵉʳ TRIMESTRE 2012 (DONNÉES CVS).

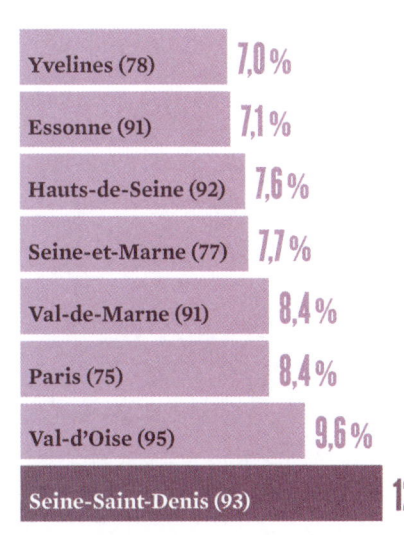

Yvelines (78)	7,0 %
Essonne (91)	7,1 %
Hauts-de-Seine (92)	7,6 %
Seine-et-Marne (77)	7,7 %
Val-de-Marne (91)	8,4 %
Paris (75)	8,4 %
Val-d'Oise (95)	9,6 %
Seine-Saint-Denis (93)	12,2 %

« Le sourire est une grande arme »

Renée Dolla-Vial, 78 ans, ancienne avocate devenue conciliatrice, est l'auteur d'un manuel pratique, *La Conciliation, régler vos litiges du quotidien* (Éd. A2C Medias, 2008). Après avoir été cinq ans en poste à Villejuif (Val-de-Marne), elle reçoit maintenant à Paris dans un bureau à la mairie du 7ᵉ arrondissement.

Rencontrez-vous des situations très différentes depuis que vous avez quitté la banlieue pour un quartier privilégié ?

Je vois ici des hauts fonctionnaires, des ambassadeurs à la retraite, mais aussi beaucoup de jeunes femmes qui travaillent dans les bureaux. Comme je me suis toujours battue pour les droits des femmes, je tâche de les aider. Quand elles arrivent avec des problèmes de pensions alimentaires, de reconnaissance de paternité et que je ne peux pas les aider directement, je les oriente vers le service compétent. Nous avons ici moins d'incivilités et moins de loyers impayés qu'à Villejuif, mais il y a comme partout des conflits de voisinage, des litiges avec des fournisseurs de services, des gens mécontents des travaux effectués dans leur appartement. Il m'arrive souvent d'aller voir sur place pour me faire une opinion. Un exemple : dans un très bel immeuble boulevard des Invalides, les copropriétaires ont interchangé leurs caves, mais chacun veut récupérer la sienne ; ils s'adressent au juge qui les renvoie vers moi. En allant chez le notaire, je trouve le règlement de copropriété et les plans. C'est tout simple, mais le juge n'a pas le temps de le faire.

Avez-vous une technique pour amener les gens à se parler ?

Le sourire est une grande arme. Je suis toujours calme et courtoise. Il faut que les règles soient bien définies dès le départ. Je demande aux gens de ne pas interrompre l'autre partie et je reformule toujours pour être sûre d'avoir bien compris. Je suis aussi neutre que possible et, même si l'un des deux m'agace au plus haut point, j'écoute toujours avec empathie. Il faut savoir dire : « Oui, je comprends, je me mets à votre place, mais peut-être l'autre partie a-t-elle quelque chose à dire ? »

Avez-vous connu des situations éprouvantes ?

Il vient des personnes franchement antipathiques, mais avec l'âge on prend une certaine distance. Il y a aussi des jours où l'on se retient de rire. L'amicale du personnel d'un ministère avait organisé un voyage en passant par les services d'un voyagiste. Un fonctionnaire haut placé avait réservé pour lui et sa famille, sept personnes en tout, mais à la condition expresse que le transport soit assuré par Air France. À la dernière minute, le voyagiste – qui n'était pas au courant de cette condition – fait appel à une autre compagnie aérienne. Scandalisé, ce monsieur annule tout, exige un remboursement et même des dommages et intérêts. L'association, très embarrassée et incapable de rembourser, est venue me trouver. Il fallait voir ce haut personnage prendre de grands airs ! La distorsion entre ma petite officine miteuse et ce monsieur qui se prenait pour le roi d'Angleterre, c'était cocasse ! Le fin mot de l'histoire était qu'il avait peur de prendre l'avion. Par crainte de rétorsions, car ce monsieur était influent, le voyagiste a finalement accepté de rembourser la majeure partie et l'association a versé le complément.

Trouvez-vous dans la conciliation des formes de gratifications personnelles ?

J'ai pris ma retraite d'avocate à 69 ans. Je ne pouvais pas du jour au lendemain me passer d'activité. Mes petits-enfants vivent à l'étranger. L'art et la lecture ne suffisent pas à remplir ma vie. À mon âge, il est très gratifiant d'être utile, de rester dans le coup, de maintenir des contacts humains. Mais cela demande un effort d'écouter tout le monde avec bienveillance ; en fin de journée je suis généralement épuisée.

Petite ville du sud de la Sicile, Gela a longtemps subi la loi de la Mafia. Jusqu'à l'arrivée d'un procureur, une irréductible venue de Rome. Avec quatre substituts, toutes des femmes, le parquet de la ville s'est lancé dans la bataille de la justice. Un combat mené pied à pied.
Par Agnès Gattegno

À LA RECONQUÊTE DE GELA

Ciel rouge, mer rouge, jour de sirocco. Dans la brume de chaleur du vent d'Afrique s'efface un pétrolier. Comme en écho aux cheminées de la raffinerie s'élancent les trois tours de verre et de pierre blanche du nouveau palais de justice. Les passerelles d'acier surplombent des colonnes, des torches. Des lignes de fer et de béton ceinturées d'un mur. Des droites dans une ville de désordre.

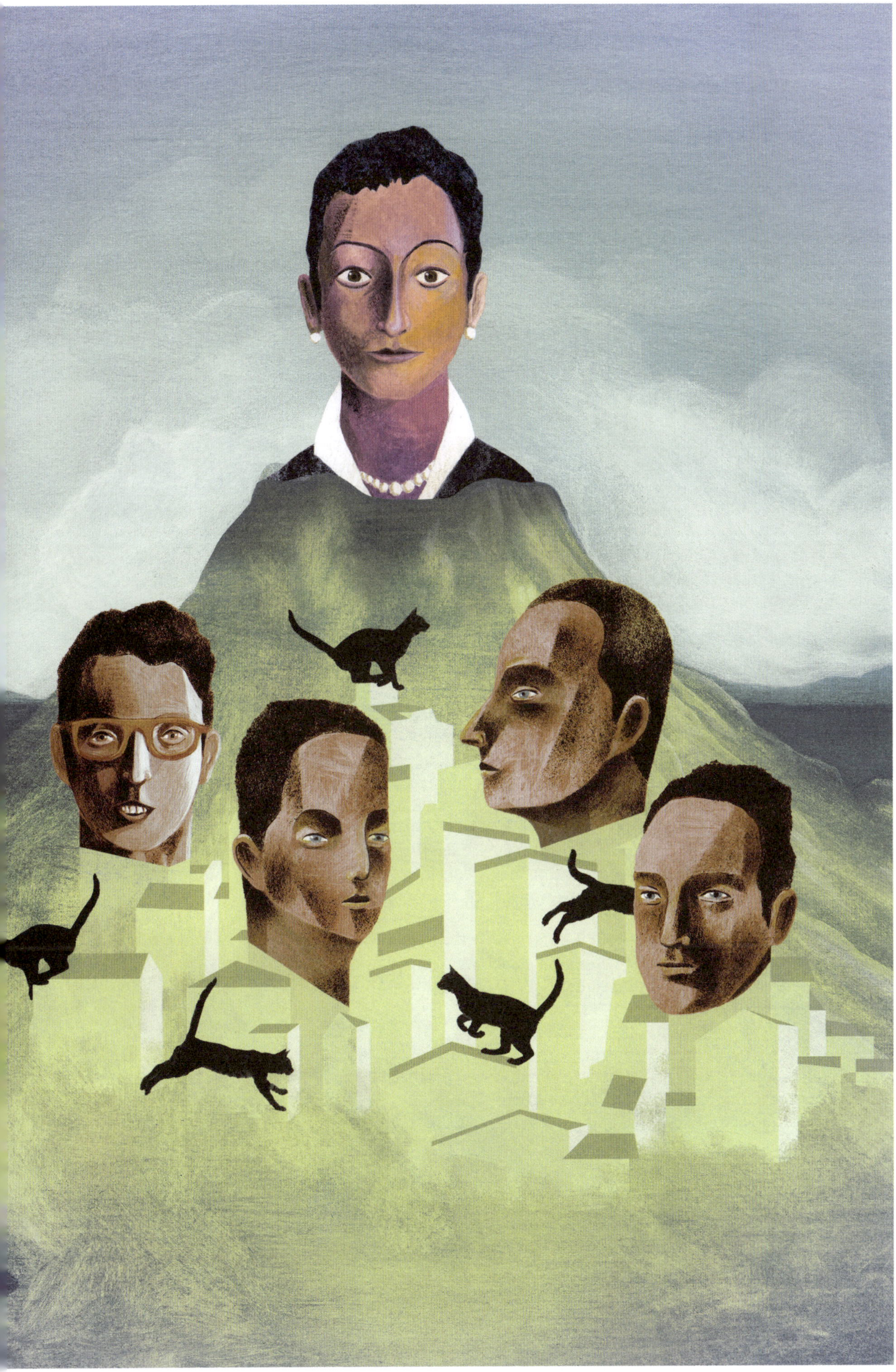

À LA RECONQUÊTE DE GELA

Fin de week-end pour le procureur. Le parking est désert. La voiture blindée est garée dans l'enceinte du tribunal. Avec pour protection un garde du corps dans l'antichambre, la magistrate rédige un ordre de saisie pour le lendemain. *« Le danger ne vient pas de la rue. La meilleure défense est l'intégrité »*, affirme Lucia Lotti. Quelques années plus tôt quand elle a envoyé plus de deux cents inculpés en prison, la chef du parquet a reçu à Rome une balle de revolver en guise de cadeau de Noël.

Aux murs de l'immense pièce, les photos officielles, le calendrier des carabiniers, le blason de la police côtoient des aquarelles. Des couleurs délavées, des formes floues comme une Sicile en songe. Flamboyante dans un caraco jaune vif à losanges noirs, la magistrate domine une pile de dossiers. Une triple rangée de bracelets en argent cliquette au rythme des mots, une énorme bague masque l'alliance. Le débit saccadé, le geste preste, le procureur paraît dévorer chaque instant. À 56 ans, l'œil vif souligné d'un trait, le cheveu noir coupé court, un sourire qui mange le visage, la chef du parquet est une irréductible. Il faut montrer à la population le retour à l'État de droit.

Ici, loin du pouvoir et des faiseurs de lois, à l'extrême pointe sud de la Sicile, la ville pétrolière de Gela est une terre à reconquérir. *« Gela fait partie du territoire ! »* La répartie est une accusation directe des politiques. Ceux de Rome, de Palerme, de Caltanissetta, chef-lieu de la province. *« Affirmer que la Mafia a rendu les armes, c'est les priver de leur meilleure excuse ! »*, dénonce Lucia Lotti.

La manifestation du jour contre l'attentat de la veille qui a fait un mort et quatre blessés à quelques centaines de kilomètres ? *« On colle une étiquette "Mafia" sur tous les problèmes, et les apôtres de la légalité s'engraissent dessus. »* Pour son équipe, enfin au complet après quatre ans de bureaux à moitié vides et de dossiers en attente, le combat est ailleurs. Sara, Silvia, Elisa, Lara, des substituts en première ligne.

« Maintenir la pression »

Dîner informel chez le procureur. Un immeuble occupé par les magistrats à quelques pas de la piazza Umberto I. Sans barreaux aux fenêtres, sans vitres blindées, sans caméras de surveillance. Entre *ricotta* du jour et crème de tomates séchées s'échangent les nouvelles sur une affaire en cours. *« Il faut maintenir la pression, assure le procureur. Les dernières écoutes révèlent l'ampleur du délit. »*

Le ton se veut cependant à la légèreté. Le mari de Lucia a pris le dernier vol pour Rome et son cabinet d'avocats, le fiancé de Silvia la route pour le parquet de Palerme. Reste Carlo, l'époux d'Elisa, un philosophe reconverti dans les fonds de pension, le reggae du dimanche et le goût de la provocation. *« Le choix, c'était Locres ou Gela, le pire de la Calabre ou le pire de la Sicile »*, dit-il avec dérision. Pour les quatre substituts, c'est une condamnation à trois ans *« de mer sans poisson, de ciel sans oiseau, de femmes sans honneur, d'hommes sans parole »*.

Au palais de justice règne l'effervescence du matin. De fines lèvres fardées d'un rose pâle, un sourire désarmant, des épaules délicates dans une robe sans manches, Elisa Calanducci a la grâce d'une femme-enfant. L'œil bleu pétillant contredit la fragilité, la malice compense l'unique année d'expérience. Réunion d'urgence, le délit de droit commun paraît mener à une piste mafieuse.

Le substitut consulte ses enquêteurs sur un système d'écoute à mettre en place. *« Ce doit être prêt pour lundi ? Mais on est vendredi, et demain, c'est jour de fête ! »*, s'exclame l'un des jeunes carabiniers. Elisa n'en a pas dormi de la nuit. À 3 heures du matin, elle a failli envoyer un SMS à l'enquêteur. *« La dernière fois, on a posé le micro-espion dans la journée »*, déclare la magistrate. *« Oui, mais on opérait selon un mode courant »*, proteste l'enquêteur. Elisa appelle Sara, doyenne de l'équipe. *« Tu as déjà fait ce type d'écoute ? Sur le plan technique, ça marche, non ? »*, s'enquiert la novice. Reste à choisir la société. La procédure impose trois devis,

> « Le choix, c'était Locres ou Gela, le pire de la Calabre ou le pire de la Sicile. » Pour les quatre substituts, c'est une condamnation à trois ans « de mer sans poisson, de ciel sans oiseau, de femmes sans honneur, d'hommes sans parole ».

> Sans emploi, les jeunes sont partis. L'espoir du retour reste en suspens, les constructions aussi. Des façades de béton brut, des étages à ciel ouvert, des terrasses percées de fer rouillé, le désastre après un bombardement.

concurrence oblige, une demande au juge des enquêtes préliminaires et l'aval du procureur. Arrive un enquêteur de la brigade financière. *« On est quinze à attendre. Il faut avancer »*, lâche le policier sans franchir le seuil. Changement de stratégie, on revient au système classique : l'important est de croiser les appels. *« Tout est sous contrôle »*, assure l'enquêteur. Elisa éclate de rire, lève les poings. Le jeune carabinier lui tape dans la main. Marché conclu, quatre lignes sur écoute pour lundi !

« Y avait la Mafia, y avait du boulot »

Sur ordre du procureur, contrôle de routine pour la police judiciaire. La voiture banalisée tangue dans les rues trouées d'ornières de Sette Farine, un quartier édifié dans les années 1970 et 1980 à demi vidé par l'émigration. Sans emploi, les jeunes sont partis. L'espoir du retour reste en suspens, les constructions aussi. Des façades de béton brut, des étages à ciel ouvert, des terrasses percées de fer rouillé, des balcons sans rambarde, des châssis de fenêtre béants, le désastre après un bombardement. À la lisière des champs, de coquettes villas en construction paraissent menacées du même sort.

« Le programme est bloqué pour irrégularité. L'ensemble du projet est sous séquestre », informe le policier. Silhouette longiligne coincée sur le siège étroit, l'architecte, devenu flic faute de clients, affiche son désenchantement. Habitation édifiée sans permis, demande d'autorisation falsifiée, matériaux achetés au noir, à Gela tous les coups sont permis. Et les sociétés de services sont complices. *« Un contrat d'eau ou d'électricité, c'est toujours bon à prendre*, constate le policier avec une ironie désabusée. *Peu importe que le raccordement au réseau soit illégal. Suffit de faire ses comptes. Les frais d'avocats et les amendes sont plus raisonnables. »*

Sur une place, un abri attend un improbable autobus. Aucun transport en commun ne dessert le quartier. L'investissement à fonds perdu visait à donner l'illusion d'une dynamique politique. Avec le miracle du pétrole, Gela, bourgade paysanne dans les années 1960, a muté en une pieuvre désarticulée de 87 000 habitants. *« La ville s'est édifiée sans plan d'urbanisme*, explique le procureur. *Parfois, un bâtiment saisi la veille ressortait de terre dans la nuit. En trois ans, les constructions illégales ont chuté de plus de la moitié. Et les nouvelles se limitent à une terrasse, un étage supplémentaire. »* Encourageant, dans un quartier à 80 % illégal. Démolir un édifice coûte vingt mille à trente mille euros, s'approprier un titre de propriété contraint à entretenir le bien, à des frais considérables. Cette année, le parquet a rendu six ordonnances de démolition. Pour l'exemple.

D'une demeure sans crépi jaillit un *Ave Maria*. Paraît une Madonnina de plâtre. Des jeunes filles jettent des pétales de fleurs au passage de la sainte. La soutane blanche du prêtre virevolte au gré des ornières, la statuette portée par les femmes cahote sous les secousses. Le cortège évite les traîtrises du trottoir jusqu'à une maison voisine. Une Vierge à domicile pour exaucer une litanie de prières.

En surplomb des dunes, des gravats encombrent un terrain vague cerné par les barres HLM de Santa Lucia. Pour le parquet, ordonner la destruction des immeubles construits avec un béton sous-dosé constitue un avertissement à la *« bourgeoisie mafieuse »*. Au pied d'un bâtiment de brique et de ciment brut, deux hommes transportent un énorme seau. Privés d'eau depuis huit jours, les habitants s'alimentent au réservoir d'un chantier voisin. Barbe de trois jours, regard sombre, maigreur des excès d'héroïne, Gianfranco crache sa colère. *« On a rien et en plus faut acheter de l'eau minérale. J'ai volé pour nourrir mes trois gosses*, se justifie l'homme en liberté surveillée. *Quand y avait la Mafia, y avait du boulot. »*

« Ici, on brûle tout »

Apporteur d'affaires pour les entreprises, créateur d'emplois pour les défavorisés, le crime organisé tisse un réseau de connivence et de dépendance. Pas facile d'identifier un complice qui se prétend victime, de cerner une victime bâillonnée par la peur.

Lointaine ambition d'une cité livrée au saccage, des parterres séparent les bâtiments. Jonchés de détritus, de cendres. Entre des colonnades mussoliniennes gît un barbecue carbonisé.

« *Ici, on brûle tout. Quand on a la haine, on crame une bagnole, une baraque* », dit le père de famille à la dérive. Dans un chenil fait de planches de récupération grondent des chiens de combat. « *Ici, on parie sur tout, même sur la vie.* »

« *Il faut faire justice, pas faire la loi* », affirme le substitut Sara Cannata'. Belle maxime pour une magistrate arrivé à Gela au sortir de la guerre des clans, onze ans plus tôt, et menacée en temps de paix. Une paix armée. Pneus crevés, essuie-glace tordu, portière cassée, interphone vandalisé, portail incendié, les avertissements se sont multipliés. Des avertissements parfois indéchiffrables, même pour un magistrat. « *L'incendie volontaire est un moyen de communication ici. S'ils voulaient me transmettre un message, je ne l'ai pas compris. Je ne sais pas ce que j'ai fait, je ne sais pas qui l'a fait* », admet la magistrate.

La centaine de kilomètres qui sépare Gela de son appartement ne suffit pas à protéger Sara Cannata'. Depuis quatre ans, le substitut vit sous escorte. Gardes du corps, logement sous télésurveillance, une vie blindée pour une hyperactive devenue mère de famille passé la quarantaine. Le petit Jacopo va fêter ses 2 ans. Un enfant pas tout à fait comme les autres. Les sorties au square se limitent aux jours de congé de ses parents, les compagnons de crèche aux fils de juges ou de policiers. Et interdiction à la baby-sitter d'ouvrir à qui que ce soit.

Les « gardiens de moutons »

Agostino Legname, un drame ordinaire des années de plomb. Quatorze ans après les faits, le père ne parvient pas à oublier. Les deux jours

> « L'incendie volontaire est un moyen de communication ici. S'ils voulaient me transmettre un message, je ne l'ai pas compris. Je ne sais pas ce que j'ai fait, je ne sais pas qui l'a fait. »

de recherche, la convocation au commissariat, la chaussure d'un cadavre non identifié. Celle de son fils. *« J'étais sévère, trop sévère*, se reproche-t-il. *Angelo ne m'a rien dit. Il n'a rien dit à personne. Il a préféré se sacrifier. Quand on sait la moindre chose, on en sait déjà trop. »*

Au printemps 1998, Angelo vient de célébrer ses 18 ans. Parmi les invités, Giuseppe, voisin et copain de toujours. En dernière année de mécanique industrielle, Angelo rêve de vêtements griffés, de samedis à parader sur le front de mer, un jeune comme un autre dans un quartier comme un autre. Fier de son modeste atelier et impatient d'ajouter un « & fils » à son enseigne, le père combat ses doutes. Le scooter volé et retrouvé, les appels de menaces, les 5 000 euros à régler sans délai, le visage tuméfié. Aux questions du père répondent les mensonges du fils. *« Jamais, je n'aurais pensé que ça pouvait arriver dans ma famille »*, avoue le père.

Le dimanche, Angelo traîne au lit. Ce matin-là, dès 8 heures, le jeune homme est levé. Membres de la Communauté des Béatitudes, les parents partent à une retraite spirituelle. Vers minuit, une Opel blanche se gare au bas de l'immeuble. À bord, quatre jeunes. *« Monte, le chef veut te parler »*, lance Giuseppe. L'Opel blanche file vers la campagne, rongée par les constructions illégales du quartier de Sette Farine.

Une pelle creuse un trou, le manche se casse. Le trou reste inachevé, l'outil portera les empreintes de la victime. Des gifles s'abattent, à terre seront retrouvées ses lunettes. Des poings frappent, le corps portera de multiples traces d'ecchymoses. Un coup de fusil perce la nuit, troue l'abdomen. La cartouche sera découverte parmi les broussailles. D'un bidon se déverse de l'essence, un briquet l'enflamme. Brûlé vif, selon les résultats de l'autopsie. *« Cette semaine-là, trois jeunes ont été assassinés*, dit le père. *Des jeunes sans histoire. »*

Condamné à trente ans pour homicide volontaire, Giuseppe garde le silence. L'enquête reconstituera la dérive d'Angelo. Le fils d'un honnête homme fasciné par l'illusion du pouvoir, un petit dealer qui se prend soudain pour un caïd jusqu'à doubler ses fournisseurs, le copain d'enfance d'un affilié de la Stidda. Des clans sans hiérarchie ni stratégie, des *« gardiens de moutons »* sans code ni loi, des délinquants autoproclamés mafieux en terre de Cosa Nostra.

À LA RECONQUÊTE DE GELA

Saignée par les adversaires réconciliés de Cosa Nostra et de la Stidda, les deux organisations qui se sont partagé le territoire, Gela s'enorgueillit d'être la première « ville antiracket » du pays. Sur trois mille chefs d'entreprise, cent trente et un ont brisé la loi du silence. *« Un silence tombal s'est abattu sur l'impôt mafieux, personne ne veut plus payer »*, affirme le procureur. Le commandant des carabiniers paraît plus mesuré. *« Souvent les gens dénoncent leur racketteur quand ils sont pris à la gorge »*, tempère-t-il. Héros ou victime, la prudence s'impose. Mieux vaut des preuves.

« BRISER LES TABOUS »

Cofondateur de l'association antiracket, le Dr Grimaldi incarne la *« révolution »* en marche. La désinvolture conquérante, le médecin-chef de la Clinica Santa Barbara tranche sur le fatalisme ambiant. De la cité modèle bâtie pour accueillir le personnel du pôle pétrochimique de Gela, la clinique privatisée garde l'esprit d'innovation. Peu après sa rénovation au début des années 2000, l'établissement de quatre-vingt-dix lits affiche un budget annuel de douze millions d'euros. Des représentants des clans se présentent et réclament leur dû. Un cadeau de Noël, des cloches de Pâques et une offre à l'Assomption pour subvenir aux besoins des familles de prisonniers. Au refus suit une lettre anonyme. Dans l'enveloppe, des munitions. Et une injonction surprenante. *« Puisque tu paies l'association antiracket, tu peux aussi nous payer. »* Puis la menace se volatilise, faute de moyen de pression. La société ne comptait aucun associé occulte.

« Il faut briser les tabous, opposer la méritocratie à la "raccomandazione". Gela meurt du clientélisme », dénonce le neuropsychiatre de 45 ans. Haute technologie, indépendance énergétique, parité du personnel, stabilité de l'emploi, cuisine bio locale, *« l'excellence ne mérite aucun compromis »*, affirme le grand patron. Cette année, l'objectif est d'accéder à la thérapie sans douleur, autre tabou dans une société encore pétrifiée par l'Église. *« Fini le temps où il fallait souffrir pour expier ses péchés ! »* Pour prévenir tout risque de damnation, une madone trône malgré tout en haut de l'escalier. Originaire du nord du pays, le chef du service orthopédique dévale les marches. *« Pourquoi les Siciliens devraient-ils aller se faire soigner à l'autre bout du pays ? »*, lance l'exilé volontaire.

Dans le bureau du procureur, un interrogatoire se termine. *« Encore une affaire d'usure. Rien de neuf. Sauf que la crise décuple le problème,* constate Lucia Lotti. *Pour se refaire, la victime a commis un vol. Elle est assignée à résidence dans le nord du pays. Le père est venu demander notre aide. Désormais, les gens osent franchir la porte. »*

Franchir la porte, la honte ajoutée à la honte, la peur à la peur. Pour Alessandro, la collaboration sera une seconde mise au ban. L'air d'un chien battu, la silhouette voûtée, à 41 ans, l'ancien chef d'entreprise est un homme brisé. Tout a commencé dans un bar, comme souvent. *« J'avais des problèmes au magasin. Trop de crédits sur le dos, les factures qui revenaient impayées, les banques qui ne voulaient rien savoir. Je me suis adressé au patron du bistrot, je savais qu'il me prêterait de l'argent. Ici on sait ce genre de choses. »* L'homme se présente comme un ami. Alessandro aussi a prêté de l'argent à des amis. *« Ils savent tout sur toi, ton entreprise, ta maison. Ils sont comme les banques, ils ne prêtent qu'aux riches. »*

Pour combler sa trésorerie, Alessandro échange des chèques à soixante jours contre du liquide. Les intérêts démarrent à 14 %, le taux double à chaque emprunt. Deux ans et trois cent mille euros plus tard reste une dette de cinquante mille euros. Commencent les menaces. Un inconnu l'arrête en plein jour, le fait descendre de voiture. *« Si tu ne rends pas le fric, je te mets deux balles dans le tibia. »* Un classique.

« Les usuriers sont rarement des mafieux. Mais ils partagent les gains avec eux. Et si les choses se gâtent, ils font appel à des hommes de main », explique la victime. Le troisième avertissement

> « Les institutions, elles te caressent dans le sens du poil pour te faire parler. Une fois que tu as vidé ton sac, on ne te salue même pas ! Et le prêt de l'État sans intérêt pour remonter ton entreprise, tu l'attends quatre ans », s'indigne un collaborateur de justice.

> Originaire d'une bourgade qui commandait les clans de Gela pendant les années de plomb, le juge observe : « Ici, les gens parlent à demi-mot. » « Parfois même sans mot, affine le substitut. Il faut décrypter les gestes, les regards. »

est le dernier : *« Si tu parles, tu es un homme mort. »* Partagé entre la peur de parler et la peur de mourir, Alessandro prie.

Une perquisition de la Financière fera la décision. Alessandro dénonce son usurier. *« Les institutions, elles te caressent dans le sens du poil pour te faire parler. Une fois que tu as vidé ton sac, on ne te salue même pas ! Et le prêt de l'État sans intérêt pour remonter ton entreprise, tu l'attends quatre ans »*, s'indigne le collaborateur de justice.

En chemin, Alessandro a perdu l'affection de sa femme, l'estime de son frère, son emploi dans l'entreprise familiale. Et la terreur des représailles ne le quitte pas. *« J'aurais préféré qu'ils me tuent d'une balle dans la tête plutôt que de me faire crever à petit feu. »*

« Plus seulement des réseaux »

« Les fraudes, c'est le grand business du moment, affirme le procureur. *Une affaire vient de nous tomber dessus, la moitié des entrepreneurs de la ville sont mouillés. »* Les délits financiers, Lucia Lotti connaît. *« Quand je suis arrivée ici, j'ai cru me retrouver à Rome. Je suis tombée sur l'enseigne d'un important chef d'entreprise et j'ai eu l'impression de me confronter à un grand promoteur immobilier, usurier de haut vol et blanchisseur pour le crime organisé de la capitale. Nos chemins se sont croisés pendant près de vingt ans. Je l'ai fait condamner quatre fois. »*

Samedi, 10 heures du matin. Deux enquêteurs de la Brigade financière font leur rapport. Une fraude de dix millions d'euros. L'affaire implique un expert financier de renom et une chaîne de prête-noms sans fin. Bien que connus, les procédés sont difficiles à reconstituer. Créer des sociétés sitôt mises en faillite, émettre de fausses factures pour accroître les coûts et frauder le fisc, gonfler les profits pour masquer les pots-de-vin. *« On a du mal à suivre le suspect »*, admet l'un des enquêteurs.

« Les cols blancs en odeur de mafia et les fonctionnaires véreux, il y en a toujours eu. La différence, c'est que ce ne sont plus seulement des réseaux. Certains opèrent en solitaire », explique Lucia Lotti. Le procureur signe un ordre de perquisition. L'opération est prévue pour le surlendemain. Aux heures de bureau.

Lundi, 14 heures. Brève pause du pool de magistrats au Harry's Bar, un bistrot pimpant coincé entre le parking du tribunal et un terrain vague. Le substitut Elisa Calanducci sort d'un interrogatoire avec un fonctionnaire accusé de délit contre l'administration publique. *« Il m'a prise pour un enfant de chœur. Ici, une femme reste une demi-portion,* remarque la magistrate dans un sourire. *Quand je les envoie en prison, ils ne rient plus du tout ! »* Sa consœur Sara Cannata' est plus mesurée. *« Ceux qui prennent les risques sont ceux qui sont sur le terrain. Nous, nous ne sommes pas des héros »*, lâche-t-elle. Le téléphone sonne, l'un des enquêteurs d'Elisa. La magistrate s'éclipse.

À son retour, Elisa fait une entrée triomphale. La découverte de chèques volés échangés contre du liquide établit la fraude fiscale, l'expert financier est en garde à vue. *« Le pire, c'est que pendant la perquisition il échangeait des SMS,* s'indigne le substitut. *"Planque la camelote", disait un message. »* La saisie de trente grammes de cocaïne dans le tiroir d'un bureau contigu pimente l'affaire. *« Difficile à plaider, l'occupant des lieux était absent,* regrette la magistrate. *Un nom sur une porte ne suffit pas. »*

Une place se libère, sitôt occupée par le juge Lirio Conti. D'une élégance de trader milanais avec sa cravate rose griffée, le magistrat ne quitte jamais son arme. Originaire d'une bourgade qui commandait les clans de Gela pendant les années de plomb, le juge connaît bien le territoire. *« Ici, les gens parlent à demi-mot »*, observe-t-il. *« Parfois même sans mot,* affine le substitut Sara Cannata'. *Il faut décrypter les gestes, les regards. »*

La quarantaine pressée, le juge expédie déjeuner, affaires et plaisanteries au même rythme. Escorté de ses deux gardes du corps, il regagne le palais. Une audience à préparer pour le surlendemain. *« La tentative d'enlèvement d'un banquier et d'un chef d'entreprise,* explique le juge. *Une affaire contraire à toutes les règles de la Mafia. »*

Dans la plaine de Gela plantée d'artichauts oscillent des pompes de forage. Quatre-vingt-dix puits pour une production d'un million de barils par an d'un pétrole très dense mélangé au brut importé d'Irak et des pays du Golfe.

À LA RECONQUÊTE DE GELA

À Gela, Texas de la Sicile, le rêve des années 1960, vire au désastre écologique. Au détour d'un chemin de terre, un berger mène son troupeau au pâturage. Au bord d'un ruisseau, deux hommes remplissent des bidons pour irriguer les champs. Plus loin, un panneau indique « *Décharge Cipolla, projet d'assainissement de l'Union européenne* ». Des nuées de moustiques et une puanteur de soufre envahissent le domaine, déclaré en faillite pour se soustraire aux millions d'euros nécessaires à la restauration du territoire. Sur plusieurs hectares, des herbes recouvrent des bassins ceints de murets de pierre, d'autres découvrent une surface plissée, noire d'hydrocarbures pétrifiés. Déversés dans le sol pendant des années, les déchets ont contaminé la nappe phréatique. Par-delà la décharge s'élève un derrick. Des techniciens forent un nouveau puits, dix sont en prévision.

« Le territoire pleure et les hommes meurent »

À l'approche de la côte s'étire une colline, plate, comme lissée, une sépulture géante. Les tombereaux de déchets, jetés à la mer pendant deux décennies, puis amoncelés jusqu'à dessiner un paysage surréel, vont laisser place à un avenir renouvelable. Avec l'installation de panneaux voltaïques sur quarante-sept hectares, le groupe pétrolier italien ENI, cinquième mondial, s'efforce d'afficher une image verte. À la raffinerie, « *tout change pour que rien ne change* ».

Zébrées de rouge, les cheminées gardent la cité, sentinelles depuis cinquante ans d'un monde clos, soumis à l'*omertà*. Une vie durant, ou presque, Marco respecte la loi. Passent treize ans de silence à la production, au déchargement du brut, à la récupération du gasoil infiltré dans le sous-sol faute de réservoir à double fond. Malade, l'ouvrier est muté. Suivent onze longues années, « *abandonné dans une décharge* », exposé à l'amiante, aux déchets toxiques.

À 47 ans, les yeux rougis par la conjonctivite, la gorge rongée par une thyroïdite chronique, Marco franchit l'interdit. Photos, films vidéo, l'homme témoigne. Seule voix à s'élever sur mille quatre cents salariés. À la raffinerie, société semi-privatisée et principal employeur de la ville, les maladies professionnelles n'existent pas. Les délateurs non plus. « *Offenser le colosse ne m'effraie pas*, affirme l'homme qui ne craint que la justice céleste. *Les fuites, les valves automatiques rouillées, les systèmes anti-incendie défectueux coûtent moins cher que la sécurité.* »

Ses déclarations le condamnent à la quarantaine « *tel un mafieux à l'isolement* ». L'insoumis s'obstine. Marco refuse les compromis, les faux témoignages, l'allégeance de « *vassaux asservis à l'entreprise nourricière et à ses syndicats corrompus* ». Son fils est mort à 9 mois d'une malformation aux reins, sa fille de 19 ans est atteinte d'un cancer. Des victimes parmi des dizaines. Maladies pulmonaires, tumeurs, malformations, Gela affiche un taux inégalé. « *La contamination de l'air, de l'eau, du sol, de la mer n'est pas un châtiment de Dieu. Le territoire pleure et les hommes meurent.* »

« Tout le monde savait »

Avec sa collaboration officieuse et le concours d'un groupe d'intervention spéciale de Rome, le parquet et les garde-côtes de Gela multiplient les actions. Plus de trente actes d'accusation, des mises sous séquestre, quatre décrets d'assainissement des terres contaminées, un procès au civil pour indemniser les victimes de l'amiante, la stratégie pourrait faire jurisprudence. Les investigations révèlent des années d'incurie perpétrée avec « *la complicité muette de politiques aux votes troqués et de cadres dévoués aux inexplicables signes extérieurs de richesse* ».

> Zébrées de rouge, les cheminées de la raffinerie gardent la cité, sentinelles depuis cinquante ans d'un monde clos, soumis à l'omertà. Maladies pulmonaires, tumeurs, malformations, Gela affiche un taux inégalé.

En charge des enquêtes, un justicier. « *Je voulais abattre la raffinerie* », fulmine l'adjudant-chef Cristiano Vitale. Mai 2009. Des recherches sur Google dévoilent d'énormes taches noires, les « *chaudrons de l'enfer* » oubliés aux confins des cinq millions d'hectares à la gloire du pétrole. Après des repérages discrets, le parquet ordonne une perquisition. L'adjudant-chef et ses hommes pénètrent « *au cœur de la forteresse* ». Des dizaines de documents sont saisis, des photos attestent le délit. Les masses sombres de l'écran sont un cratère géant rempli d'hydrocarbures, vingt-cinq ans de déchets toxiques à ciel ouvert.

Malgré deux opérations d'assainissement, rien n'est résolu. Les travaux s'éternisent, ne respectent pas les normes, la contamination gagne. Arsenic, plomb, mercure, les métaux lourds infiltrent la zone voisine protégée, la nappe phréatique, la mer. L'incorruptible croit avoir découvert « *le scandale du siècle* ». « *Tout le monde savait, mais personne ne voulait rien savoir* », dit l'adjudant-chef avec dérision.

Sept ans plus tôt, le substitut Sara Cannata' et le juge Lirio Conti lançaient une première offensive contre la raffinerie. Le parquet dénonçait l'exploitation de « *pet coke* » (Petroleum coke), mélange de charbon et de pétrole, à usage de combustible. La direction contre-attaqua. Fermeture partielle, provisoire, définitive, vente aux Russes, aux Chinois, les menaces se multiplient au rythme des ordonnances. Le juge d'instruction place sous séquestre la montagne de résidus destinée à alimenter la centrale thermoélectrique. « *Des "Dehors, on va se retrouver sur le pavé ! " m'ont accueillie* », se rappelle le magistrat. La ville entière descend dans la rue pour défendre le groupe pétrolier et ses emplois. Sous le slogan « *Plutôt malades que chômeurs* » manifestait Marco, pionnier de la révolution verte d'aujourd'hui. Gela, la longue marche du Mezzogiorno.

À LA RECONQUÊTE DE GELA — POUR ALLER PLUS LOIN

La guerre des clans

Terre pauvre, Gela n'appartient pas à la Mafia historique. Quelques délinquants rackettent les éleveurs de moutons et règnent sur les campagnes. Avec le boom du pôle pétrochimique dans les années 1980, Cosa Nostra veut imposer son monopole sur la sous-traitance des appels d'offres. Le projet de construction de la digue de Disueri et ses 120 milliards de lires (60 millions d'euros) vont susciter une escalade de la violence.

Les locaux se fédèrent sur l'ensemble de la côte sud-est pour former la Stidda, le « clan des bergers ». Piddu Madonia, chef provincial de la Mafia et vice-président de la Coupole, élit la famille Rinzivillo. Ses rivaux, les quatre frères Emmanuello, constituent alors un groupe armé pour faire main basse sur la ville.

De 1987 à 1991, au rythme d'un mort tous les deux jours, ils imposeront leur force de feu jusqu'à sceller une alliance autonome avec le parrain des parrains, Toto Riina, dans l'espoir de supplanter Madonia. Avec la « paix de Rieti », Stidda et Cosa Nostra se partageront le territoire.

Suivra à la fin des années 1990 une lutte intestine qui opposera les deux factions de Cosa Nostra.

Ces dernières années, les enquêtes du procureur antimafia Sergio Lari et du chef de la Squadra Mobile de Caltanissetta, Giovanni Giudice, ont mené à des centaines d'arrestations. Décimée, Cosa Nostra a vu ses lieutenants passer à l'ennemi. Depuis la mort en 2006 du parrain Daniele Emmanuello, hormis ses frères, tous les gradés du clan ont parlé.

Cependant, la récente libération d'affiliés pourrait relancer la spirale. Des signes annoncent une tentative de réorganisation, avec le soutien de la hiérarchie du crime organisé.

L'éducation d'un homme d'honneur

Le parquet antimafia de Caltanissetta est le seul d'Italie à avoir condamné des mineurs pour « *association mafieuse* ». Pendant la guerre des clans, pour accéder à l'initiation du *picciotto*, premier grade de l'affilié, le novice passait du vol à la tire au vol à main armée, puis du deal au racket pour enfin parvenir à l'épreuve du sang.

L'aspirant assistait à un meurtre, puis achevait la victime – tirant par exemple sur la corde qui l'étranglait – avant de commettre son premier assassinat pour une cinquantaine d'euros. De cette violence reste le mythe du pouvoir.

Aux homicides des années de plomb ont succédé les basses besognes. Menaces, incendie volontaire, deal, les clans favorisent l'emploi de jeunes pour alléger les peines de justice.

Au centre de détention pour mineurs de Caltanissetta, l'un des quatre de Sicile, la majorité des détenus sont de Gela. Certains sont accusés de meurtre, 80 % sont récidivistes et un nombre croissant n'est pas originaire d'une famille mafieuse.

Suite aux multiples arrestations, les clans sont en manque d'effectifs. Le recrutement franchit de plus en plus la frontière du crime organisé et ses règles. Un crime né de la délinquance et qui retourne à la délinquance.

Le « kamikaze de la liberté »

Menacé de mort par la Stidda, puis par Cosa Nostra et enfin par la bourgeoisie mafieuse du Nord, l'eurodéputé démocrate Rosario Crocetta, maire de Gela de 2003 à 2009, vit sous escorte.

Premier élu sicilien à dénoncer le vote mafieux et la corruption de la municipalité, l'homosexuel déclaré et catholique opposé à toute discrimination incarne la croisade de Gela qui « *cherche à sortir de sa longue nuit, mais le chemin est périlleux* ».

« *L'architecte d'une société nouvelle* » a favorisé la création de la première association antiracket du pays, défendu le droit à l'eau et combattu le président corrompu du Medef régional. « *La liberté est dans la révolte*, affirme Crocetta, *pas seulement dans son succès.* »

L'ancien salarié de la raffinerie s'est aussi confronté aux « *cliques du pire dépotoir d'Europe* ». Ses accusations d'« *exploitation coloniale* » ont mené aux premières mesures d'assainissement. Ses dénonciations sur l'infiltration mafieuse dans les appels d'offres du groupe pétrolier ont fait chuter sa cote.

« *J'ai fait un choix, je n'ai pas le droit d'avoir peur* », déclare le politique qui prépare ses prochains combats. Interdire à l'ENI d'abandonner Gela « *sans payer la note* » et convaincre Bruxelles de voter une législation antimafia. Un palmarès contesté par certains qui reprochent au candidat aux régionales d'avoir bâti sa carrière sur la lutte contre le crime organisé. « *La bataille ne fait que commencer* », rétorque l'homme en campagne.

Du racket à la drogue

Le long de la côte s'alignent des serres sur des dizaines de kilomètres. Tomates, aubergines, courgettes, la région concentre l'une des principales productions horticoles d'Europe. Mais le cours de la tomate cerise est en chute libre et certains producteurs innovent.

En 2010, la Squadra Mobile de Caltanissetta saisit 14 000 mètres carrés de plants de marijuana, une reconversion modèle vers un marché porteur. Si la production maraîchère est vendue à l'international, la seconde se limite au marché local.

Avec le déclin du racket, le trafic de drogues s'est amplifié. Du producteur au consommateur, Cosa Nostra et la Stidda se disputent la chaîne de distribution. Un conflit qui pourrait mettre en péril la *pax mafiosa* instaurée en 1991.

Un notaire fou d'art

Le Palazzo Miccichè, à Favara. DR

Il était une fois un notaire et une bourgade vidée de ses ambitions et de ses habitants. À Favara, Andrea Bartoli, amateur d'art *« dépourvu du fétichisme du collectionneur »*, aspire à partager *« un projet qui le dépasse »*. Réinventer le centre historique à travers l'art contemporain. D'une cour l'autre, d'une maison l'autre, les œuvres d'artistes siciliens et étrangers restituent la vie. Ironie, provocation, l'art désacralisé des Sette Cortili se réapproprie les lieux. *« Chaque mètre carré arraché aux ruines est une reconquête »*, se réjouit le mécène. Bientôt s'adjoindront des résidences d'artistes dans les maisons restaurées, et le Palazzo Micchichè abritera une ludothèque. Au programme, initiation aux arts et cours de langues étrangères, sans oublier un centre de formation à la micro-entreprise pour *« s'intégrer et se construire un avenir sur sa propre terre »*. Un modèle que le notaire et le procureur de Gela veulent reproduire dans une ville sans librairie, sans théâtre et dotée depuis peu d'un unique cinéma.

À LIRE, À VOIR...

LA LUMIÈRE ET LE DEUIL
de Gesualdo Bufalino
(Éd. Julliard, 1991).

Un recueil de textes, tel un voyage inspiré, sur l'insularité, *« la force des puissants et la paresse docile des victimes »*.

LE JOUR DE LA CHOUETTE
de Leonardo Sciascia
(Éd. Flammarion, 1997).

Un roman sur les rapports entre la politique et le crime organisé publié au temps où la Mafia n'était qu'*« une invention des communistes »*.

I COMPLICI
de Lirio Abate et Peter Gomez
(Éd. Fazi, 2007, en italien).

Fini le temps du sang, place à la *« première entreprise d'Italie »*. Un remarquable essai sur la Cosa Nostra en col blanc par deux journalistes de l'hebdomadaire *L'Espresso*.

L'AFFAIRE MATTEI
de Francesco Rossi (1971).

Le regard incisif d'un cinéaste engagé sur la mort mystérieuse du fondateur de l'ENI et grand sorcier du pétrole de l'après-guerre.

IL DIVO
de Paolo Sorrentino (2008).

Les liens entre les politiques et Cosa Nostra à travers le parcours *« exemplaire »* de Giulio Andreotti, sept fois président du Conseil.

Clinique Santa Barbara

0 500 1000 M

ITALIE
GELA

QUARTIER DE SETTE FARINE

Immeuble des procureurs

Tribunal

RAFFINERIE PÉTROLIÈRE ENI

MER MÉDITERRANÉE

DOCUMENTAIRE

LE THÉ OU L'ÉLECTRICITÉ

Perché dans le Haut Atlas marocain, entouré de noyers, le petit village d'Ifri vit en autarcie, figé dans un autre temps. Aucune piste n'y mène, les femmes accouchent à la maison, les enfants ne vont pas à l'école. L'hiver, la neige recouvre tout. Un jour, une nouvelle bouleverse ce huis clos séculaire : l'État a décidé de faire venir l'électricité jusqu'à Ifri. Bientôt les pylônes poussent et les fils électriques flottent au-dessus des montagnes perdues. Les familles, toutes pauvres, s'endettent, de nouveaux besoins naissent.
Durant plus de trois ans, saison après saison, Jérôme Le Maire a filmé ce saut dans le XXIe siècle. Son documentaire, *Le Thé ou l'Électricité*, est l'histoire de la transformation d'un village, saisie au ras du sol. C'est aussi, en creux, la chronique d'une implacable modernité.
XXI a eu un coup de cœur pour ce travail produit par Iota Production. Aperçu en dix plans choisis par le dessinateur Yann Kebbi et commentés par le réalisateur Jérôme Le Maire.

DOCUMENTAIRE

Un monde désolé

Les montagnes sont recouvertes d'une épaisse couche de neige. Un immense troupeau, cordon de petits pointillés, avance de façon quasi imperceptible. Où vont ces moutons ? Où les guide ce berger ? Ils ne trouveront à manger nulle part. Même l'été, l'herbe est rare.

Les paysages du Haut Atlas me donnent le sentiment d'une grande quiétude, mais aussi d'une grande désolation. J'aime ce territoire aride, où je vis en partie depuis plusieurs années. En 2008, j'apprends que l'électricité va arriver dans trois cents villages reculés. Il me semble que quelque chose est en train de se jouer, là, sous mes yeux.

Je les visite presque tous. Ma caméra s'arrête sur l'un des plus isolés, l'un des plus inaccessibles aussi. Ifri, c'est trente-cinq maisons et trois cents habitants implantés sur des terrasses à flanc de coteau, entourés de quelques noyers et vivant encore dans un autre temps.

« La bonne nouvelle »

Deux employés de l'Office national de l'électricité marocain se rendent à Ifri pour annoncer *« la bonne nouvelle »* aux villageois. Ils ont roulé quatre heures sur des routes tortueuses, emprunté une piste au dénivelé vertigineux, puis marché trois heures à travers les hautes montagnes.

Deux mille mètres plus haut, l'accueil est surprenant : les habitants ne veulent pas de lumière ! Ce dont ils ont besoin, c'est d'une route, une artère vitale pour sortir de leur autarcie. Ils s'enflamment : *« Ici, s'il y a un blessé, un accident, ou une femme dont l'accouchement se complique, à part embarquer la personne sur le dos d'une mule et traverser les montagnes jusqu'au premier hôpital, on ne peut rien faire d'autre qu'attendre, impuissant. On n'a pas de dispensaire, pas d'école, parce qu'on est trop loin de tout. Ici, on est oublié de tous ! »* Les employés ne sont pas là pour construire une route, mais pour apporter l'électricité. C'est leur mission, elle est sans appel, ils ne peuvent rien faire d'autre pour les habitants.

DOCUMENTAIRE

L'entourloupe du notable

Une poignée de villageois prend les choses en main. Déterminés, ils se pointent chez le représentant de l'autorité locale, qui est également le directeur de la société chargée des travaux par l'Office national de l'électricité. Celui-ci voit comment tirer profit de la situation. Il propose un marché aux villageois : « *Je vous fournis le matériel pour construire la route, et vous fournissez la main-d'œuvre.* » Les hommes d'Ifri n'ont d'autre choix que d'accepter.

Baroud, « la poudre » en arabe, s'improvise chef de chantier. Trois ans durant, il manipule les explosifs pour creuser la roche. Il porte à travers la montagne son énorme pneu crevé de tracteur jusqu'à la vallée, il charrie des morceaux de pylônes à dos de mule, il négocie avec des voisins récalcitrants pour faire passer la ligne dans un champ... Les villageois construisent la route avec lui, facilitant l'avancée des électriciens. Ils travaillent par tous les temps, même en plein ramadan, sans toucher un dirham. « *C'est une honte, une énorme honte* », dit Baroud.

Créer de nouveaux consommateurs

Le chantier avance. Deux mondes cohabitent, désormais. D'un côté, des maisons en pisé et pierre sèche se tiennent immobiles dans les montagnes perdues. De l'autre, d'importants pylônes incarnent le « village mondial ».

Lancé à la fin des années 1980, le plan d'électrification rural global vise à alimenter plus de 98 % du Maroc en lumière. Dans un rapport établi par l'État et l'Office national de l'électricité, le but de l'opération est clair, assumé, écrit noir sur blanc : « *Les catégories pauvres, lorsqu'elles s'électrifient, accèdent à un niveau de confort : TV, éclairage (...) La télévision entraîne des aspirations – légitimes – à des modes de consommation plus modernes qui renforcent, pour ces classes défavorisées, l'intérêt d'aller chercher des revenus supplémentaires en ville.* »

Pour payer leur abonnement et recharger leur carte d'électricité, les habitants d'Ifri devront se rendre à la ville, dans la vallée. Ces nouveaux consommateurs verront dans les vitrines ce qui leur a été montré à la télévision. Pour s'offrir les objets de leurs nouvelles envies, ils devront produire plus pour gagner plus. Le processus est imparable.

DOCUMENTAIRE

La hache de la modernité

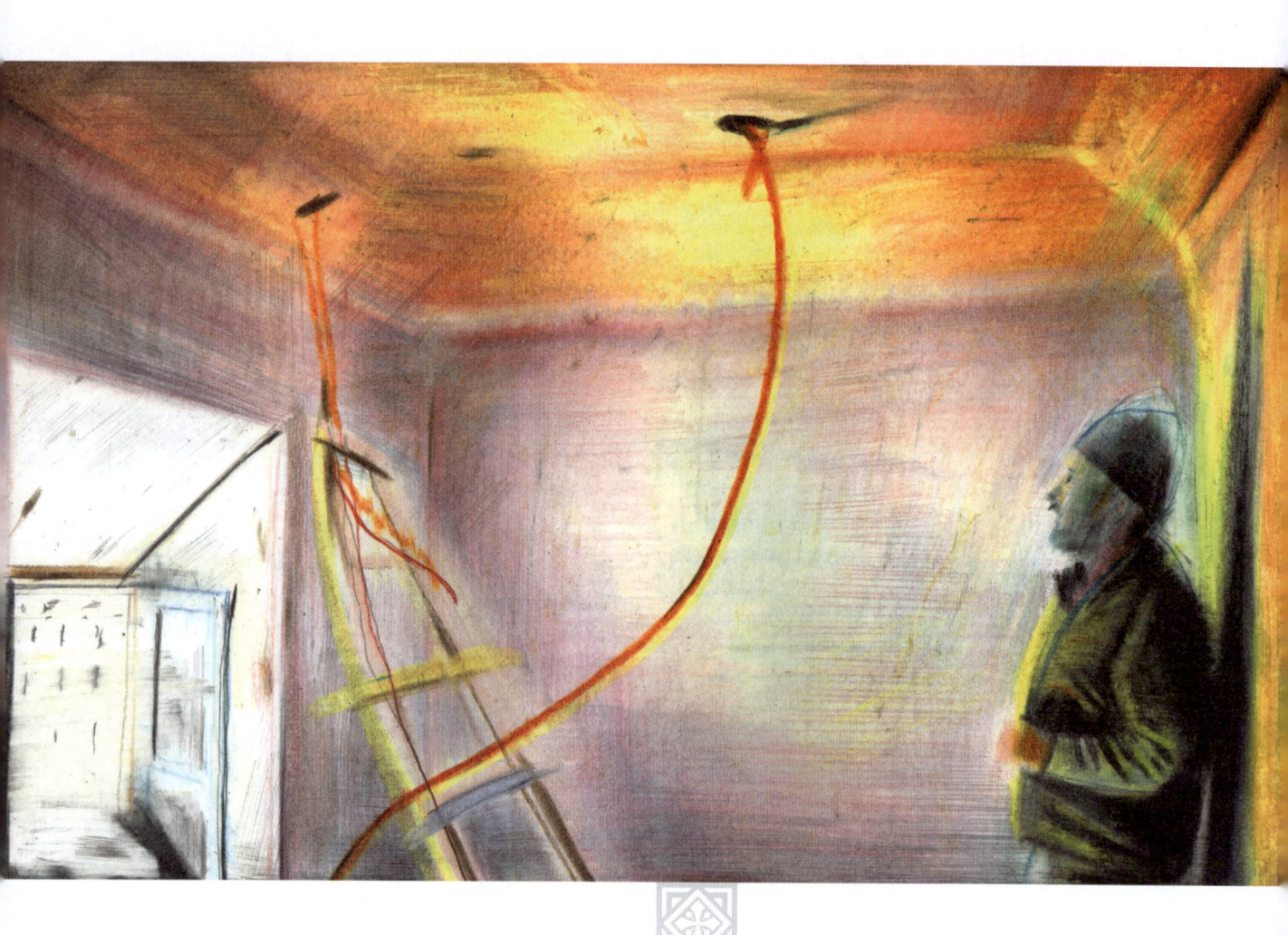

Un habitant, Mohamed, observe, paniqué, « l'œuvre » d'un électricien en train de donner d'énormes coups de hache dans son plafond en plâtre – luxe rare dans les maisons d'Ifri. Le tuyau électrique finit par passer. Mohamed le regarde, longuement, l'air à la fois curieux et perdu. C'est à ce moment que je réalise que, pour ces gens, il y aura eu une vie avant l'électricité et une autre après.

Au départ, les villageois se préoccupaient uniquement de la construction de la route. Mais avec l'installation du premier poteau, il y a eu une sorte d'émulation. Un technicien de la vallée, monté au village, a commencé à faire le tour des maisons pour installer l'électricité. À chaque fois, c'était le même cérémonial. Les voisins venaient assister au spectacle et l'heureux propriétaire arrosait de thé et de nourriture ses convives jusqu'à la fin de l'opération. D'interminables discussions sur la « modernité » ont tenu en haleine tout Ifri.

C'est un grand jour. Les fils électriques flottent dans le village, les habitations sont prêtes à recevoir la lumière. Un commercial arrive. Les habitants se regroupent autour de lui sur le toit de la mosquée, concentrés. L'homme expose la suite du programme : il faut maintenant rassembler différents papiers auprès des autorités de la vallée, se rendre au bureau de l'Office national de l'électricité le plus proche – deux jours de trajet à pied et en camionnette –, signer, payer : *« Et là, vos vies vont changer. Vous aurez un four, un frigo, une télévision, une radio… »*
Tout le monde rigole. Ce n'est pas demain qu'on pourra se payer tout ça, mais cela semble drôle d'imaginer cet équipement tombant du ciel dans les maisons !
Un villageois fait alors remarquer que la route n'est pas terminée. Un matin, dit-il, peu après la fin du chantier de l'électricité, le tracteur et les explosifs ont disparu. C'est exact : l'autorité locale les a réquisitionnés pour un autre chantier.
Le commercial, un peu désarçonné, se veut rassurant : avec l'électricité, l'arrivée des téléphones, des paraboles, les mentalités vont changer, les enfants ne jetteront plus de pierres, il n'y a aura plus de voleurs…
« Et pour la route, ayez confiance, un jour elle arrivera, Inch'Allah ! »

« Vos vies vont changer »

DOCUMENTAIRE

Voici la maison de Lahcen, l'un des hommes les plus pauvres d'Ifri. Il a onze enfants, une vache, une mule et un chevreau. Il vit de petits boulots agricoles chez ses voisins. Au début du tournage, Lahcen m'a dit en souriant qu'il ne voulait pas de l'électricité : il n'aurait jamais les moyens de se payer l'installation ni la consommation. Quand il a vu un poteau devant sa porte, il s'est mis à affirmer que l'électricité *« frappait »* les gens, qu'elle allait les *« brûler »*.
Ce jour-là, à l'heure de la prière, il a tenté de convaincre ses voisins de ne pas prendre d'abonnement : *« Si on est solidaire, si personne ne bouge, ils seront obligés de nous donner l'électricité gratuitement. J'ai entendu qu'un village dans le désert avait fait ça, et ça a marché ! »* Mais les villageois se sont retirés un à un en silence.
Lahcen, dépité, reste assis à côté d'un gamin qui visionne un clip sur un téléphone portable. Son regard égaré fixe la danseuse arabe qui se trémousse dans l'appareil...

« Ça va nous brûler »

De l'excitation dans l'air

Pour régler les formalités, tous les hommes d'Ifri se sont donné rendez-vous au lever du soleil dans le village de la vallée où se tient le souk hebdomadaire. Ils ont quitté leur maison dans la nuit, à pied ou à dos de mule. Un taxi collectif local, qu'ils appellent *« la boîte en fer »*, a été réservé. Il y a de l'excitation dans l'air. Nous sommes serrés comme des sardines et, en descendant de la montagne, bientôt tous vomissent dans des sacs plastiques.

À Azilal, la ville, les villageois semblent perdus, petits, décalés et bien fragiles quand ils traversent les grands boulevards emplis de voitures. Docilement, ils se mettent à attendre dans les bureaux de l'Office national de l'électricité. Les uns après les autres, ils sont appelés au guichet. Un employé entre leur nom dans un ordinateur. Ils versent huit cents dirhams – quatre-vingts euros, soit un mois de salaire quand il y a du travail – et signent. La plupart font une croix. Je filme en gros plan leurs regards résignés, absents, égarés, hagards. Le sort en est jeté, semblent-ils dire.

DOCUMENTAIRE

Un flot d'images et de sons

Les hommes de l'Office national de l'électricité viennent à peine de réaliser le branchement chez les Messaoudi, la famille « riche » du village. Les frères apportent un téléviseur chinois flambant neuf soigneusement emballé dans une couverture de laine. Il a été acheté au souk de la vallée, empaqueté et ficelé sur une mule entre un sac de farine, une parabole, un décodeur et quelques pains de sucre.
L'essai a lieu sur le toit de la maison. C'est le premier téléviseur du village, les habitants retiennent leur souffle. Soudain, le poste se met à déverser un flot d'images et de sons. Instantanément, c'est la stupéfaction. La foule reste figée, hypnotisée. Le poste est ensuite descendu dans la maison. Les villageois, vieillards, femmes, enfants, ne décollent pas le regard de l'écran trois jours durant. L'un des frères Messaoudi finit par enfermer le téléviseur à clé dans une pièce pour que chacun se remette au travail et prépare la cuisine.

Clic-clac, clic-clac

Nous sommes de nouveau chez Lahcen. Une ampoule brille dans le séjour. Une partie de la famille est réunie autour du feu qui semble presque inutile tant il est baigné de lumière. Il y a un silence de recueillement. Tout le monde regarde l'effet du nouvel éclairage sur les murs, sur le plafond noirci par la suie, sur les visages éblouis. Tout ce que la bougie adoucissait, arrondissait ou calfeutrait est maintenant mis en relief, découpé ou haché. Dans le couloir, trois enfants jouent avec l'unique interrupteur : clic-clac, clic-clac. Finalement, Lahcen n'a pas pu résister à la pression de sa femme et de ses enfants qui le suppliaient d'installer la fée Électricité. Il a vendu sa vache qui lui donnait le lait, il a bradé sa mule qui le véhiculait jusqu'au souk, et s'est débrouillé avec l'électricien pour payer la suite à crédit.

Plus tard, je suis revenu projeter le film à Ifri, Lahcen m'a invité à boire le thé. La maison était plongée dans le noir, il ne pouvait plus recharger sa carte. Le courant était coupé. Mais il devait toujours se rendre une fois par mois à la ville. Pour payer l'abonnement.

Au nombre des dix criminels les plus recherchés ✦ Dans la liste des cinquante personnalités les plus puissantes au monde ✦ Dawood Ibrahim est né à Bombay ✦ Dans le vieux district musulman de Nagpada ✦ Son père, policier, a sept garçons et cinq filles ✦ En pantalon noir et chemise blanche, Dawood établit son règne sur Bombay ✦ N'hésitant pas à éliminer ses concurrents ✦ Roi des trafiquants ✦ Il fréquente les acteurs célèbres et les joueurs de cricket ✦ Paie la police et les politiciens ✦ Et met en place la « D. Company » ✦ Longtemps intouchable, il doit pourtant fuir à Dubaï ✦ Où il entre en

LE PARRAIN DE BOMBAY
ENQUÊTE SUR DAWOOD IBRAHIM

relation avec les services pakistanais ✦ Mis en cause dans les terribles attentats de Bombay en 1993 ✦ Il est accueilli par le frère ennemi de l'Inde ✦ « Dawood a fait du bon travail », dit le président pakistanais ✦ Mais les autorités nient sa présence ✦ Un secret de polichinelle ✦ Par Célia Mercier

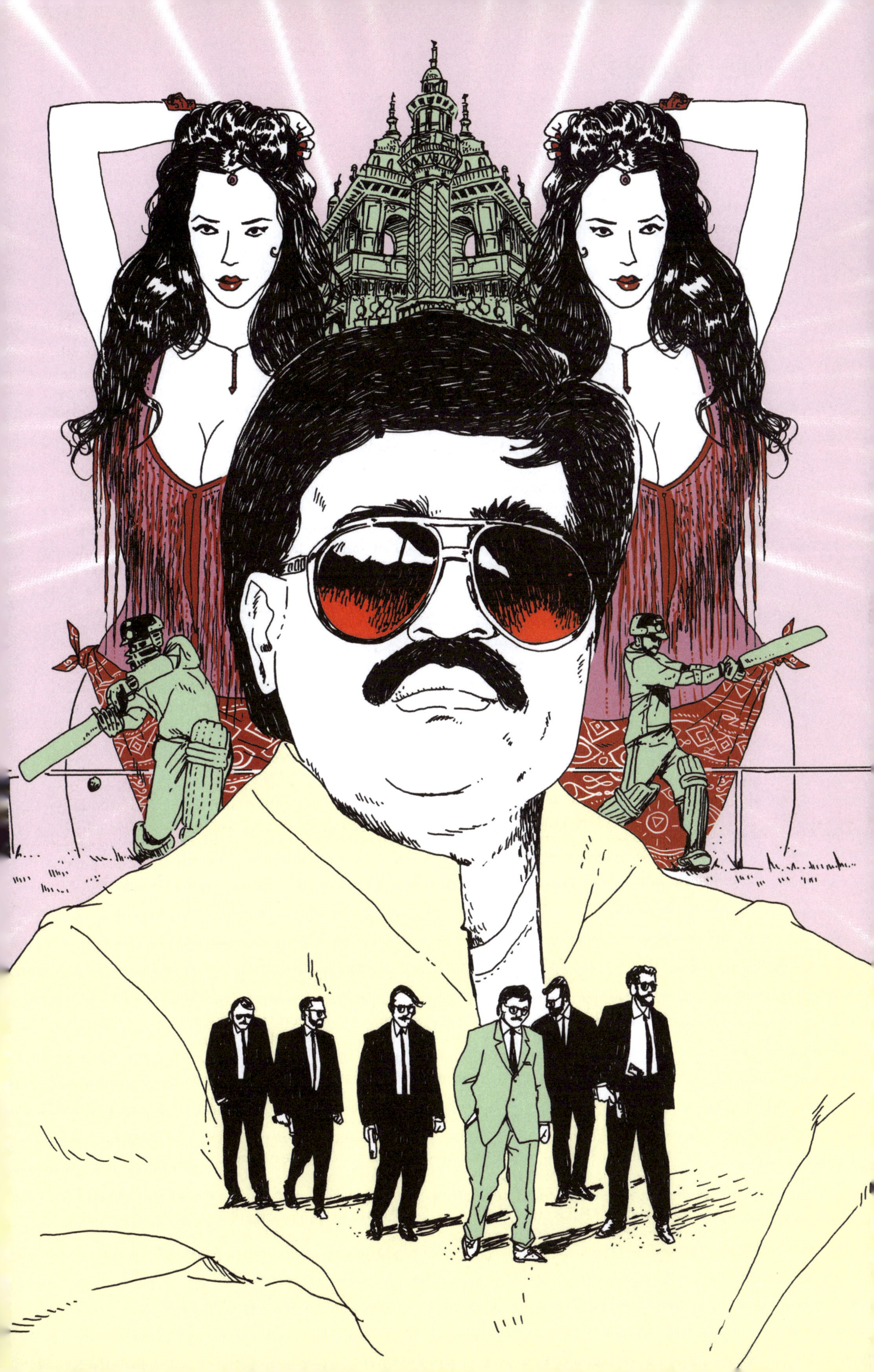

DAWOOD IBRAHIM

Une tombe sur sa terre natale, voilà le rêve que caresse Dawood Ibrahim Kaskar, 56 ans. L'information a été rapportée par la presse indienne : fin 2011, le parrain a demandé à ses hommes de lui trouver un lieu de dernier repos à Bombay ou à Khed, à deux cents kilomètres, la ville où il est né. Dawood ne risque pourtant pas de revenir chez lui, même les pieds devant. « *Nous ne voulons pas que son corps souille notre sol* », lance un chef de la police de Bombay.

L'homme le plus recherché d'Inde a quitté son pays depuis vingt-six ans. Insaisissable et mystérieux, il est en fuite, précédé par son nom qui fait toujours trembler. Son personnage invisible est familier à tout le sous-continent. Lunettes noires, grosse moustache et cigare à la main : les accessoires classiques du parrain. Les cinéastes indiens se sont emparés de sa légende vivante. On le retrouve à l'écran dans les films de gangsters de Bollywood.

Son empire, surnommé la « *D. Company* » par les médias – « D » pour Dawood –, laisse libre cours à tous les fantasmes. Trafic d'armes, de drogue, contrefaçon, fausse monnaie, paris clandestins de cricket – les « *bookies* » –, racket dans le milieu de Bollywood, piratage de films, transferts de fonds illicites, commerce de l'or..., il brasserait des millions de dollars et aurait blanchi son pactole en investissant massivement dans l'immobilier et les affaires à Dubaï, en Inde et au Pakistan.

Il aurait aussi des intérêts dans de nombreux pays d'Asie, en Afrique et en Europe. En 2008, le magazine américain *Forbes* le classe parmi les dix criminels les plus recherchés, l'année suivante dans les cinquante personnalités les plus puissantes au monde.

Mais si l'Inde le recherche, c'est parce que le Roi de la pègre a basculé dans le terrorisme. Accusé d'avoir fait saigner sa propre ville, il est tenu pour le maître d'œuvre des terribles attentats de Bombay en 1993 : treize bombes, 257 morts, une page noire dans l'histoire indienne. L'attaque, censée venger les musulmans, victimes d'émeutes entre communautés, vaut au parrain d'être fiché par Interpol. Alors installé à Dubaï, il réapparaît... à Karachi où il est « *reçu les bras ouverts par notre ennemi, qui le protège et le choie* », grince un journaliste indien.

Le Pakistan nie avoir donné refuge au proscrit indien, le nie toujours. Interrogé en 2011 par une chaîne locale de télévision sur la présence de Dawood au Pakistan, l'ancien président Moucharraf répond : « *Je ne sais pas, je ne sais pas... Je ne pourrais pas vous confirmer cela.* »

Avant d'ajouter, naïvement, au sujet des attentats de 1993 : « *Beaucoup de gens au Pakistan pensent que Dawood a fait du bon travail... Il est donc tenu en haute estime.* »

Entre l'Inde et le Pakistan, la rivalité date des premières heures, celles des indépendances. Depuis la sanglante partition de 1947, les deux pays sont frères ennemis. Après trois guerres, une bataille sourde, non déclarée, les oppose toujours. D'un côté, un pays continent, berceau de civilisations et fort d'une population de 1,2 milliard d'Indiens. De l'autre, une jeune République islamique de 177 millions d'habitants accrochée à son identité religieuse. Entre les deux nations, plus de soixante années de relations complexes et ambiguës, où le secret se mêle au calcul, où le sournois le dispute à l'intention cachée, où les masques sont nombreux.

Dawood, parrain indien hébergé par le Pakistan, est le dernier avatar de cette bataille secrète. Sa vie trouble, difficile à reconstituer, plonge au cœur du nœud qui oppose les deux pays. La question de son extradition est aujourd'hui un enjeu politique, un jeu de dupes aussi. Dans ce dossier, un seul point est acquis : il n'y a pas, au sens strict, de « Dawood Ibrahim » au Pakistan, le parrain possède une vingtaine de passeports et donc autant d'identités.

SON ENFANCE INDIENNE

Retour aux sources. Bombay, capitale économique du pays, ville chic et choc, Bollywood et les bidonvilles. Atterrissage au ras d'une mer de tôles ondulées. La mégalopole est une fourmilière sans sommeil qui étire son béton vers le ciel pour tenter de contenir ses vingt millions d'habitants. Saturée jusqu'à la suffocation de gratte-ciel, d'édifices art déco et victoriens, de cahutes rouillées, elle se superpose d'autoroutes aériennes bondées aux heures de pointe.

Au sud, le vieux district musulman de Nagpada tranche avec le reste de la ville. Là, les femmes se voilent et les hommes portent la tunique traditionnelle. Les ruelles du bazar, étroites, bondées et bordées de minuscules échoppes, abritent tous les petits métiers : un vieillard dépiaute un squelette d'ordinateur pour en récupérer le cuivre, un adolescent propose son thé brûlant, une mendiante lave en pleine rue un enfant dans un baquet. Des hordes de motos y disputent le chemin aux passants.

La légende de Dawood a commencé à s'écrire à Nagpada. Un commerçant fait la visite : « *Voici l'école où il a étudié, la Ahmed Sailor School* », indique-t-il devant une façade rouge fraîchement repeinte.

« *Et là, c'est l'immeuble où vit sa sœur, Hassina. Elle est veuve, son mari a été tué dans une guerre de gang.* » Un des frères de Dawood, Iqbal, est retourné vivre à Bombay en 2003: « *Son garde du corps a été tué devant chez lui l'an dernier par un gang. Du coup, il ne sort plus trop de sa maison* », confie un voisin.

C'est dans ce quartier traditionnel que sont nés les gangs de Bombay, ville portuaire et haut lieu de commerce. Journaliste à la chaîne de télévision Headlines, Deepak Sharma raconte volontiers l'histoire: « *Dans les années 1970, Dubaï et ses pétrodollars attiraient de nombreux Indiens musulmans de Bombay en quête de travail. L'émirat était une plaque tournante du commerce de l'or et des nouveaux gadgets électroniques à la mode, des marchandises lourdement taxées par notre économie protectionniste... Pour les trafiquants de Bombay, ce fut une aubaine.* »

Des réseaux sont peu à peu mis en place. L'or, essentiel en Inde pour les mariages, et les gadgets électroniques arrivent à la nuit sur la côte par barques entières pour être aussitôt revendus sans taxes sur le marché noir. De plus en plus de barques, de plus en plus de marchandises. L'ascension des contrebandiers est fulgurante. « *Il faut imaginer l'ambiance dans le quartier. Les "Don" paradaient, chaîne en or autour du cou, en fumant des cigarettes 555 importées... Les jeunes de Nagpada voulaient tous devenir comme eux.* »

La rue Pakmodia est petite, banale et sans particularité. La famille Kaskar y vivait dans un terne immeuble gris. Dans les années 1970, le père du futur parrain, Ibrahim Kaskar, est policier attaché à la Crime Branch, les services en charge des crimes. Il a douze enfants: sept garçons, cinq filles. Honnête, très religieux, le patriarche n'a pas toujours de quoi nourrir sa famille. Difficile, la vie se complique quand il est licencié. Dawood a 10 ans, il doit arrêter l'école.

L'intouchable de Bombay

Là commence son histoire, là débute la saga de Dawood. L'enfant se fait pickpocket, et devient vite un petit caïd, qui terrorise le quartier avec ses frères. Il rentre dans le « *business* », en apprend les règles à la dure, « *l'école de la rue* ». Quelques années plus tard, il crée son propre gang. À la mort de son grand frère, Sabir, assassiné en 1981 par une bande rivale, il n'a aucune hésitation: « *Il décide de le venger et de faire tuer ses assassins; cela a été un tournant.* » Un pas est franchi: le petit bandit s'est fait tueur. Vif d'esprit, brave, sans scrupule, Dawood monte en puissance. Il n'a pas peur, ne recule devant rien.

> À la mort de son grand frère, Sabir, assassiné en 1981 par une bande rivale, Dawood n'a aucune hésitation: « Il décide de le venger et de faire tuer ses assassins; cela a été un tournant. » Un pas est franchi: le petit bandit s'est fait tueur.

Il élimine ses concurrents dans des fusillades sanglantes, devient le Prince de Bombay.

Au cœur du bazar, dans l'antre d'une discrète boutique, un homme qui fut proche de la famille Kaskar accepte de parler, non sans réticences: « *Ne mettez pas mon nom, ne mettez rien qui puisse m'identifier, personne ne veut d'ennuis ici. Dawood n'est plus là, mais ses hommes sont là.* » Le commerçant s'allume une cigarette: « *Dawood régnait en maître dans les années 1980. Il avait un "bureau", une sorte de commissariat non officiel, et les gens faisaient appel à lui pour régler des comptes ou recouvrer une dette. Ses hommes kidnappaient le débiteur et n'hésitaient pas à torturer.* »

« *Les jeunes l'admiraient* », se souvient un autre habitant du quartier, qui veut lui aussi rester anonyme. « *Dawood s'habillait sobrement en pantalon noir et chemise blanche. Il fumait des cigarettes importées et roulait en Mercedes Benz. Dans ces années-là, on tirait souvent dans les rues, et le quartier, à 100 % musulman, était surnommé "Mini-Pakistan". Les policiers hindous n'osaient pas y rentrer.* »

Devenu maître de la contrebande, de l'extorsion et des paris clandestins de cricket, le parrain se lance dans le cinéma... Bollywood est déjà une industrie importante, mais les producteurs trouvent porte close dans les banques et n'ont aucune aide de l'État. À la recherche d'argent, ils se tournent vers la mafia pour financer leurs films. « *C'est ainsi que Dawood est devenu glamour. Il fréquentait les acteurs célèbres et les joueurs de cricket, il payait la police, et surtout les politiciens. Il est devenu intouchable* », explique un journaliste.

« *Dawood n'est pas un criminel pathologique, il est d'abord businessman. Il ne tue pas sans raison: il élimine ses rivaux, les informateurs de la police... En fait, le crime a été son chemin vers les affaires* »,

OCTOBRE/NOVEMBRE/DÉCEMBRE 2012 - XXI

assure Deepak Sharma. Le journaliste indien souligne le côté *« Robin des Bois »* du personnage : *« Il aidait financièrement sa communauté et aimait les romances. »* Pour certains dans la communauté musulmane et à Bollywood, *« il reste "notre frère Dawood" »*, souligne un habitant.

À L'ABRI DANS SA « MAISON BLANCHE » DE DUBAÏ

Avec le développement économique de l'Inde, l'immobilier explose. Les friches industrielles de Bombay et les terrains occupés par les bidonvilles sont convoités par les promoteurs qui ont besoin des gangs pour déloger les indésirables. Dawood est au rendez-vous. *« Il était devenu une terreur, il avait des tueurs à gages et extorquait des parts dans la construction »*, se souvient un habitant de son quartier natal. Son pouvoir devient une menace pour les autorités. En 1986, un mandat de recherche est émis : la police l'accuse de nombreux assassinats. Il s'enfuit précipitamment, avec une partie de ses hommes, à Dubaï. *« Il n'est jamais revenu. »*

Sur les bords du golfe d'Oman, dans la capitale des Émirats arabes unis, sa luxueuse villa est surnommée la « Maison blanche ». Bien à l'abri dans son palace, le parrain gère à distance ses affaires indiennes tout en développant, sur place, son empire. Dubaï est un caravansérail où se croisent intérêts, affaires, argent et influences. Dawood noue des relations et commence à entretenir des liaisons dangereuses. *« Il s'est mis de mèche avec les services pakistanais et a commencé à fabriquer de la fausse monnaie indienne au Pakistan. Il l'écoulait lui-même à travers son réseau de Bombay »*, murmure un habitant de Nagpada, dans un petit restaurant. Pendant six ans, il savoure en toute quiétude sa vie de parrain exilé : whisky importé, starlettes et business.

1992 est une année noire en Inde : les extrémistes hindous montés en puissance font sombrer l'Inde laïque dans les violences communautaires. Figure de proue du parti hindou d'extrême droite, le BJP, le politique L.K. Advani lance à travers le pays une campagne visant à détruire l'ancienne mosquée de Babur, fondateur de la dynastie moghole et conquérant de l'Inde au XVIe siècle. L'édifice aurait été bâti sur l'emplacement d'un temple marquant le lieu de naissance du dieu hindou Rama.

Le 6 décembre, plusieurs dizaines de milliers de pèlerins hindous, encadrés par des mouvements nationalistes, rasent la mosquée. Le gouvernement local ferme les yeux. Des troubles intercommunautaires éclatent, s'étendent dans le pays. La vague de violence déferle sur Bombay, où elle est attisée par les nationalistes et les gangs. La police tire sans sommation, les quartiers musulmans sont particulièrement meurtris. L'Inde compte deux mille morts.

Trois mois plus tard, le 12 mars 1993, Bombay replonge dans le chaos. Ce jour-là, treize bombes explosent dans la mégalopole indienne. Les cibles sont économiques et politiques : la Bourse, le siège d'Air India, un centre commercial, des hôtels de luxe, le siège d'un parti hindou… En quelques heures, la ville entièrement désorganisée cède à la panique, la terreur est totale, le bilan lourd : 257 morts, plus de 700 blessés.

LA VENGEANCE DU PARRAIN

Le commissaire adjoint Rakesh Maria est désigné pour mener l'enquête. Flic star de Bombay, cet homme élégant au crin poivre et sel, qui dirige aujourd'hui la brigade antiterroriste, feuillette un vieux registre jauni de l'époque : *« Après les attentats, nous avons arrêté un contrebandier de la côte, qui avait réceptionné les explosifs. L'homme nous a raconté avoir d'abord été envoyé à Dubaï, dans la maison de Dawood. Là, on lui a dit : "Il faut faire quelque chose pour les souffrances des musulmans. On envoie du matériel, il doit arriver à bon port". »*

D'après les témoignages recueillis, une trentaine de jeunes Indiens musulmans, recrutés comme poseurs de bombe, ont également été reçus chez Dawood. *« Avant d'être envoyés au Pakistan, sans visas et escortés par du personnel de sécurité, pour être entraînés au maniement des armes. »*

La rumeur voudrait que le parrain ait reçu un étrange paquet dans son palace, peu après les émeutes de Bombay. À l'intérieur, des bracelets de femmes, tous brisés. Et un message rédigé par l'expéditrice, une musulmane de Bombay : *« Ceci pour un frère qui n'a pas défendu sa sœur. »* C'est ce colis qui l'aurait fait basculer dans le terrorisme.

Vraie ou fausse, l'anecdote est révélatrice d'un fait : la communauté musulmane indienne est sous-représentée politiquement. *« Il n'y avait pas de vrai leadership »*, se souvient Kiran, une jeune journaliste de Bombay, qui n'a pas oublié le *black-out* sur les massacres. La place était vacante. *« Dawood l'a prise à ce moment-là »*, dit-elle.

Une vengeance spectaculaire donc, pour devenir le chef de file d'une communauté ? Ce serait trop simple. En coulisse, d'autres desseins se profilent. Pour plusieurs observateurs, le parrain est devenu un pion dans le jeu des services pakistanais.

De son asile de Dubaï, Dawood contrôle la route maritime de la contrebande, indispensable à l'acheminement des explosifs. Les Pakistanais auraient fait pression au nom de l'islam et de la défense de sa communauté : *« Ils n'avaient pas encore de réseaux sur place, ils l'ont convaincu de mener l'attaque,* accuse Rakesh Maria, le flic star de Bombay. *Le Pakistan ne peut pas gagner une guerre conventionnelle, alors ce pays utilise le terrorisme, pas cher et efficace. L'idée est de nous saigner régulièrement, de diviser les communautés indiennes. »*

PLUS DE RETOUR POSSIBLE

Dans les dédales du quartier de Nagpada, les attentats sont aujourd'hui diversement appréciés. *« On n'a pas le droit de tuer des innocents »*, proclame un habitant. *« Ces attaques ont porté un grave préjudice à notre communauté, ce n'était pas la solution »*, lance un autre. Un dernier murmure : *« C'est vrai que d'un seul coup, les hindous avaient peur de nous et nous respectaient. Nous avons montré notre force, mais cela nous a stigmatisés. »* À Bombay, l'étoile du parrain pâlit. Sa « revanche » lui vaut de perdre son aura. Un de ses anciens voisins maugrée : *« Il n'a pas fait cela pour la religion, cet homme ne suit que son intérêt. »*

« À partir de ce moment, poursuit le journaliste Deepak Sharma, *il n'y a plus de retour possible pour lui en Inde, à jamais. »* Dawood réalise la situation et contacte un avocat. Pour se sortir du piège, il envisage de se rendre et d'être jugé, sous conditions. La reddition négociée est refusée.

> Le 12 mars 1993, treize bombes explosent à Bombay. La ville entièrement désorganisée cède à la panique, la terreur est totale, le bilan lourd : 257 morts, plus de 700 blessés.

DAWOOD IBRAHIM

Et l'Inde se lance dans un forcing diplomatique avec les Émirats arabes unis pour obtenir la signature d'un traité d'extradition. Pour Dawood, le vent tourne, très fort, très vite. Il disparaît pour réapparaître ouvertement, mais non officiellement, à Karachi, le grand port du Pakistan, le frère ennemi.

Pour le policier Rakesh Maria, c'est la fin de partie : *« Nous avons lancé un avis de recherche Interpol, mais à quoi bon ? Le Pakistan lui a donné une nouvelle identité, qui lui permet de se déplacer sans être inquiété. »* Au quartier général de la police de Bombay, un officier expérimenté souligne, malicieux : *« Disons que le Pakistan est le meilleur endroit pour se planquer. Ce n'est pas une vraie démocratie, il n'y a aucun contrôle, tout peut arriver. Dawood habite là-bas, c'est un secret de polichinelle, mais il vit dans une cage dorée, sous le contrôle absolu des services. »*

Sept ans après les attentats de Bombay, l'incendiaire des émeutes de la mosquée de Babur, le chef du parti hindou d'extrême droite, L.K. Advani, devenu ministre indien de l'Intérieur, rencontre en juin 2001 le président pakistanais pendant un sommet. Il lui demande, en gage de bonne volonté, l'extradition du parrain. Le président Moucharraf répond que Dawood n'est pas au Pakistan.

« Le grand secret de l'État pakistanais »

Cette même année, un journaliste pakistanais de Karachi, Ghulam Hasnain, publie un article retentissant dans lequel il relate, avec force détails, l'ascension pakistanaise de Dawood *« devenu, sous la protection des services secrets, le "Don de Karachi" »*. Foncier, drogue, or, cricket : le scénario de la réussite indienne se répète chez le frère ennemi. À plus grande échelle. Le parrain, note le journaliste, aurait consenti un prêt considérable à la banque centrale pour l'aider à se redresser. Peu après la sortie de l'article, l'auteur de l'enquête est enlevé par les services secrets pakistanais, et passé à la question. Libéré, il s'exile aux États-Unis.

En route pour Karachi. La cité portuaire, torturée par un soleil moite, cuit à gros bouillons. Capitale économique d'un pays en débâcle, la ville danse au bord du gouffre, survolée par des nuées de corbeaux. Devant un centre d'appel d'urgence, une ambulance part à toute allure ramasser un mort tombé sous les balles de *target killers*, les commandos auteurs d'assassinats ciblés. Entre rivalités politiques, guerre des gangs et affrontements confessionnels, une dizaine de morts par jour.

> « Cet homme un peu grassouillet avait de bonnes manières, il était cultivé. Il s'est vanté d'avoir la main sur trente-sept députés qu'il payait à Bombay : *"Un seul mot de moi et je mets la ville en pièces."* »

Extorsion, trafic de drogue, d'armes, occupation illégale de terrains : tout, ici, s'entremêle, s'imbrique et fermente pour exploser soudain sous la chaleur.

C'est dans cette cité de poudre que Dawood aurait élu domicile, non loin de Bombay, autre port baigné par la même mer à une heure d'avion. Comme à Bombay aussi, il y a plusieurs Karachi. Le pont de Clifton coupe symboliquement la ville en deux. Le franchir, c'est quitter la poussière des quartiers populaires pour entrer dans le monde de la bourgeoisie pakistanaise : ruelles tapissées de verdure et maisons blanches ceinturées de hauts murs, qui protègent et gardent à l'abri bien des secrets. Ici, à nouveau, prononcer le nom du parrain coupe court à toute conversation. Les bouches se ferment, les yeux se détournent : *« Ne travaillez pas là-dessus. »* Quelques confidences se glissent pourtant dans ces lieux protégés de toute indiscrétion.

« Ce n'est pas de Dawood que nous avons peur, dit un habitant, *mais du grand secret de l'État pakistanais qu'aucun responsable ne veut admettre publiquement. Méfiez-vous quand vous parlez de Dawood, vous ne savez jamais à qui vous avez affaire. »* Un autre homme, qui exige aussi l'anonymat, est plus explicite : *« Dawood a rendu de grands services à notre pays, il est utile. Le Pakistan le protège, comme il protège des chefs talibans recherchés par les Occidentaux. Dawood est un atout stratégique. Il est devenu djihadiste par opportunité, pour satisfaire l'État pakistanais. Nos services, qui poursuivent une idéologie anti-Inde, travaillent avec des "franchisés", des extrémistes et des criminels. Leur but premier est de protéger l'armée et de maintenir sa domination sur le pays. »*

« Il aimait beaucoup la poésie ourdou »

Dans une ruelle mangée d'arbres fleuris se trouve la maison d'un ancien haut serviteur de l'État. Il reçoit dans son salon, propose un thé et des gâteaux. Charmant, attentif, l'homme qui tient à rester anonyme raconte avoir régulièrement croisé le parrain. « À la fin des années 1980, nous nous retrouvions souvent entre copains dans une garçonnière pour boire un verre. Un soir, un inconnu m'a ouvert. Nous nous sommes serré la main et avons bu un coup, mais très vite nous étions à sec. L'homme a passé un coup de fil et, peu après, un sac rempli de bouteilles de whisky est arrivé. Dans notre pays, l'alcool est officiellement interdit… L'homme n'a pas voulu que je paie. C'était Dawood. »

La seconde rencontre a lieu quelques années plus tard quand un ami appelle le responsable pakistanais pour l'inviter au septième étage de l'hôtel Sheraton, un étage à l'accès réservé et toujours fermé au public. « Quand l'ascenseur s'est ouvert, je suis tombé sur Dawood, en tunique blanche, qui accueillait ses invités. La fête était organisée pour l'anniversaire d'une jeune actrice de Bollywood, de nombreux acteurs indiens en vogue étaient là. Tous étaient en transit pour Dubaï, où Dawood recevait officiellement le lendemain. Ils n'avaient, en théorie, pas le droit de quitter l'aéroport… L'alcool coulait à flots, le banquet était somptueux, l'élite de Karachi était présente. Dawood m'a proposé de l'accompagner à Dubaï : "Donne-moi ton passeport, je m'en occupe et tu viens avec nous. On prend un vol à l'aube." Je devais être à mon poste le lendemain, j'ai décliné. "Si tu as besoin de quoi que ce soit, n'importe quand, je suis là", m'a-t-il dit. »

La troisième rencontre date de 1992. Cette année-là, un « homme d'affaires » pakistanais, dans le commerce de l'or, marie une de ses sœurs. « J'étais invité à la cérémonie sur une île, au large de Karachi. Un petit bateau nous y a emmenés, le mariage était grandiose. Il y avait des Indiens et des Pakistanais, certains étaient venus avec leurs yachts. Toute la nuit, il y a eu des "mujras", des spectacles de danse traditionnelle. Le whisky coulait à flots, un serveur distribuait des liasses de billets de mille roupies dont on arrosait les danseuses. Dawood s'est assis à côté de moi et nous avons discuté. C'était difficile d'imaginer que cet homme un peu grassouillet, avec des mains douces et une voix posée, gérait un empire clandestin. Il avait de bonnes manières, il était cultivé pour un homme sans éducation, et aimait beaucoup la poésie ourdou. Il s'est aussi vanté d'avoir la main sur trente-sept députés qu'il payait à Bombay : "Un seul mot de moi et je mets la ville en pièces." »

Cette rencontre est la dernière entre les deux hommes. Mais le serviteur de l'État pakistanais suit de loin le parrain. « L'année suivante, il était à Dubaï lorsqu'il y a eu des massacres de musulmans par les hindous. Il a voulu les venger. Après les attentats, il est devenu un héros pour les musulmans de Bombay. Il a fait profil bas à Dubaï, puis il est venu vivre au Pakistan. Il avait acheté une rue près d'ici, elle était entièrement barricadée. Il adorait les voitures et en possédait beaucoup. Il était très protégé, son réseau en Inde permet de recueillir des informations. »

Une lueur maligne dans les yeux, le responsable conclut son récit : « Je n'ai plus de contacts avec lui, je ne sais pas où il vit maintenant. » Il ne peut s'empêcher d'ajouter : « Si Dawood est à Dubaï, il est forcément protégé : c'est un État policier. S'il est au Pakistan, on ne le donnera certainement pas. Il a beaucoup investi dans l'immobilier à Karachi, il est très riche, il a le feu vert. »

Sous le feu des accusations

En 2003, deux ans après le 11-Septembre, l'Inde finit par convaincre les États-Unis de placer Dawood sur la liste des « terroristes mondiaux ». La notice de recherche indique : « Dawood Ibrahim, un seigneur du crime, a fait cause commune avec Al-Qaeda. Il partage ses routes de contrebande avec le réseau terroriste et finance des attentats commis par des extrémistes islamistes dans le but de déstabiliser le gouvernement indien. » Les Américains tentent de faire geler ses comptes bancaires, aucune action n'est entreprise pour l'extrader.

L'accusation laisse plusieurs observateurs sceptiques. « On se monte le bourrichon sur Dawood, assure Ranjit, un journaliste de Bombay. On parle d'un empire de milliards d'euros, d'un jet privé… C'est disproportionné. Et je ne suis pas convaincu par le lien avec Al-Qaeda. Pourquoi cette organisation aurait-elle besoin de lui ? Il n'a pas d'agenda anti-américain. »

Quoi qu'il en soit, le « Don » n'est pas inquiété : « Il a continué son business et mis ses affaires au nom de ses proches. » En 2005, il marie sa fille Mehruk, étudiante à Londres, avec Junaid, élève d'Oxford et fils d'une vedette pakistanaise, l'ancien capitaine de l'équipe nationale de cricket. La réception, organisée au somptueux hôtel Grand Hyatt de Dubaï, est médiatique et très surveillée, agents américains et indiens sont présents. Dawood a eu vent d'un complot : deux gangsters indiens auraient été chargés de l'éliminer. Il est absent de la fête.

Les journaux indiens racontent les festivités d'une encre trempée au vitriol. Les journaux pakistanais louent le luxe étalé par le « Don ». Les autorités de Dubaï, prises en étau, exigent de Dawood qu'il ne s'affiche plus.

DAWOOD IBRAHIM

Le parrain est passé entre les gouttes aux Émirats. L'offensive reprend, mais à Bombay, sur ses terres, dans son fief. La police indienne lance un grand nettoyage en organisant – c'est le vocabulaire utilisé – des *« rencontres inopinées »* avec les malfrats de la ville. *« Il fallait sauver Bombay, ce n'était plus vivable. »* Les gangs sont décimés, les règlements de comptes nombreux… Lieutenants et petits soldats de la D. Company sont assassinés à tout va. *« Mais ses hommes sont comme les feuilles d'un arbre, elles tombent puis renaissent »*, soupire Ahmed, un ancien voisin de Dawood, dans le quartier de Nagpada.

Vu de Karachi, l'assaut lancé à Bombay contre l'homme du Pakistan est de peu d'importance : *« Ses business ici et à Dubaï sont suffisants pour lui permettre de tenir. L'immobilier vaut de l'or à Karachi et il a investi massivement dedans »*, explique un expert pakistanais. Le parrain est aussi à la tête de l'industrie clandestine de piratage de DVD, qui rapporte des millions. Il en utiliserait les revenus pour financer un groupe djihadiste actif au Cachemire et en Afghanistan, et proche de l'armée pakistanaise.

Dans la foulée de la mort d'Oussama ben Laden, tué en mai 2011 au cours d'une mission spectaculaire de l'armée américaine au Pakistan, la presse indienne s'interroge sur le cas Dawood : *« Ne serait-il pas temps pour le gouvernement indien de lancer une mission "élimination de Dawood Ibrahim" ? »*, écrit Nairita Das, une journaliste de *Oneindia News*. Réplique du ministre indien de l'Intérieur : *« L'Inde ne mène pas d'opérations au Pakistan. C'est pour cela qu'il est si difficile d'éliminer Dawood Ibrahim. Nous devons accepter la réalité. »*

LA PROTECTION DES MILITAIRES

À l'automne 2011, la chaîne indienne Headlines commande un reportage sur Dawood à un reporter pakistanais, Amir Hamza. Attablé à une terrasse d'Islamabad, la capitale pakistanaise, le jeune homme explique qu'il n'a aucun problème à travailler pour les médias indiens : *« Où est le mal ? » « J'ai grandi à Karachi et je connaissais quatre adresses de Dawood. J'ai pris des précautions et je me suis rendu à une des adresses, dans le quartier de Clifton. Je suis allé voir le gardien d'un bâtiment à côté. Je lui ai dit que j'avais un problème de propriété à régler, qu'il fallait que je rencontre Dawood, était-ce bien cette maison ? L'homme a acquiescé. »*

Le reporter fait défiler l'enregistrement sur un moniteur. Au volant d'une voiture, il filme une grande maison blanche protégée par un lourd portail : *« Là, c'est la maison des Bhutto. »* La bande tourne : *« Maintenant la sécurité se renforce encore. »* Il apparaît à l'image : *« Je suis devant la maison de Dawood Ibrahim, protégée par des hommes en armes. Le quartier appartient à d'anciens militaires. Personne ne peut acheter un terrain ici sans leur consentement. Il est difficile de comprendre pourquoi le Pakistan proclame que Dawood Ibrahim n'habite pas ici ! »*

Le sujet est en boîte, mais Amir veut une nouvelle prise. *« C'est là que des motards en civil m'ont arrêté. Ils m'ont dit qu'ils étaient de la Special Branch de la police et m'ont demandé pourquoi je filmais cette maison. Puis, j'ai été interrogé dans les bureaux des services de renseignement de la police. Ils étaient obsédés par une question : pourquoi je filmais cette maison ? »*

Le sujet est diffusé en Inde. Amir surveille les réactions au Pakistan : *« Il n'y a eu aucun démenti, silence radio. »* Le jeune homme soupire : *« Cela prouve l'ampleur de son influence. Dawood est un mafieux qui a des liens avec les tueurs mais, pour le gouvernement, c'est un businessman. Le pays ne va pas s'en débarrasser comme ça, il y a de grands enjeux. »*

Cette même année 2011, le parrain s'efforce de renforcer sa légitimité en Occident. En février, sa fille Mahreen épouse Ayub, un businessman pakistano-américain. En septembre, le mariage de son fils Moin avec Saniya Shaikh, la fille d'un

> *« L'époque des gangsters de Bollywood est finie. Le crime mafieux mue vers le crime en col blanc : les gros contrats publics, l'obtention de licences, les commissions… La D. Company mise aujourd'hui massivement sur l'immobilier, un eldorado sordide. »*

homme d'affaires installé en Angleterre, est célébré à Karachi

« LE PAKISTAN NE LE LAISSERA JAMAIS PARTIR »

Au QG de la police de Bombay, un policier avale son thé pensivement : *« Dawood n'est qu'un pion parmi d'autres dans la main d'un pays obsédé par l'Inde. Ce qui arrive au Pakistan est triste : regardez où ils en sont et où nous en sommes ! Ils étaient indiens comme nous avant, ils ne sont pas contre l'Inde. Plus éduqués, ils iraient loin, mais leurs dirigeants, l'armée et les agences jouent avec l'avenir du pays. »*

En Inde, l'incendiaire des émeutes de la mosquée de Babur, L.K. Advani n'est plus ministre de l'Intérieur, mais il poursuit sa quête. Rencontrant en juillet 2012 le secrétaire des Affaires étrangères pakistanais, il évoque à nouveau l'extradition de Dawood. Pour Rakesh Maria, le chef de la brigade antiterroriste de Bombay, la messe est dite : *« Nous avons donné les adresses de Dawood au Pakistan, ses numéros de passeports, de nombreux détails…, mais le Pakistan continue de nier. Je crois qu'il ne le laissera jamais partir, Dawood en sait trop. »*

La D. Company est toujours active à Bombay. L'entreprise a simplement changé de visage. *« L'époque des gangsters de Bollywood est finie. Le crime mafieux mue vers le crime en col blanc : les gros contrats publics, l'obtention de licences, les commissions… La D. Company mise aujourd'hui massivement sur l'immobilier, un eldorado sordide sur lequel la presse évite d'enquêter »*, explique un journaliste indien. Le chef de la brigade antiterroriste tempère : *« L'autorité de Dawood est, ici, remise en cause par une nouvelle génération de criminels. Son pouvoir diminue. »*

Les propriétés du parrain dans le quartier de Nagpada ont été saisies par le gouvernement et mises aux enchères. Personne n'a osé s'en porter acquéreur. Sa famille et ses contacts sont surveillés. Il reste insaisissable. On le dit en bout de course. Affaibli par des crises cardiaques à répétition, il aurait fait plusieurs pèlerinages à La Mecque.

Le vieux bazar, où le parrain a grandi dans la maison familiale, doit être rasé l'an prochain, pour être remplacé par des gratte-ciel. L'ombre de Dawood Ibrahim planera sur le chantier, un des plus ambitieux projets immobiliers indiens.

DAWOOD IBRAHIM ◆ **POUR ALLER PLUS LOIN**

Bombay, ville fourmilière

Bhendi Bazar, 2010. DR

Avec ses villes satellites, Bombay forme une agglomération de vingt millions d'habitants, soit l'une des dix plus importantes au monde. L'activité industrielle de la capitale commerciale de l'Inde représente le quart de la production industrielle du pays, 40 % de son commerce maritime et 70 % de ses transactions financières. Bombay est aussi la capitale du cinéma indien avec les studios de Bollywood.

L'ambitieux projet du Bhendi Bazar illustre le dynamisme de la ville. Mis en place à l'initiative des habitants du quartier, la communauté des musulmans Bohras, il vise à la réhabilitation de ce district encombré aux immeubles délabrés. De l'ordre de 300 millions d'euros, ce gigantesque projet vise à la construction d'une vingtaine d'immeubles, de sept à quarante étages, qui hébergeront 25 000 habitants, déplacés dans des logements temporaires pendant les cinq ans du chantier.

Cette rénovation, qui bouleversera le sud de Bombay, a deux particularités remarquables. Le projet se veut écologiquement exemplaire avec espaces verts, panneaux solaires, recyclage de l'eau de pluie et minimisation des besoins d'air conditionné. Il sera également financé par la revente de 20 % des nouvelles constructions, destinées à devenir des centres commerciaux, des bureaux et des parkings.

Des vagues d'attentats

Bombay est régulièrement la cible d'attentats. Après la terrible vague de 1993, imputée à Dawood Ibrahim, quatre autres attaques ont frappé la ville. À trois reprises, l'Inde a accusé un groupe islamiste pakistanais, le Lashkar-e-Taiba. Né en Afghanistan dans les années 1980 lors de la guerre contre les Soviétiques, ce groupe s'est ensuite implanté dans le Cachemire. Il est officiellement interdit au Pakistan depuis 2002, bien qu'il dispose d'un quartier général dans la ville de Lahore.

Août 2003
Deux bombes explosent, l'une dans un quartier touristique du sud de Bombay, l'autre dans celui des joailliers au centre de la ville. Bilan : 54 morts, 244 blessés. Trois accusés sont condamnés à la peine de mort par pendaison en 2009. Le procès établit qu'ils voulaient se venger des atrocités commises contre des musulmans dans le Gujarat en 2002. Le procureur affirme que les trois condamnés sont membres du groupe islamiste pakistanais Lashkar-e-Taiba.

Juillet 2006
Sept puissantes bombes explosent dans des trains de banlieue à Bombay. Bilan : 200 morts, 800 blessés. L'Inde accuse un Pakistanais, Azam Cheema, d'être le cerveau de cette vague d'attentats. Membre du Lashkar-e-Taiba, Azam Cheema serait chargé des *« opérations en Inde »*.

Novembre 2008
Pendant trois jours, à compter du 26 novembre, un commando de dix islamistes lourdement armés sème le chaos dans la capitale économique de l'Inde. La gare, des hôtels de luxe, un restaurant, le siège de la police et le centre juif Loubavitch sont attaqués au cours de ce *« 11-Septembre indien »*. Bilan : 166 morts (dont 26 étrangers et 9 membres du commando), 312 blessés. Arrêté par l'Inde et condamné en 2010 à la peine capitale, le terroriste survivant, un Pakistanais de 21 ans, dit appartenir au Lashkar-e-Taiba et avoir été envoyé par la mer à Bombay avec ses camarades depuis Karachi. Après de longues tergiversations, le Pakistan finit par admettre que les attentats de Bombay ont été planifiés sur son sol. Islamabad procède à plusieurs arrestations, mais refuse d'extrader les accusés vers New Delhi. En juin 2012, un Indien membre du Lashkar-e-Taiba, soupçonné d'avoir été le mentor du commando, est déporté d'Arabie saoudite et arrêté à l'aéroport de New Delhi.

Juillet 2011
Une série de trois bombes explose à une heure d'affluence sur un marché de l'or, dans un quartier de courtiers en diamants au sud de Bombay, et dans une zone résidentielle au nord. Bilan : 26 morts, 130 blessés. Selon les enquêteurs, il pourrait s'agir d'une opération des moudjahidine indiens, une cellule islamiste qui se proclame *« en guerre ouverte contre l'Inde »* et a déjà revendiqué plusieurs attentats dans le pays.

Les partenaires du parrain de Bombay

Son frère, Anees Ibrahim. Il est tenu pour le « cerveau » du gang.

Son bras droit, Chota Shakeel. Il dirige de nombreuses activités de la D. Company.

Son lieutenant, Tiger Memon. Il a joué un rôle essentiel dans les attentats de 1993, après avoir perdu ses biens, brûlés lors des émeutes de Bombay. Selon un ancien militaire de Karachi, sa famille aurait été exfiltrée après les attentats *« dans un complexe d'appartements loués par les services pakistanais et protégés par les commandos de la marine »*.

L'ennemi, Chota Rajan. Des rivalités au sein du gang amènent cet ancien lieutenant de Dawood à fuir Dubaï, où il craint pour sa vie. Il se tourne vers les services indiens, qui le protégeront en échange d'informations sur la D. Company. Dawood envoie ses hommes l'éliminer en 2000, à Bangkok. Échappant de peu aux tueurs, Chota Rajan fait assassiner en représailles plusieurs membres de la D. Company.

Dubaï la mirifique

Plus importante ville et principal port des Émirats arabes unis, une fédération de sept émirats créée en 1971, Dubaï est une cité carrefour de plus de deux millions d'habitants. Dans ce caravansérail, qui entend incarner la modernité et le luxe du siècle au travers de mirifiques constructions (Burj Dubaï, une tour de 200 étages ; Dubaï Mall, le plus grand centre commercial du monde...), se croisent hommes d'affaires et riches touristes venus du monde entier. Les lois libérales des Émirats arabes unis ont facilité le développement de Dubaï. 400 000 travailleurs venus du Pakistan, premier pays à reconnaître officiellement la fédération, vivent à Dubaï. Une nombreuse communauté indienne est également présente.

À LIRE, À VOIR...

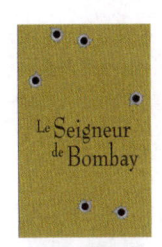

LE SEIGNEUR DE BOMBAY
de Vikram Chandra
(Éd. Robert Laffont, 2008).

Professeur de littérature à Berkeley, cet écrivain indien, l'un des plus talentueux, peint une fresque de Bombay à travers les péripéties d'un parrain et d'un flic de quartier. Le roman, très documenté, a obtenu le Hutch Crossword Book Award en 2006.

BOMBAY MAXIMUM CITY
de Suketu Mehta
(Éd. Buchet Chastel, 2006).

L'auteur retrouve la ville de son enfance, après vingt ans d'absence. Une incroyable biographie urbaine sur fond de crime organisé, de haines communautaires et de coulisses de Bollywood. Une foisonnante galerie de portraits des bas-fonds d'une mégalopole détonante.

INDIAN GANGSTER TRILOGY
de Ram Gopal Varma (1998-2005).

Ram Gopal Varma s'est inspiré du monde de la mafia de Bombay pour cette trilogie. Sorti en 1998, le premier, *Satya*, conte l'histoire d'un immigrant venu chercher fortune à Bombay, puis aspiré par le monde de la pègre. Réalisé avec un petit budget, ce film connaît un grand succès public et remporte six récompenses. Suivent alors *Company* (2002) et *D* (2005), dernier volet de la trilogie qui s'inspire notamment de la D. Company.

BLACK FRIDAY
d'Anurag Kashyap (2007).

Ce film choc, réalisé par une figure de la nouvelle vague du cinéma indien, retrace l'histoire des attentats de Bombay de 1993. Il met notamment en scène l'enquête de Rakesh Maria et le rôle du parrain Dawood Ibrahim.

« JE TRAVAILLE COMME UN PAYSAN, JE LABOURE TOUJOURS LA MÊME TERRE »

RITHY PANH

Cinéaste, il porte l'histoire de son pays, le Cambodge. De son passé, il a fait le moteur de sa résistance.
Propos recueillis par Anne-Laure Porée

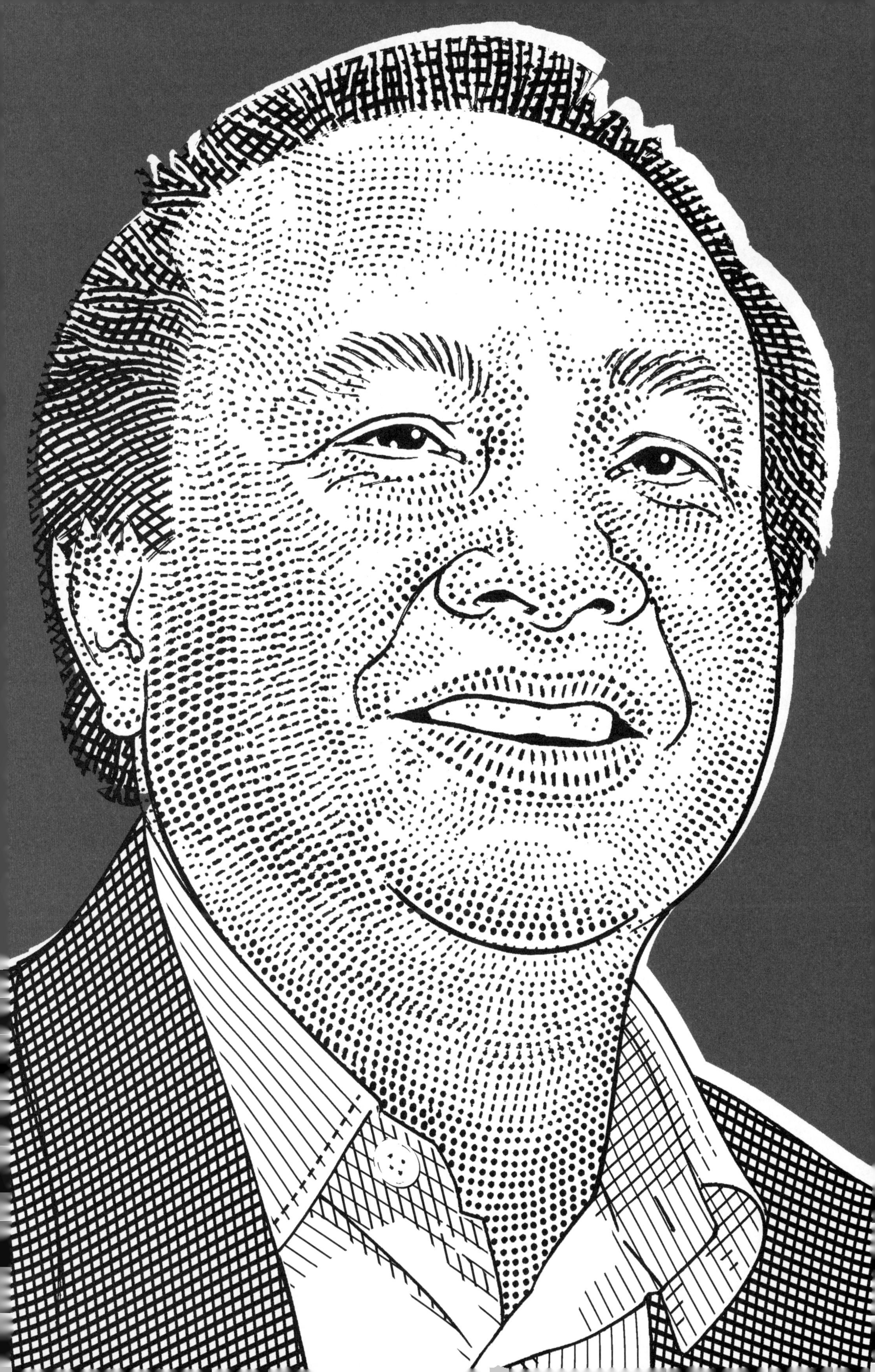

Marché à Phnom Penh, août 2012. AFP/TANG CHHIN SOTHY

Depuis plus de vingt ans, le réalisateur Rithy Panh arpente la mémoire du génocide commis au Cambodge par le régime khmer rouge entre 1975 et 1979. Documentariste exigeant, enquêteur hors pair, Rithy Panh est un travailleur acharné doublé d'un hyperactif insomniaque. Chez lui, la pensée est en mouvement, les questionnements incessants, les réponses toujours à affiner.

Né à Phnom Penh, fils d'un instituteur progressiste devenu l'inamovible directeur de cabinet du ministère de l'Éducation et d'une paysanne ayant appris à lire en même temps que ses enfants, le réalisateur a 13 ans lorsque les Khmers rouges prennent le pouvoir. Son enfance est abolie en l'espace d'une journée. La déflagration, d'une violence et d'une rapidité inouïes, est irréversible. Rithy Panh perd ses parents, des frères et sœurs, des neveux et des amis, emportés par la faim et la maladie. Il côtoie la mort, croit s'effondrer, survit. Presque quatre années. Quatre années qui forgent son parcours d'homme, de réfugié, de cinéaste.

Il vit aujourd'hui entre la France et le Cambodge. À Phnom Penh, sa maison est son bureau. Dans une pièce sans fenêtre ronronnent un ventilateur, une climatisation et deux unités de montage de film. Un sommier en bois traditionnel, sur lequel sont empilés livres et archives, fait office de lit ; une serviette de bain sert de couverture. Des films d'action et de guerre traînent sur un bureau, leur bruit et leur fureur font au réalisateur de *S 21, la machine de mort khmère rouge* l'effet d'un somnifère, d'un *« nettoyage de cerveau »*, dit-il…

C'est dans ce décor spartiate baigné d'une odeur de cigare que Rithy Panh prépare ses tournages et construit ses prochains scénarios. C'est là aussi, à quelques pas de la direction du cinéma du Cambodge, qu'il réfléchit. Il voudrait attirer des tournages étrangers au Cambodge, former des techniciens et des réalisateurs cambodgiens, implanter une industrie du cinéma. Il cherche à associer les nouvelles technologies à des projets pédagogiques, il veut créer des ponts entre Nord et Sud. Les idées fusent, la pompe à énergie est en marche. Rien d'étonnant à cela. Rithy Panh est entré en résistance à l'âge de 13 ans. Depuis, il n'a jamais cessé le combat.

XXI : Quelles images gardez-vous de votre enfance avant les Khmers rouges ?

Rithy Panh : Nous ne vivions pas dans l'opulence. Pour mes parents, l'argent ne gouvernait pas les relations sociales. Nous ne jetions rien. On récupérait, on donnait, on aidait les autres. Nous avons toujours bien reçu à la maison et j'aime me souvenir des fêtes où l'on préparait le curry trois jours à l'avance, des odeurs d'épices et de fleurs. On lavait la maison, le Bouddha, l'autel… On changeait des billets neufs à la banque et ils sentaient bon. Tout ça créait de l'excitation pour le gamin que j'étais.

Je me souviens aussi des voyages dans notre lointain village natal, d'où nous rapportions des pommes cannelle par centaines, des citrons, des mangues. Quand la télé en noir et blanc est arrivée à la maison, je me rappelle avoir vu *Belphégor ou le fantôme du Louvre*, une série en quatre épisodes de Claude Barma. Nous étions trente devant le poste et ma grande sœur traduisait, en direct, du français au khmer.

Ma chance est d'avoir vécu une enfance en temps de paix. La douceur de ma jeunesse a été précieuse pour la reconstruction après le génocide. Les images conservées m'ont indiqué la bonne direction.

À quel avenir rêviez-vous ?

Je voulais devenir astronaute. Tout le monde avait regardé Armstrong marcher sur la lune.

> « Ma chance est d'avoir vécu une enfance en temps de paix. La douceur de ma jeunesse a été précieuse pour la reconstruction après le génocide. »

Sur la lune, 16 juillet 1969. AFP/NASA

J'étais fasciné. Je rêvais du cockpit d'Apollo, j'avais le t-shirt et le cahier « homme sur la lune »... Puis la guerre est arrivée, très vite. Je suivais les conversations des grands, je dessinais des avions, des tanks... J'avais l'imagination enflammée. Je rêvais d'être un commando suicide, je trouvais marrant de faire sauter un pont, je me voyais plein de bravoure en train de franchir les lignes ennemies. On bascule vite hors des choses pacifiées.

Le cinéma a-t-il eu une place dans votre enfance ?

Un voisin, ancien policier, s'est mis au cinéma avant la guerre. Il produisait, écrivait et faisait la mise en scène, sa femme s'occupait des costumes et du montage. Je récupérais les chutes de pellicule et je fabriquais de petites boîtes avec une lampe de poche pour regarder les images. J'ai passé des journées entières dans leur studio à les regarder construire des palais tout en paraffine peinte. Quand ils avaient le dos tourné, le cameraman me laissait regarder dans l'œilleton. C'était drôle de les voir diriger : ils tournaient en muet et doublaient les voix ensuite. J'adorais passer du temps avec eux, ils étaient de vrais artisans. Pour moi les trucages relevaient de la magie, du rêve.

Pourquoi n'avoir jamais parlé de ces voisins cinéastes ?

Parce que ce n'est pas la raison pour laquelle j'ai choisi le cinéma plus tard. La tragédie que j'ai vécue sous les Khmers rouges a été le déclencheur.

Le 17 avril 1975, les Khmers rouges prennent le pouvoir. Vous avez 13 ans, que vous arrive-t-il ?

Tout le monde est chassé de Phnom Penh, déporté, déplacé d'un endroit à un autre. C'était le déracinement total, la perte de tous les repères. Imaginez un pays sans communications extérieures, sans téléphone, sans écoles, sans monnaie, sans pagodes, sans hôpitaux, sans tribunaux... Les familles sont dispersées, le lien social rompu. Tout le monde est embrigadé, forcé de travailler jour et nuit dans les rizières, les digues, les barrages. La nourriture est insuffisante. Beaucoup de gens meurent de faim, de manque de soins ou sont exécutés arbitrairement.

Vous écrivez : « Il fallait survivre. C'était notre premier devoir. Notre premier combat. » De quel combat s'agissait-il ?

Plus que la liberté de l'individu, l'enjeu était la dignité, condition de notre survie. Quand je me trouvais noyé de poux et de punaises, j'enlevais à la nuit tombée mes vêtements pour les écraser un par un. On ne peut accepter que ces insectes nous dévorent, on est avili si on ne lutte pas. La survie était de cet ordre : ne pas laisser détruire les petits bouts d'humanité qui restaient en nous.

La survie, c'était aussi apprendre à chercher des racines comestibles, à attraper des poissons, à se sécher près du feu en pleine mousson... La plupart de ceux qui ont été brisés l'ont d'abord été par la faim. La famine est le supplice le plus terrible qu'on puisse infliger à l'être humain. Elle est radicale, elle enlève tout en l'espace de quelques semaines, jusqu'à la dignité. La faim était infligée, délibérée. Nous produisions, mais nous n'avions pas le droit de manger, de cultiver, de cueillir dans la nature... Pourquoi ? Le communisme des Khmers rouges était teinté de darwinisme. Les faibles devaient être éliminés pour que reste l'élite de la révolution.

Pour vous, la résistance s'apprend et se transmet. Comment ?

Par les autres, par leur comportement, par les risques qu'ils prennent pour préserver leur dignité.

« Je voulais devenir astronaute. Tout le monde avait regardé Armstrong marcher sur la lune. J'étais fasciné. Je rêvais du cockpit d'Apollo... Puis la guerre est arrivée, très vite. »

OCTOBRE/NOVEMBRE/DÉCEMBRE 2012 – XXI

L'arrivée des Khmers rouges à Phnom Penh, 17 avril 1975. AFP

Quand mon père se met un jour à parler français avec un ami en sachant que les miliciens khmers rouges les entendent, ils savent tous deux risquer la mort mais leur acte est délibéré. Sur le coup, je me suis demandé pourquoi mon père parlait français. Je me suis aussi demandé pourquoi il refusait une nourriture qu'il jugeait indigne d'un homme, jusqu'à en mourir. Jour après jour, ces actes de résistance sont devenus des repères. J'ai compris plus tard ce qu'il m'avait transmis.

Quand ma mère m'ordonne de marcher alors que mon pied est infecté, elle ne me dit pas seulement de guérir, mais aussi d'être debout. Quand Pheng, un gamin de 14 ans qui ne savait rien de la Chine, déclare aux Khmers rouges qui s'accordent un menu privilégié qu'au pays de Mao Zedong les communistes mangent tous la même chose, il est droit et fier.

La résistance devrait s'apprendre. Pourquoi enseigne-t-on la morale et la religion, mais pas la résistance ? Ce devrait être le rôle de l'école, du cinéma… C'est en tout cas la clé de mon engagement. Comment se battre pour être libre ? Comment résister quand on touche à votre intégrité ? Ces deux questions sont au cœur de ma démarche.

Avez-vous jamais eu la tentation de collaborer avec le système khmer rouge ?

Non. Il était possible de refuser, il y avait des manières d'éviter la collaboration. Il ne fallait pas faire de zèle, rester discret, ne pas être celui qui se montrait, qui criait le plus fort, qui dénonçait. Il ne fallait pas aller à la digue comme au banquet.

Avec sa mort, votre père qui refusait de se nourrir fait le choix de l'humanité ?

Oui, ce choix s'opère dans la vie comme dans la mort. Mon père a refusé de fuir, il a défendu jusqu'au bout ses valeurs : démocratie, liberté, connaissance, combat sans ambiguïté contre la barbarie. Il a choisi avec courage, et il est loin d'avoir été un cas isolé. On nous parle du mal qui est en l'homme, on nous dit que l'homme pris en étau entre la terreur et l'obéissance peut se faire bourreau. Mais on oublie que le propre de l'humain est justement sa capacité à faire un choix, y compris au prix de sa vie.

Cette liberté du choix m'a été enseignée par ma famille, mes parents, autant que par les gamins de mon unité de travail. Nous mettions la soupe en commun et je n'ai jamais oublié que j'étais physiquement le plus faible. Unis, nous étions plus forts face à la machine khmère rouge. Ce que le régime voulait briser, nous l'avons reconstruit discrètement, instinctivement. Quand nous devions creuser trois mètres cubes de terre chacun – les Khmers rouges mesuraient ! –, c'était impossible pour les plus diminués physiquement. Nous mettions donc nos lots en commun pour répartir les efforts. Nous n'avions que 13 ou 14 ans.

Combien de temps vous a-t-il fallu avant de comprendre le choix de votre père ?

Mon père et moi nous sommes quittés sur une sorte d'incompréhension. Ma mère s'était sacrifiée pour le nourrir, le maintenir propre. Elle voulait qu'il vive et marchait trois heures pour chercher un bidon d'eau. Sur le moment, je trouvais qu'il ne tenait pas compte d'elle. Il m'a fallu des années pour comprendre le choix de mon père.

Après les camps de réfugiés en Thaïlande, vous arrivez en France. C'est le temps du silence. Pourquoi ? Ce silence était-il contraint ?

Il n'était pas contraint. Le silence est une tentative de reconstruction, ni meilleure ni moins bonne qu'une autre. C'est une façon d'essayer de se

« Mon père a refusé de fuir, il a défendu jusqu'au bout ses valeurs : liberté, connaissance, combat contre la barbarie. Il a choisi avec courage, et il est loin d'avoir été un cas isolé. »

Des Cambodgiens fuyant Phnom Penh, 17 avril 1975. AFP

convaincre que la partie inhumaine d'une vie est loin, qu'il ne faut pas y replonger. En réalité, on n'y arrive pas. Je me taisais, je peignais et ma colère était là, toujours, le dégoût de la vie aussi, et les questions : comment a-t-on pu laisser faire ça ? Quels hommes sont capables de rendre possible une telle ignominie ? Il m'a fallu des années pour dépasser ce cap.

Peu après mon arrivée en France, j'avais écrit au dos d'une photo de moi prise au camp de réfugiés en Thaïlande : *« La vie est morte, vive la vie. »* Je crois que l'anéantissement était total, mais j'ai décidé de reconquérir ma vie morceau par morceau, même s'il y avait des choses détruites à jamais. J'ai pu survivre parce que d'autres avaient tout fait pour m'aider. Je me suis accroché à la vie en gardant un étrange sentiment des quatre années khmères rouges. Quand je marchais et que je tombais, c'était comme si mon âme sortait du corps pour observer ce que j'étais, et elle trouvait ça inacceptable.

Les Khmers rouges ont marqué votre rapport à la violence ?

Jeune, j'avais compris que j'étais capable de choisir la violence. Après les Khmers rouges, je me suis efforcé de dompter cette violence qui n'avait rien de naturel, qui n'était que réaction à la violence subie. Pour y parvenir, les possibilités sont limitées : on s'engage en politique ou on se range du côté de la réflexion.

Les politiciens ont un sens du compromis que je n'ai pas, ils peuvent accepter de supprimer le mot « génocide » des accords de paix. J'ai donc pris l'autre chemin, celui où les mots prennent la place des coups de poing. Et je n'ai pas été déçu. Ce qui caractérise les hommes, c'est la façon extraordinaire dont leur connaissance, leur culture, leur éducation, leur intelligence, leur expérience, lorsqu'elles sont transmises à l'autre, contrent la violence.

Vous avez été nettoyeur de piscine municipale, apprenti menuisier, régisseur, livreur… Comment survient le cinéma dans votre histoire ?

Le chemin normal d'un réfugié de 20 ans sans bac est l'apprentissage. J'aimais la menuiserie, ce métier de taiseux me convenait bien. S'il n'avait tenu qu'à moi, je serais sans doute un bon ouvrier aujourd'hui, mais mes enseignants m'ont encouragé à tout reprendre à zéro. Au fond, je crois que je ne voulais pas suivre le chemin balisé des réfugiés. J'ai repris en classe de quatrième et, par hasard, on m'a prêté une caméra Super 8 et trois bobines. J'ai alors filmé de courtes histoires comiques ou mes profs dans un *remake* de *La Boum*, je faisais rire les copains et j'ai pris conscience qu'un film pouvait faire réagir une foule.

Ça a été le déclic. J'avais compris que la caméra était l'instrument qu'il me fallait ; grâce à elle, je pouvais parler d'une histoire sur laquelle je n'arrivais pas à mettre des mots… En classe de seconde, je savais que je voulais devenir réalisateur. J'ai réussi le concours de l'Idhec (Institut des hautes études cinématographiques) après le bac. J'y ai passé trois ans.

Vous tournez votre premier documentaire, *Site 2*, en 1989, dans un camp de réfugiés : pourquoi rompre le silence sur le passé khmer rouge ?

Je fais partie de ceux pour qui se taire, c'est mourir un peu. Je ne pense pas qu'on réhabilite les morts devant un tribunal, on les réhabilite en écrivant leur histoire, en la préservant. Je voulais que chaque personne retrouve sa dignité, sa vie, sa place. Il me paraissait impossible de vivre sans savoir dire qui étaient mon père, ma mère, mes neveux. Jean Ferrat avait raison quand il chantait dans « Nuit et Brouillard » que le sang ne sèche pas dans l'histoire.

« Je fais partie de ceux pour qui se taire, c'est mourir un peu. Je ne pense pas qu'on réhabilite les morts devant un tribunal, on les réhabilite en écrivant leur histoire, en la préservant. »

Photogramme du film « Le papier ne peut pas envelopper la braise ». DR

La rupture du silence était là, présente depuis un moment, mais invisible. Le besoin de dire est devenu inversement proportionnel à la déprime et à l'angoisse qui me submergeaient. Il fallait un film, un livre, quelque chose. L'important était de créer un point de vue et le documentaire était la forme qui s'adaptait le mieux à ce que j'avais décidé de raconter. *Site 2* pose toutes les bases de mon travail ultérieur : le choix d'un regard de l'intérieur, l'absence de commentaire, un film bâti sur la rencontre décisive avec un personnage. Avec *Site 2*, j'ai découvert Yim Om. Nous nous sommes regardés, on aurait dit qu'elle m'attendait.

Dans vos documentaires, vous choisissez de ne pas apparaître à l'image. Pourquoi ?

Déterminer la bonne distance pour cadrer et écouter me demande beaucoup d'efforts. Je ne peux pas être à la fois au cadre et dans l'image, je n'ai pas cette capacité et ça n'apporterait rien au film. Quand je relance, j'arrête la caméra. J'ai besoin de discuter les yeux dans les yeux, je n'y arrive pas derrière un œilleton. Et puis j'ai toujours voulu que le spectateur regarde par lui-même, sans intermédiaire.

Que construisez-vous après avoir brisé le silence ?

On ne reconstruit rien, on fait semblant car tout est perdu. Même si on arrive à recoller les morceaux, il reste des cicatrices, des fêlures, des parties manquantes. Les Cambodgiens sont comme des pièces de musée, alors on construit pour les autres.

Pourquoi ancrer votre travail à des destins individuels ?

L'histoire efface les individus, et ce qui m'intéresse, ce sont les personnes dans leur humanité, les morts comme les vivants. Je fais tout pour rendre visible la moindre parcelle de vie. Les Khmers rouges ont voulu effacer les identités, je veux les rétablir. Il faut un nom sur un visage, il faut raconter la dignité des femmes, des hommes, leurs conditions, leur sensibilité, leurs amours, leurs peurs, leur courage, leurs combats. S'attacher à l'histoire d'une personne, c'est lutter contre l'effacement, c'est aussi le meilleur moyen de faire comprendre la déshumanisation. Le « plus jamais ça » ne tient que si on considère les morts comme des êtres, et non comme un chiffre. C'est là que leur histoire devient universelle.

Quand on écrit l'histoire collective sans tenir compte de l'histoire à hauteur d'homme, j'ai l'impression que c'est flou, que c'est attaquable. L'histoire individuelle est précieuse pour comprendre la grande histoire, elle change la perception du génocide. C'est le sens de mon travail quand je suis les destins de Bophana, de Taing Seav Leng, de Vann Nath depuis vingt ans.

Mon territoire est limité. Je travaille comme un paysan, je laboure la même terre. Un paysan connaît sa terre, il sait à quel moment il doit agir. Il en réveille chaque sillon, en sort des histoires. Pour le champ de la mémoire, c'est la même chose, un passage ne suffit pas. À Battambang, le geste d'un Bouddha de la pagode m'a marqué : sa main est tournée vers le sol pour prendre la terre à témoin. Je fais pareil.

Pourriez-vous arrêter de décortiquer la machine khmère rouge ?

Je me bats pour trouver des réponses, même si elles ne sont pas définitives. Plus on a la confirmation du crime, mieux on le comprend et mieux on s'en sort. Je n'ai pas envie de m'enfermer dans cette histoire, mais je ne peux reculer même si j'en ressens la nécessité.

« L'histoire individuelle change la perception du génocide. C'est le sens de mon travail quand je suis les destins de Bophana, Taing Seav Leng et Vann Nath depuis vingt ans. »

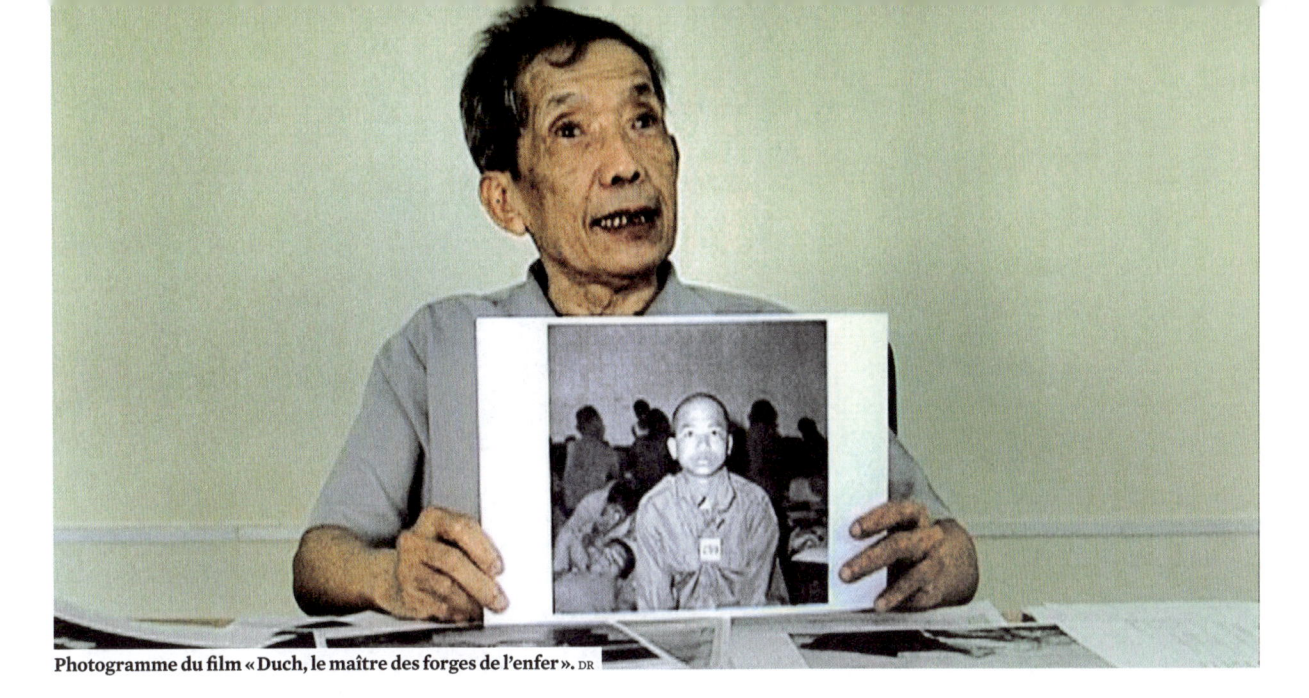

Photogramme du film « Duch, le maître des forges de l'enfer ». DR

La difficulté du travail sur la mémoire est qu'il oblige à s'exposer intimement, personnellement. Dans le même moment, on n'en a pas envie, on préférerait garder l'intimité de son histoire. Il faut naviguer entre les deux. Trop en faire relève de l'obsession, ne rien faire, c'est subir les cauchemars. Le processus de recherche me maintient hors de l'eau, m'évite d'être submergé par ces années terribles, mais le but ultime est que d'autres s'approprient le film. La paix intérieure est parfois une conséquence, jamais un objectif.

Comprendre, c'est retrouver la dignité ?

Oui, c'est la démarche inverse des Khmers rouges. Quand on ne connaît pas cette période de l'histoire, on a l'impression que les Cambodgiens ont perdu toute dignité, qu'ils étaient des bouddhistes idiots n'ayant que le mot « karma » à la bouche. Est-ce leur « destin » qui les conduisait à la mort ? On dit aussi que la soumission au chef était culturelle, déjà inscrite dans la société. Mais c'est affaire d'organisation politique, pas de culture ! Si l'Allemagne est devenue nazie, était-ce culturel ? Moi, je ne connais pas de culture qui anéantisse.

Votre obstination vient-elle aussi d'une volonté de démontrer le génocide ?

J'ignore comment on démontre un génocide et je laisse aux juristes le soin de qualifier les crimes, même si, au fond de moi, ça s'appelle un génocide. Les Khmers rouges ont atteint mon identité, ils m'ont étiqueté « peuple nouveau »... Je veux mettre en lumière le processus de déshumanisation, les méthodes, l'endoctrinement. Je propose un regard, je ne suis pas dans la démonstration.

En quoi travailler sur les détails est-il particulièrement important ?

Dans les cas de crimes de masse et de génocide, le détail est essentiel, le détail dans la manière, le détail du détail. Une vue d'ensemble ne permet pas de saisir la mécanique. La mécanique, c'est le détail d'une chaîne de commandement. Rentrer dans ce détail permet de voir apparaître le processus de terreur qui paralyse toute révolte. Les confessions obtenues sous la torture par les Khmers rouges dessinent parfaitement le système.

J'ai travaillé sur la famine. J'ai eu besoin de savoir comment elle a été vécue, organisée, orchestrée par la division de la population en deux classes. J'ai voulu aller au bout du système, jusqu'à la gamelle. Je ne crois pas qu'il suffise de dire que vingt personnes se nourrissaient d'une boîte de riz par jour. J'ai donc pris une boîte, je l'ai divisée et j'ai filmé la quantité de riz reçue par chacun. Je n'ai pas oublié ce que j'ai vécu, mais si je ne le filme pas on me dira un jour que ça n'a pas existé. Le refus d'interroger les détails du mécanisme ou de l'histoire permet aux ordonnateurs de mentir sans être contredits...

Vous sentez-vous historien ?

Les historiens ne travaillent pas à la même échelle. Je lis bien sûr leurs travaux qui me donnent une géographie de la hiérarchie khmère rouge, les parcours des dirigeants, des éléments de comparaison avec d'autres régions, mais je vois ces travaux comme un plan de métro. Et moi, j'ai besoin de connaître les stations. C'est pour en apprendre les recoins, les sorties et les entrées, les quais que je plonge dans les archives. Un historien est méthodique, je travaille dans l'empirisme. J'enquête sur la mémoire vivante, celle qui aura disparu dans quelques années. Mon travail cinématographique complète celui des historiens et de la justice.

« Je ne crois pas qu'il suffise de dire que vingt personnes se nourrissaient d'une boîte de riz par jour. J'ai donc pris une boîte, je l'ai divisée et j'ai filmé la quantité de riz de chacun. »

Photographies d'identité de prisonniers du camp S 21. AFP/DC-CAM/SOCHEAT NHEAN

Se concentrer sur le centre d'extermination S 21 donne du sens à votre histoire et à celle de millions de Cambodgiens ?

J'ai toujours pensé que la description du système S 21 permettrait de comprendre ce qui s'est déroulé partout dans le pays. C'est la même logique. S 21 est le miroir du système implanté par un État qui nie l'individu. C'est un concentré de totalitarisme. Avec S 21, les dirigeants ne peuvent pas dire qu'ils ne savaient pas, ils étaient au cœur du système. Ils connaissaient le centre. Ils savaient qu'il n'y avait plus rien à manger en province, qu'il n'y avait plus de médecins ni de médicaments, que les pagodes étaient transformées en prison, en hôpital ou en centre d'exécution. Chez les hauts responsables khmers rouges, l'idéologie est presque moléculaire, elle nourrit leur être. C'est ça, la radicalité.

Vous articulez l'histoire collective à l'histoire individuelle. Chez vous, c'est un mode de pensée autant qu'une méthode d'analyse. Comment cela s'est-il construit ?

Je ne suis pas un scientifique, je pars du bon sens face à une difficulté. Lorsque nous avons été déportés de Phnom Penh, la plupart des gens prenaient des vêtements et de l'argent pour fuir. Ma mère a choisi, elle, d'emporter des draps. Elle s'était dit qu'on pouvait faire beaucoup de choses avec des draps : les échanger contre de la nourriture, fabriquer des vêtements... J'ai hérité de son pragmatisme. Et puis avoir faim et soif pendant des années ramène à des choses très concrètes qui évitent de faire entrer les faits dans un schéma de pensée. J'utilise mes souvenirs et l'histoire des autres. Plus la déflagration est violente, plus il faut revenir sur les détails.

Sur la base du balancement entre histoire personnelle et histoire collective, vous construisez ce que vous appelez une « résistance offensive ». Qu'entendez-vous par là ?

Dans l'esprit de beaucoup, la résistance, c'est faire face. Nous étions dans cette forme de résistance sous les Khmers rouges, mais nous devons maintenant passer en phase offensive. Ce qui veut dire assumer la douleur du deuil, admettre la déshumanisation subie et travailler à reconstituer chaque parcelle de notre histoire. Il nous faut réapprendre l'amour, le bonheur, le partage, c'est une lutte. Pour surmonter ce qui est arrivé, nous devons puiser dans le courage de ceux qui sont morts en croyant en la vie. Il faut suivre les traces et les messages forts laissés à notre intention dans les confessions de S 21. Un visage, un nom, une histoire. Faisons ça bien déjà.

Quels sont les enjeux d'une telle résistance aujourd'hui ?

Il y a deux problèmes majeurs. Beaucoup de faits restent à relater et à analyser, de nombreux témoignages sont à recouper. Les Khmers rouges ont tué 1,8 million de personnes. Les ignorants contestent le chiffre et disent qu'il s'agit d'une exagération. L'explication est longue, difficile, ardue. D'autant qu'il faut se battre aussi contre la parole des anciens dirigeants khmers rouges, qui s'intéressent à leur place dans l'histoire.

Condamné à perpétuité, Duch a publié sur le site du tribunal qui l'a jugé une soi-disant « *recherche* ». L'avocat de Khieu Samphan, ancien chef de l'État khmer rouge, demande de prouver le nombre de morts en comptant 1,8 million de crânes ! Ceux-là veulent éviter de mourir en passant pour responsables. Ils veulent partir en laissant croire qu'ils voulaient le bien du pays, que chacun dans ce 1,8 million de morts est une exception. Ce n'est pas tolérable.

« Il nous faut réapprendre l'amour, le bonheur, le partage, c'est une lutte. Nous devons puiser dans le courage de ceux qui sont morts en croyant en la vie. »

Un bâtiment du centre d'extermination S 21. AFP/NICOLAS ASFOURI

L'exception, cela signifie que rien n'a été organisé, voulu, planifié. Il n'y a eu ni faute morale ni faute politique. Il est insupportable de laisser le chemin à ces gens-là.

La colère vous anime ?

Jamais. Ce qui m'anime la journée, c'est le corps à corps avec le film. Le soir, je me mets à distance, je regarde ce qui a été tourné. Les informations arrivent, je les digère, je compartimente, je classe. La colère reste tapie. Je ne suis pas de nature calme, mais l'important est de maintenir son esprit en paix, pour être à l'écoute et rester lucide. Je me suis formé en m'inspirant d'auteurs qui ont une foi absolue dans l'humain : d'Albert Camus à René Char, de Jacques Prévert à Dostoïevski en passant par Varlam Chalamov, Charlotte Delbo, Primo Levi, Robert Antelme... Ils sont mes grilles de sécurité quand je me perds dans la tourmente. Ils me donnent de la force.

Ces valeurs de résistance, vous tentez de les transmettre ?

Essentiellement à travers le Centre de ressources audiovisuelles Bophana, nommé en hommage à la jeune femme qui incarne pour moi la résistance à S 21. Cette jeune intellectuelle a été broyée. Son mari, révolutionnaire, a été détenu à S 21 et elle a été arrêtée pour lui avoir écrit des lettres d'amour. Torturée, elle a confessé avoir trahi la révolution, mais elle n'a jamais renié sa fidélité et son amour pour son mari. Exécutée, Bophana incarne pour moi la résistance : on peut atteindre le corps, mais pas le cœur. Sur toutes les pages de ses aveux, elle s'obstinait à signer en lettres latines « *Sédadet* », ce qui veut dire « *Séda de Det* », en s'inspirant du personnage de la princesse Séda dans la version khmère du *Ramayana*.

Le centre à son nom a été imaginé par un groupe d'amis qui défendent l'importance de l'accès à la mémoire, indispensable à la reconstruction d'un pays. Des milliers d'archives audiovisuelles sur le Cambodge peuvent être consultées gratuitement. L'objectif est de rebâtir une histoire en continuité, au-delà des Khmers rouges. Il y a eu tentative d'effacement du patrimoine humain, mais on ne sort pas du néant.

Les Cambodgiens ont une histoire longue, ceux qui franchissent la porte du centre s'intéressent autant à leur héritage d'avant les Khmers rouges qu'au Kampuchéa démocratique. Ils redécouvrent par exemple le cinéma cambodgien des années 1960, un cinéma populaire, modeste, inventif, ça leur redonne une certaine fierté. En retissant les liens avec le passé par le biais des archives, le centre invite aussi les jeunes à des formations, les initie aux métiers de l'audiovisuel, à d'autres formes d'expression, à la création. Il offre des moyens de réflexion, une base d'expression et de développement de l'imaginaire. Les bons médecins et informaticiens ne suffisent pas... Il faut aussi maîtriser, comprendre et porter sa propre histoire.

La démocratie, l'État de droit, la liberté ne sont possibles qu'à cette condition. Quand un peuple est dépossédé de son expression, de sa culture, il regarde les clips coréens, les séries thaïlandaises, les films d'action d'Hollywood. Je vis ça comme une dictature. On ne peut résumer le développement à l'émergence d'une classe moyenne, au taux de croissance, aux usines, il doit aussi offrir un avenir.

Vous avez réalisé vos premiers documentaires alors qu'aucun processus judiciaire n'avait été enclenché. L'absence de justice a-t-elle été un moteur de votre travail ?

> « La démocratie, l'État de droit, la liberté ne sont possibles qu'à condition de maîtriser, comprendre et porter sa propre histoire. »

OCTOBRE/NOVEMBRE/DÉCEMBRE 2012 – XXI

Procès de Duch, février 2009. AFP/ADREES LATIF

Je ne raisonne pas en fonction de la justice, je m'inscris dans un effort de reconstruction. Bien sûr, comme tant d'autres Cambodgiens, j'ai trouvé anormal que les Khmers rouges occupent le siège du pays à l'ONU pendant des années après le génocide sans n'être jamais inquiétés. Mais je ne me suis jamais positionné comme procureur ou juge. Mes films ne condamnent personne, ils pointent les dysfonctionnements, l'immoralité de l'histoire, le cynisme. Un cinéaste n'est ni prêtre ni justicier.

Vous aviez filmé Duch avant son procès. Comment avez-vous réagi en l'entendant plaider sa cause au tribunal ?

Duch était le maillon manquant dans mon travail sur S 21. Je voulais savoir qui était cet homme, comment il était devenu le haut responsable de l'une des pires machines à tuer de notre siècle. Je voulais aussi croire que chaque homme, quand il atteint le fond de la cruauté, peut revenir vers l'humanité. En tournage, j'ai compris que les Khmers rouges ne diraient rien qui puisse renier leur engagement idéologique, et ce, malgré les morts. Mon film interroge la nature de l'homme, la complexité des idéologies, il pose plus de questions qu'il n'apporte de réponses.

Mon seul espoir est que le tribunal fasse un vrai travail de confrontation. Les victimes ont besoin de la parole des bourreaux. On a toujours besoin d'entendre l'autre partie pour que notre histoire ne fasse plus le moindre doute, qu'elle soit crédible aux yeux des autres. C'est terrible, mais c'est comme ça.

Depuis trois ans, vous dénoncez le traitement des Cambodgiens réduits au rôle de victimes en audience. Pourquoi ?

Les experts étrangers sont souvent appelés à témoigner sur les questions d'éthique, de politique, de morale. Les Cambodgiens ne sont, eux, pas questionnés au-delà de ce qu'ils ont subi. Vann Nath, témoin majeur de S 21 puisqu'il y fut prisonnier un an, n'a été entendu qu'une journée dans le procès contre Duch. N'avait-il rien d'autre à partager ? Pourquoi demande-t-on si rarement aux Cambodgiens leur avis sur des thèmes moraux ou politiques ?

Les anciens Khmers rouges se présentent souvent comme victimes. Votre posture, pas si fréquente, est de dire que tout le monde ne peut pas être bourreau. Les cartes ne sont-elles pas un peu brouillées ?

Pour moi, tous les Khmers rouges sont bourreaux dès lors qu'ils ont contribué à mater le « peuple nouveau », même sans tuer. Cela dit, il faut nuancer le tableau. Il est des Khmers rouges qui ont refusé d'affamer leurs villages et organisé la lutte contre la famine ; ce choix conscient, ils l'ont souvent payé de leur vie. Un Khmer rouge, enrôlé à 13 ans, a été envoyé comme garde à S 21 ; il pleurait tous les soirs et, trente ans plus tard, l'homme est complètement brisé, il a une tristesse infinie dans le regard.

Au-dessus de ces recrutés, il y avait le chef qui emmenait les gens à l'exécution la nuit, qui tuait pour l'exemple. Et encore au-dessus, il y a ceux qui n'ont peut-être jamais tué directement, mais restent des doctrinaires dangereux. Leur parole négationniste est toujours assassine.

Comment recevez-vous le discours sur la réconciliation ?

Personne ne peut décréter la réconciliation. Avec qui se réconcilier dans un crime de masse ? Avec les criminels génocidaires ? En revanche, si la réconciliation signifie laisser les anciens Khmers rouges vivre et réintégrer la société, les Cambodgiens l'ont faite. La société est plus sage, plus pragmatique et plus tolérante

« Mes films ne condamnent personne, ils pointent les dysfonctionnements, l'immoralité de l'histoire, le cynisme. Un cinéaste n'est ni prêtre ni justicier. »

Reconstitution de tortures, performance d'étudiants à Phnom Penh, mai 2012. AFP/TANG CHHIN SOTHY

qu'on ne le croit. Il arrive que victimes et bourreaux vivent en voisins, mais ce n'est pas généralisé. Et s'ils se parlent, cela ne signifie pas que la blessure est refermée.

Le pardon est-il une option ?

J'ai toujours dit que je ne pardonnerai jamais et, jusqu'ici, l'idée de pardonner aux Khmers rouges ne m'a jamais effleuré. Mais, depuis quelques mois, j'ai l'impression que je pourrais envisager le pardon. Il touche, à mon sens, une dimension plus spirituelle que la réconciliation. J'ai l'intuition que le pardon rend libre celui qui pardonne, qu'il pourrait permettre de trouver la paix intérieure. C'est un chemin personnel. Je comprends qu'il soit inenvisageable pour les victimes et leurs familles, et je ne suis d'ailleurs pas convaincu que j'y arriverai.

Les Cambodgiens évoquent souvent les fantômes, vous aussi ?

Pourquoi parler de fantômes et pas d'âmes ? Les fantômes peuvent hanter, mais l'âme, c'est quelqu'un avec qui parler. On peut ne pas y croire, mais j'ai l'impression que les âmes interviennent dans les recherches que je mène. À chaque obstacle rencontré, à chaque difficulté franchie, j'ai eu l'impression que les âmes soutenues par mon obstination me guidaient.

Quand Duch affirmait n'avoir jamais mis les pieds dans une salle de torture, j'étais acculé, je n'avais pas de preuve. Et les morts sont comme revenus pour m'aider. Parmi des centaines de milliers d'archives, j'ai trouvé la page qui prouvait le mensonge de Duch... Dès qu'un Khmer rouge mentait sur le tournage de S 21, de nombreux moineaux venaient et piaffaient. *« Même les moineaux protestent ! »*, disait alors l'équipe. Pour un cartésien, c'est une coïncidence. Pour un Cambodgien, c'est le témoignage des âmes des victimes.

Avez-vous peur de la mort ?

Tout le monde en a peur, mais mieux vaut admettre cette échéance inévitable. L'important ce sont les traces, les souvenirs. La vraie victoire réside dans le côté éclatant que chaque être laisse à l'autre, qui rend l'effacement impossible et qui fait qu'on n'est pas écrasé par la douleur. Ce qui me stimule, c'est la transmission de ces traces aux prochaines générations pour qu'elles n'aient pas à porter le fardeau de cette histoire.

Le travail de mémoire apaise-t-il ?

Avant je disais oui, maintenant je ne suis plus sûr de rien. Même s'il y a une part de joie quand on convainc l'autre, je sais aussi que le chagrin et la tristesse parfois nous envahissent. Je citais souvent Kafka : *« Ce n'est pas la blessure qui fait la douleur, mais l'âge de la blessure. »* Maintenant j'essaie d'être plus positif avec René Char : *« Ne te courbe que pour aimer. Si tu meurs, tu aimes encore. »* On ne devrait accepter de se courber que pour l'amour.

Contre quoi faut-il se battre ?

Contre toute forme d'oppression économique ou politique. La violence ne se limite pas aux armes, elle est aussi économique, plus pernicieuse, plus perverse. Dans le monde globalisé, la fracture est bien plus forte et douloureuse pour les faibles. Aujourd'hui si on est pauvre, la violence est absolue quand l'antibiotique existe et qu'on ne peut y accéder. La logique économique du capitalisme sans conscience et la logique totalitaire se rejoignent. Il faut résister pour préserver la part humaine.

Aujourd'hui qu'est-ce que la saveur de la vie pour vous ?

Observer et pénétrer un peu plus l'essence des choses, des êtres, du temps.

> « Si la réconciliation signifie laisser les anciens Khmers rouges réintégrer la société, les Cambodgiens l'ont faite. La société est plus sage et plus tolérante qu'on ne le croit. »

RITHY PANH ◆ **POUR ALLER PLUS LOIN**

Le cinéaste du Cambodge

1964
Naissance à Phnom Penh.

1968
Début de la lutte armée khmère rouge.

17 avril 1975
Entrée des Khmers rouges dans Phnom Penh ; Rithy Panh et sa famille sont déportés avec toute la population citadine.

7 janvier 1979
Chute du régime khmer rouge. Fin 1979, Rithy Panh arrive en France.

1989
Premier documentaire dans un camp de réfugiés en Thaïlande : *Site 2*. Départ des troupes vietnamiennes présentes au Cambodge depuis la libération de 1979.

23 octobre 1991
Signature des accords de Paris.

1992
Début du rapatriement des réfugiés cambodgiens.

1994
Tournage des *Gens de la rizière*, un hommage aux paysans cambodgiens. Le pays est encore en guerre.

1996
Réalisation de *Bophana, une tragédie cambodgienne*, diffusé chaque jour au musée du génocide de Tuol Sleng.

1998
Mort de Pol Pot. Khieu Samphan, ancien chef d'État khmer rouge, et Nuon Chea, numéro deux du régime, rendent les armes. La paix revient au Cambodge.

1999
La Terre des âmes errantes, film sur le quotidien d'ouvriers enterrant des câbles de fibre optique au Cambodge.

2002
S21, la machine de mort khmère rouge décortique l'anéantissement en œuvre au centre S21.

2006
Le papier ne peut pas envelopper la braise donne la parole aux prostituées.

2011
Sortie de *Duch, le maître des forges de l'enfer*, un tête-à-tête glaçant avec l'ancien chef de S21.

2012
Duch est condamné à perpétuité. Début du procès des anciens dirigeants khmers rouges.

Où en est la justice ?

Un tribunal parrainé par l'ONU et mandaté pour juger les crimes commis entre 1975 et 1979 par les principaux dirigeants et hauts responsables khmers rouges a commencé à travailler en 2006 à Phnom Penh. Le premier procès, celui de Duch, l'ancien directeur du centre d'extermination S21, a eu lieu en 2009. Le jugement en appel, rendu le 3 février 2012, l'a condamné à perpétuité.

Dans le deuxième procès, qui s'est ouvert le 27 juin 2012, Khieu Samphan, ancien chef de l'État khmer rouge, Ieng Sary, ancien ministre des Affaires étrangères, et Nuon Chea, réputé avoir été le bras droit de Pol Pot, comparaissent pour crimes contre l'humanité, génocide et violations graves des conventions de Genève.

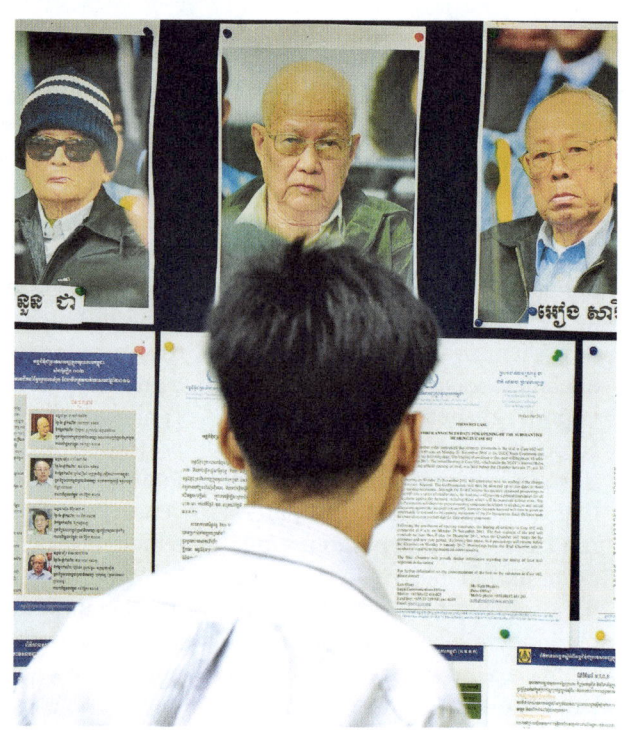

Portraits de leaders khmers rouges à l'extérieur de la chambre spéciale du tribunal où ils sont jugés, 2011. AFP/TANG CHHIN SOTHY

Pour la première fois dans une juridiction de ce type, les victimes et leurs familles sont représentées. Ces procès ouvrent un espace de parole au Cambodge.

Mais deux questions majeures se posent aujourd'hui : le deuxième procès, lent, arrivera-t-il à son terme alors qu'il a été divisé en plusieurs dossiers et que les accusés dépassent tous les 80 ans ? Quant aux procès dits 003 et 004, objet de véritables bras de fer politiques, auront-ils lieu ?

Phnom Penh, ville désertée

Le 17 avril 1975, les Khmers rouges entrent dans Phnom Penh et entreprennent de vider la ville de ses habitants. Difficile à imaginer, et pourtant… Les nouveaux maîtres du pays, aux troupes habillées de noir, prétendent que les Américains vont bombarder la capitale. En réalité, la ville représente tout ce que la nouvelle société rejette : l'argent, le pouvoir impérialiste et sa bureaucratie, l'inégalité…

Les Khmers rouges ordonnent l'évacuation des maisons, des hôpitaux. Ils déportent vers les campagnes une population estimée à plus de deux millions de personnes. L'ampleur et la rapidité de l'expulsion sont saisissantes. En quelques jours, et comme d'autres villes provinciales avant elle, Phnom Penh devient ville morte. Les rares images de la capitale désertée illustrent la radicalité du régime.

Bophana, une fleur « écrasée »

Bophana a 25 ans lorsqu'elle est exécutée par les Khmers rouges et son corps jeté dans les fosses de Chœung Ek, le même jour que son mari. Dans le Kampuchéa démocratique qui bannit les valeurs de la famille, l'amour, la vie personnelle, les longues lettres d'amour de Bophana sont une transgression magistrale. Elles témoignent également de la paranoïa du régime et de la dégradation de la situation pour les amants. Bophana s'incarne en Séda, la princesse d'une épopée populaire, le *Reamker*. Séquestrée et d'une fidélité exemplaire envers son mari, Séda attend qu'il la délivre. Extraits :

« Ils disent aussi que Séda était une "pute" à Phnom Penh. […] Ô Chéri ! Il y a tant d'autres calomnies qui font couler les larmes de Séda, qui la font souffrir terriblement. Mes amis me disent que l'ancien peuple m'envoie renforcer les digues parce qu'ils ne veulent pas que je garde la peau blanche. […] Séda comprend que tu es très occupé avec "Angkar". Mais en un jour vécu à Baraï, Séda perd un an de sa vie. »

« Un jour, je serai certainement la victime de notre ennemi d'ici. Le sais-tu, chéri, aujourd'hui les villageois de Baraï ont tous peur de moi… Mes amis proches n'osent plus me parler comme avant. Je n'ai plus d'espoir, je ne peux pas combattre le destin pour te rencontrer, parce que la vie a une fin et quand on arrive à la fin, il faut savoir arrêter cette vie. Je te serre contre moi et te donne un baiser de loin… Avec le cœur déchiré, de ta femme qui souffre… Sédadet. »

À VOIR, À LIRE…

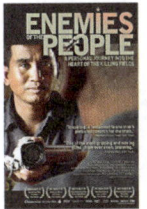

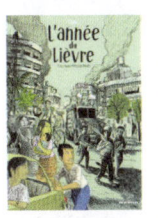

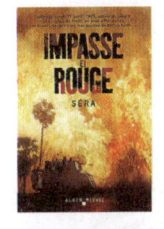

DES FILMS

Le journaliste Thet Sambath a tenté pendant de longues années un dialogue avec l'ancien numéro deux du régime khmer rouge, Nuon Chea, et en a tiré un documentaire très personnel intitulé *Enemies of the People*. Chhay Bora, lui, s'est inspiré de l'histoire de sa belle-mère pour son film *Lost Loves*, qui émeut le public cambodgien.

DES BANDES DESSINÉES

Dans *L'Année du lièvre* (Éd. Gallimard, 2011), Tian décrit ce qu'a traversé sa famille, à commencer par l'évacuation forcée de Phnom Penh. Un dessin et un scénario simples, justes et très touchants. Séra, auteur d'*Impasse et rouge* (Éd. Albin Michel, 2003), *L'Eau et la Terre* (Éd. Delcourt, 2005) ou encore *Lendemains de cendres* (Éd. Delcourt, 2007), entremêle et réinterprète archives photographiques et témoignages, ce qui donne un souffle particulier à ses récits.

DES LIVRES

Le dernier témoignage publié en français est celui de Rithy Panh, *L'Élimination* (Éd. Grasset, 2011), en collaboration avec Christophe Bataille. Une leçon de réflexion et de résistance. Parmi les témoignages plus anciens, incontournables : *L'Utopie meurtrière* de Pin Yathay (Éd. Complexe, 1989), *Une odyssée cambodgienne* de Haing Ngor (Éd. Fixot, 1988), *J'ai cru aux Khmers rouges* d'Ong Thong Hœung (Éd. Buchet/Chastel, 2003) et *Les Pierres crieront* de Molyda Szymusiak (Éd. La Découverte, 1984).

DES DOCUMENTAIRES

Deux documentaires récents, en français, abordent la période khmère rouge et la question de la justice. **Le Khmer rouge et le Non-violent**, de Bernard Mangiante, s'intéresse à la démarche de l'avocat français François Roux, connu pour ses plaidoyers pour la désobéissance civile, qui a choisi de défendre Duch. **Khmers rouges, une simple question de justice**, de Rémi Lainé et Jean Reynaud, suit le travail d'enquête réalisé au tribunal extraordinaire de Phnom Penh, en amont des procès. Ils sont au cœur de la machine judiciaire, c'est la force de ce documentaire par ailleurs très pédagogique. Parmi les documentaires récents projetés au Cambodge : **Noces rouges** de Chan Lida et Guillaume Suon Petit, un portrait consacré à l'un des aspects les moins relatés de la période khmère rouge, celui des mariages forcés et des viols.

LES REVENANTS

Des centaines de milliers de Rwandais ont fui en 1994 pour le Congo voisin. Niant le génocide des Tutsis, beaucoup ont entretenu l'espoir d'une reconquête. Après des années d'errances et de guerres, ils rentrent peu à peu au pays. Jean-Philippe Stassen a voulu comprendre ces destins entremêlés, dans une région où les rébellions se succèdent. Pour reconstruire le « puzzle » des événements, il est parti à Kigali.
Un récit graphique
de Jean-Philippe Stassen

Jean-Philippe Stassen est parti dans un pays d'Afrique où *« tu peux marcher la nuit comme si c'était en plein jour »*, dit un de ses personnages. Ce pays, le Rwanda, il s'y rend depuis de nombreuses années, plus de seize maintenant. Il y est allé, y est retourné, y repartira sans doute. Lui aussi, à sa manière, est un « revenant ».

Les « revenants », les vrais, sont les Rwandais de retour d'exil. En 1994, après le génocide des Tutsis, ils furent des centaines de milliers à quitter le pays dévasté pour se réfugier au Zaïre, devenu entre-temps République démocratique du Congo. Majoritairement hutus, il y avait parmi eux des assassins, beaucoup, mais aussi de simples civils aux mains sans taches.

Nombre d'entre eux sont revenus au fil des ans au Rwanda après des périples souvent ahurissants dans une région, le Kivu, emportée par des conflits rendus d'autant plus âpres qu'aux séquelles du génocide s'ajoutaient des enjeux économiques importants. Des chiffres exagérés – certains n'ont pas hésité à parler de plusieurs millions de morts – furent lancés. La vérité est qu'il y eut beaucoup de morts, et que de nombreux crimes furent commis par de multiples acteurs.

Jean-Philippe Stassen rappelle ces événements. Et son sens de l'observation, que traduit la finesse de son dessin, dit tout. En guise de résumé, un représentant d'un des nombreux mouvements de la région griffonne un croquis sur un bout de papier. Très rapidement entremêlé de sigles et d'imbrications confuses, le croquis devient illisible. Comme si cela ne suffisait pas, son auteur finit par le déchirer. Plus tard, Stassen tente péniblement de le reconstituer : *« Je n'y arriverai pas, je suis trop nul en puzzle »*, dit-il.

C'est qu'à ses yeux, là n'est pas l'essentiel. La terrible mêlée du Kivu est une toile de fond. À force de s'y braquer, on finit par ne plus rien distinguer de ce qui est en train de se jouer. Le génocide de 1994 s'éloigne dans le temps, les vies au Rwanda se reconstruisent, à Kigali les jeunes ont le regard tourné vers l'avenir.

Et les « revenants », eux, rentrent au pays. Après des années de jungle, de brousse et d'errances, ils sont d'abord accueillis dans des centres de « démobilisation ». Longtemps, on les a qualifiés de centres de « rééducation ». Ce qu'ils sont un peu, en fait. On y alphabétise les « revenants », on leur enseigne l'histoire du pays, les droits humains, la citoyenneté, le système fiscal… *« Une impressionnante série de cours »*, note Stassen qui a visité ces centres où on ne peut saisir l'importance de ce qui s'y joue sans remettre le passé en perspective.

Du haut des collines de Kigali, le dessinateur savoure la nuit trouée par les lumières de la ville. Il voit le spectacle, mais a du mal à y croire. Tout comme Andrew, un jeune Rwandais qui lui demande : *« Tu comprends ce que ça veut dire ? »*, avant de préciser : *« On sait que ça s'est passé, mais on ne peut pas l'imaginer. »*

Le récit de Stassen se clôt à Paris où il rencontre le porte-parole d'un mouvement rebelle du Kivu. *« Pourquoi faites-vous la guerre ? »*, lui demande-t-il. *« Parce que nous voulons la paix »*, lui répond son interlocuteur avec une logique imparable.

Jean-Philippe Stassen est énervé. Nous aussi. Il a la tentation de baisser les bras, mais il préfère remercier ses amis qui là-bas, au Kivu et au Rwanda, l'ont aidé. *« Je faisais partie de ceux qui, il y a trois ans, étaient relativement optimistes pour la région. »* Il veut le rester, un peu.

LES REVENANTS

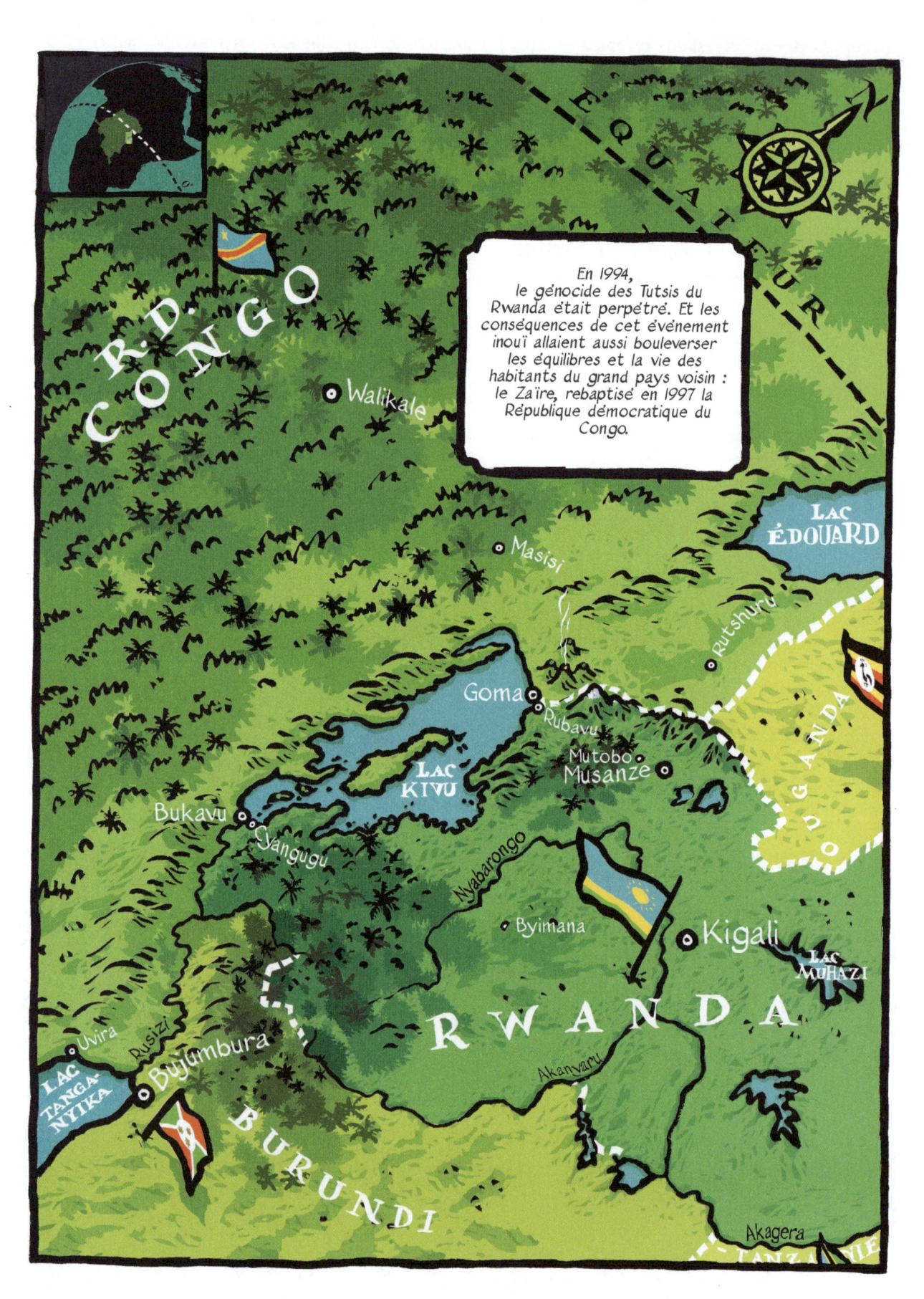

En 1994, le génocide des Tutsis du Rwanda était perpétré. Et les conséquences de cet événement inouï allaient aussi bouleverser les équilibres et la vie des habitants du grand pays voisin : le Zaïre, rebaptisé en 1997 la République démocratique du Congo.

La région du Congo la plus directement éprouvée par les conséquences du génocide de 1994 est celle du Kivu, frontalière avec le Rwanda. Ses habitants, exposés à la violence et à la rapacité de groupes armés prospérant sur l'inexistence d'État, n'ont pas connu la paix depuis dix-huit ans.

Il y a trois ans, pourtant, un rapprochement entre Kigali et Kinshasa avait pu rendre raisonnablement optimistes certains observateurs. Des pressions internationales exercées sur les deux capitales les avaient conduites à faire certains gestes - parfois coûteux politiquement - permettant un certain apaisement de l'interminable calvaire des Kivutiens.

Faire ici la liste des différents groupes armés qui sévissent dans le Kivu prendrait trop de temps, et essayer d'expliquer la cuisine de leurs motivations, les rapports d'alliance puis de retournement d'alliance entre eux serait bien déprimant.
Pour le moment, disons simplement que ces groupes armés étaient, de façon plus ou moins officielle et directe, soutenus par Kinshasa ou Kigali. C'est bien pour cette raison que le rapprochement entre les deux capitales pouvait rendre raisonnablement optimistes nos observateurs.

Et, de fait, depuis 2009, on avait pu observer une certaine accalmie dans la situation de la région.

Mais en avril 2012, un nouveau groupe rebelle faisait son apparition dans le Nord-Kivu : le M23.

OCTOBRE/NOVEMBRE/DÉCEMBRE 2012 - XXI

À Rubavu
(anciennement Gisenyi)
en juin 2012

Depuis le front où il répond au téléphone, l'officier chargé de la communication du M23 m'a envoyé un de ses amis de Goma pour faire la promo du mouvement. Il vient de passer la frontière entre la RCD et le Rwanda.

Les seuls autres personnes présentes au bord de la piscine de ce grand hôtel de Rubavu sont des touristes américains qui parlent de gorilles. Mais M. Kamanzi est d'un naturel méfiant

Pourriez-vous m'expliquer qui sont les M23 ? On dit d'eux que ce sont des rwandophones du Kivu ; or, j'ai remarqué qu'il y avait beaucoup de noms non rwandophones. Des noms du Katanga et aussi d'ailleurs, je crois.
Alors...
... Grmf... Il faut remonter bien avant la création de l'AFDL ...
... burp... AFDL... grr... Kabila... hem
... grmf... Kanyarwanda... hem... CNRD... Burp... MRLZ... hum... Onusumba... Ondekane... grr... ADP... RCD... Ruberwa... RCD-Goma... RCD-K/ML... RCD Wamba... RCD-N... UPC... grmf... Bemba... oufti... FLC... ALiR... grmf... FDLR... RDR... burp... Nkunda... hem ALiR... burp... CNDP... burp...
Merci, mon garçon. Toi et tes grandes oreilles, vous pouvez y aller. Merci. Merci ! Burp.
You're welcome, sir.
Mais, et le M23 dans tout ça ?
Grmf... Il faut être un peu prudent.
Non ! Ne le déchirez pas !... J'aurais voulu le garder.

LES REVENANTS

À Kigali
en juin 2012

Dans un cabaret en plein air de la capitale, j'essaie de reconstituer le feuillet que M. Kamanzi a déchiré la veille à Rubavu. Solange ne s'intéresse que moyennement à ce qu'il se passe dans le Kivu congolais voisin.

Une grue couronnée passe près de la table. Pour que ces grands oiseaux ne s'envolent pas des parcelles qu'ils sont réputés embellir, les propriétaires (de la parcelle et des grues couronnées) rendent leurs ailes inutilisables.

Grmf... Si vous le souhaitez, nous vous enverrons de la documentation complémentaire.

La pauvre grue !... Tu as vu son vilain moignon ? C'est moche si les plumes ne le cachent pas.

Solange est ce qu'on appelle au Rwanda une Sopecya. Nous verrons plus loin ce que signifie ce nom.

Elle a dû avoir un accident. C'est inutile de les amputer pour les empêcher de s'envoler ; il suffit de leur couper un petit muscle.

Solange a 35 ans ; en 1994, elle en avait 17. J'ai fait sa connaissance en 1998, en même temps que toute sa famille. Aujourd'hui, Nous avons tous quatorze ans de plus. Marceline, la maman, est devenue un peu bigote et elle ne fume plus l'unique cigarette qu'elle se gardait pour le soir, avant d'aller dormir. Elle a un téléphone portable, mais elle n'y répond jamais. Et c'est parce qu'elle n'y répond jamais qu'elle ne sait pas que nous nous sommes tous donné rendez-vous dans un cabaret de la ville. Tout le monde est là. Manquent seulement Marceline, donc, et Florentine, qui doit assister à une soirée chez son employeur.

LES REVENANTS

Tous sont des Sopecya. Dans le Rwanda de l'après-génocide, s'il est devenu punissable de comparer et d'opposer les Hutus et les Tutsis, les Tutsis rwandais eux-mêmes distinguent différents groupes au sein de leur propre catégorie.

Tu vois ? Le président n'est pas content. Il n'aime pas qu'on l'embête.

It has nothing to do with me...

Les Tutsis rwandais qui sont nés ou ont grandi à l'extérieur du pays sont les enfants des réfugiés qui durent fuir les violentes campagnes anti-Tutsis qui se succédèrent de la fin des années 1950 au milieu des années 1970.

Ceux qui viennent d'Ouganda sont appelés les Waragi. Le waragi est un alcool fort, qui rend parfois celui qui en consomme un peu agressif ; le mot dériverait de "war gin", le gin des rations militaires de l'Empire britannique, dont l'Ouganda faisait partie.

Ceux qui viennent du Burundi sont appelés les GP, pour garde présidentielle, "parce qu'ils ne te lâchent pas d'une semelle".

Ceux qui viennent du Congo sont appelés les Dubaï, "parce que, comme les produits de Dubaï, c'est beau à l'extérieur, mais à l'intérieur, c'est pourri".

Mais le sobriquet le plus cruel est sans conteste celui que l'on réserve aux Tutsis qui sont nés et ont grandi au Rwanda. Ceux-là sont les rescapés, ceux qui n'ont pas été tués.

On les appelle les Sopecya, du nom d'une station-service "Société des pétroles de Cyangugu" qui fournissait en essence les militaires et miliciens quand ils perpétraient le génocide de 1994.

À Byimana en 2000

Il y a douze ans, toute la famille se retrouvait sur sa colline natale pour assister à une importante cérémonie.

Quelque semaines plus tôt, un charnier de 1994 y avait été découvert.

Des restes humains avaient été exhumés. Pour être réenterrés, dignement.

Le père de Solange, Florentine, Immaculée, Claire, Mbaga et Charles était instituteur. C'était un notable ; il a droit à un enterrement particulier, sur la parcelle familiale. En 2000, aucun des membres de la famille n'habite plus à Byimana, même si Immaculée étudie à l'école d'agronomie toute proche ; elle en a la coiffure et l'uniforme. La maison a été rasée, «égalisée», et la parcelle est occupée par une voisine qui y a planté des haricots. Cette voisine, on la soupçonne sans doute de n'avoir pas été exemplaire pendant le génocide, on pense aussi qu'elle n'est peut-être pas étrangère à l'«égalisation» de la maison.

Je marche par mégarde sur un plant de haricots.

LES REVENANTS

— Hi ! Hi ! Hi !
— J'en fais autant ! Hop ! Pardon ! Tout le monde devrait le faire.

À Byimana en 1994

Ce que les quatre sœurs, les deux frères et la mère ont vécu pendant ces semaines de 1994, je n'en sais que ce qu'elles m'ont raconté.

Je sais qu'après que leur père, deux de leurs frères et une sœur ont été tués, elles se sont enfuies dans des directions différentes.

Qu'elles se sont perdues dans les marais.

Ce qu'elles m'ont raconté, c'est ce qu'elles pensaient que je pourrais peut-être comprendre, c'est-à-dire presque rien.

Les choses qu'ont vécues les Sopecya pendant ces semaines de 1994, ce sont des choses qui ne se racontent qu'entre Sopecya. Pour les comprendre, il faut être Sopecya.

Si l'on n'est pas Sopecya, on peut estimer que, tout compte fait, c'est une famille qui s'en est plutôt bien sortie : 4 personnes génocidées, d'accord, mais 7 rescapées.

Quand on n'est pas Sopecya, on peut même se permettre de s'interroger sur les raisons pour lesquelles elles en ont réchappé, surtout les filles...

LES REVENANTS

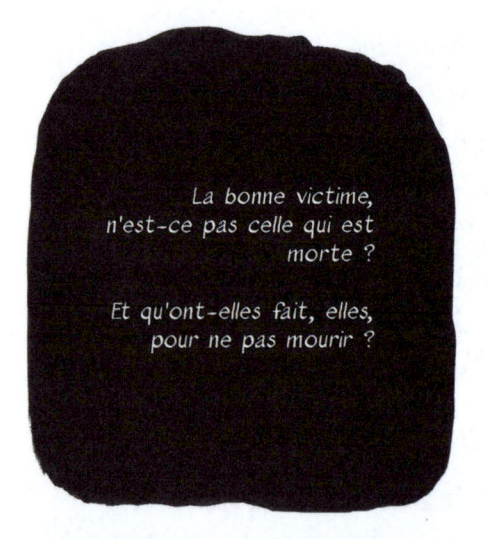

La bonne victime, n'est-ce pas celle qui est morte ?

Et qu'ont-elles fait, elles, pour ne pas mourir ?

Dix-huit ans de bagarre sur tous les fronts du négationisme ont fini par user l'extraordinaire émotion qui avait saisi les observateurs honnêtes de 1994. La sacralisation de certains termes et formules ("Le génocide des Tutsis du Rwanda") en a peut-être même dilué la puissance et décoloré la pertinence. La chair du génocide s'est éloignée. Et les Sopecya savent que leurs histoires, au mieux, incommodent, au pire, exaspèrent.

C'est vrai que nous, nous avons de la chance. Nous avons de très bons boulots, avec de très bons salaires. Mais nous vivons toujours chez Maman... Elle a changé, tu sais. Tous les matins à 5 heures, elle se lève pour aller à l'église. Puis, elle a vieilli. Ses paupières tombent sur ses yeux.

Elle ne boit plus, ne fume plus sa cigarette du soir, elle prie tout le temps.

C'est comme ça pour les vieilles Sopecya ! Ça intéresse qui, d'ailleurs ?

À Kigali en 2012

Il y a dix ans, je pouvais encore écrire que Kigali ne ressemblait pas à grand-chose ; que c'était une espèce de gros village, moche.

Ceux qui ont récemment visité la capitale du Rwanda comprendront qu'il serait difficile d'en dire la même chose aujourd'hui.

Les Kigaliens sont désormais fiers de leur ville ; et ils ont sans doute raison de l'être. De hauts buildings, un réseau 3G, des supermarchés (dont un ouvert 24/24h), des boîtes de nuit et des restaurants non-fumeurs, des feux de signalisation dernier cri. Et de belles avenues bordées de palmiers, sans nids-de-poule et d'une impeccable propreté.*

Andrew est kigalien. Il a 18 ans, l'âge du génocide. Il parle parfaitement le kinyarwanda, l'anglais et même le français.

Ils ont changé les plaques des rues. Maintenant, c'est comme à New York : ce sont des numéros à la place de noms de gens.

Enfin, je te dis ça, mais je ne suis jamais allé à New York. C'est ce que je vois dans les films à la télé.

Les parents d'Andrew sont catholiques...

LEARNING FROM OUR HISTORY TO BUILD A BRIGHT FUTURE — 18 KWIBUKA JENOSIDE — BANK OF KIGALI

* Certains diront de Kigali qu'elle est une ville trop propre : si personne ne regrette les sacs en plastique (interdits sur tout le territoire national), on peut se poser la question de la pertinence d'arrêtés prohibant les pieds nus et le port de tongs ou ordonnant la démolition des immeubles sans étages.

LES REVENANTS

> ... Andrew, lui, est évangéliste.
>
> Tu peux m'expliquer pourquoi tu as quitté l'Église catholique ?
>
> C'est parce que j'aime la musique. J'aime la R&B. Tu sais, la musique qu'on entend chez les catholiques, ce n'est pas très... heu... ce n'est pas vraiment de la musique pour les jeunes. Moi, j'aime le hip-hop et la R&B. La musique, quoi !

Andrew est un enfant de Sopecya. S'il peut lui-même prétendre à ce titre, il ne le fait pas. Par humilité sans doute. Car lui, évidemment, ne se rappelle rien de ce qui est arrivé.

> Ma mère ne me parle presque pas de ce qu'elle a enduré. Je sais qu'elle en parle avec ses copines qui ont vécu la même chose qu'elle. Mais à moi, elle ne dit presque rien. Je n'étais vraiment qu'un bébé tout petit bébé, tu sais.

Comme beaucoup des gens de son âge, Andrew est résolument tourné vers l'avenir. Le souvenir du génocide, bien sûr, est toujours présent au Rwanda, mais pour certains de ces jeunes gens, les journées consacrées au deuil ne sont parfois que des moments vaguement sinistres et même un peu ennuyeux où l'on resasse des formules toutes faites qui, à force d'être répétées, ont perdu de leur sens.
Le génocide fait désormais partie de l'histoire.

Cette année, le slogan retenu pour la 18e commémoration est : "Apprendre de notre histoire pour bâtir un avenir brillant".

D'autres Rwandais de la même génération ont aussi un rapport différent de celui de leur parents à ce qu'il s'est passé en 1994. Ces jeunes Rwandais-là ne connaissent pas Kigali. Ils ne connaissent d'ailleurs même pas le Rwanda, ils n'y ont jamais mis les pieds.
Ce sont les enfants des "ex-FAR/Interahamwe".
Et le simple fait que cette nouvelle génération existe est déjà une bonne nouvelle en soi puisque, de la même façon que leurs compatriotes de Kigali ne peuvent pas avoir éprouvé le génocide dans leur chair, eux ne peuvent pas l'avoir commis....

....Quant à ce qu'ils ont commis de l'autre côté de la frontière, c'est une autre histoire...

La Commission du Rwanda pour la démobilisation et la réintégration (RDRC) se charge, comme son nom l'indique, de la démobilisation et de la réinsertion des militaires. De tous les militaires, y compris les combattants hutus FDLR dont l'objectif premier était la reconquête du pouvoir à Kigali et qui sont une des causes principales de l'instabilité au Kivu.

M. Sayinzoga est le Chairman de la RDRC.

J'ai moi-même l'expérience de l'exil ; j'ai été un réfugié, je peux les comprendre. Et de toute façon, il n'y a pas le choix.

Le problème en 1959, quand ils ont commencé à chasser les Tutsis, c'est qu'ils ont détruit le capital. Ils ont brûlé les maisons et mangé les vaches. Il y a une peur chez eux, un complexe...

Mais on ne va pas dire, comme eux disaient tous les Tutsis sont des Inyenzi, tous les Hutus sont des Interahamwe.

C'est la peur qui est l'ennemi, car le ressentiment s'en nourrit. C'est elle qu'il faut combattre. Mais c'est un très long travail que celui-là. Et tous les moyens seront bons. Que ce soit le pardon dans l'Église ou la cohabitation obligée et parfois donc ressentie comme imposée.

LES REVENANTS

Aux frontières rwando-zaïroises en juillet 1994

Entre avril et juillet 1994, la majorité des militaires des Forces armées rwandaises (FAR) était trop occupée à perpétrer le génocide des civils tutsis et le massacre des opposants politiques en compagnie des miliciens Interahamwe pour s'occuper de ce qui aurait dû être son travail : combattre ce qui était encore un mouvement rebelle, le FPR.

Ainsi, le FPR vainquit et, aux rares endroits où cela pouvait encore être fait, il mit fin au génocide.

Craignant des représailles, un formidable flot de millions de réfugiés déferla sur le Zaïre pour s'installer dans des camps courant tout le long de la frontière avec le Rwanda.

Mais dans cette énorme vague, il n'y avait pas que des civils. Il y avait aussi les FAR et les Interahamwe qui, souvent, purent emporter leurs armes avec eux.

Leur ambition était de reprendre le pouvoir au FPR, par tous les moyens. Beaucoup sont restés au Congo, toujours aux portes du Rwanda et avec le même rêve de revanche. Deux guerres ouvertes d'une violence extrême et dix-huit années de déstabilisation n'ont pu venir à bout de leur nuisance. Eux, ils s'appellent les Forces démocratiques de libération du Rwanda (FDLR), au Rwanda on continue à les appeler les ex-FAR-Interahamwe.

À Mutobo en juin 2012

« Le lendemain, je quittai enfin ce poste, avec une caravane de soixante hommes, pour une promenade de deux cents miles. Inutile de vous en dire davantage à ce sujet. »
Joseph Conrad, Cœur des ténèbres

Face à la chaîne de volcans du parc national, le centre RDRC de Mutobo accueille plus de 400 ex-combattants FDLR qui ont accepté d'intégrer le processus de démobilisation. M. Musonera, son directeur, et Aimable, le professeur d'alphabétisation, servent de guides.

... Et au terme du processus qui dure trois mois, on leur remet une carte d'identité nationale, une somme de cent dollars et des biens matériels. Le dernier jour, on organise une petite cérémonie d'adieu au cours de laquelle il reçoivent la lettre de démobilisation. Et voilà.

Nous ferons les entretiens à l'intérieur. Nous y serons mieux : la pluie ne va pas tarder à reprendre

Voici le caporal Joserine. C'est notre seul pensionnaire féminin. Je vais rester près d'elle pendant l'entretien. Je pourrai vous être utile : elle ne parle que le kinyarwanda.

Elle dit qu'elle a 34 ans, et trois enfants : deux filles et un garçon. En 1994, elle avait 16 ans. Elle dit qu'elle et sa famille ont fui le FPR et sont passées au Zaïre par Grande Barrière, à Gisenyi.

LES REVENANTS

À Goma
en juillet 1994

« Vous le savez : il y avait beaucoup de gens qui quittaient le Rwanda pour rejoindre Goma, au Zaïre. Beaucoup de gens qui passaient par Grande Barrière. Des chefs, des soldats, des miliciens et aussi beaucoup de vieux, de femmes et d'enfants.

Elle dit qu'elle et sa famille se sont installés dans un camp de réfugiés près du volcan et de la ville de Goma. Au début, la vie y était mauvaise, surtout à cause des maladies. »

« Après, le camp était mieux organisé. Elle dit que leurs chefs et leurs soldats assuraient la sécurité, que c'était pareil qu'au Rwanda, au Rwanda avant qu'ils ne partent.
Il y avait tout ce dont ils avaient besoin : des magasins, des boucheries, des cabarets, des salons de coiffure.
Même si la vie n'était pas très bien, la vie était un peu bien.

Il y avait aussi des écoles. Elle dit qu'elle a pu y faire sa première année de secondaire. »

« Les professeurs qui enseignaient dans les camps, c'étaient des gens comme eux : des réfugiés qui avaient passé la frontière de Grande Barrière en juillet 1994 pour fuir les... hem... les cafards ; elle dit que c'est comme ça qu'on appelait les rebelles du FPR. Elle dit qu'elle sait bien qu'on ne les appelle plus comme ça. »

* «Problème : il y a deux cent onze Tutsis. Si nous en tuons cent dix-huit, combien en reste-t-il ?»

(Si les combattants du FPR se nommaient eux-même les Inkotanyi («les infatigables guerriers»), leurs ennemis préféraient les appeler les Inyenzi («les cafards»). Mais dans le Rwanda ethniste d'avant 1994, ce surnom avait fini par s'appliquer à tous les Tutsis, de tous âges et de toutes conditions, combattants revenant de l'extérieur ou simples et paisibles civils de l'intérieur.)

«Elle dit : en 1996, l'AFDL et le FPR ont attaqué et détruit les camps autour de Goma. Beaucoup de gens ont été tués. Et beaucoup d'autres se sont enfuis dans la forêt.»

«Elle, elle dit qu'elle a été enrôlée dans l'ALiR* pour combattre le FPR, le combattre au Rwanda.»

«Elle dit qu'ils sont restés dans le nord du Rwanda, pour attaquer le FPR. Mais en 1998, ils ont dû battre en retraite et passer à nouveau la frontière. Ils sont allés à Rutshuru. Là, elle avait 20 ans, et elle dit que la vie était très mauvaise. Pendant 14 ans, elle a fait la guerre au Congo, contre le RCD-Goma, puis contre Nkunda, et encore contre Ntaganda. La guerre, c'est une vie très mauvaise, surtout si on a des enfants.»

«Elle dit qu'il y a trois mois, elle a entendu une émission de radio sur le programme de désarmement, démobilisation et réintégration. Surtout, il lui restait des parents au Rwanda. Elle avait un téléphone portable, et elle les a appelés. Ils lui ont dit qu'il n'y avait aucun problème au Rwanda. Qu'elle pouvait y revenir.

Alors, elle a décidé de revenir. Elle dit qu'elle est très heureuse d'avoir décidé de revenir et de ne plus être militaire.»

«Elle dit que, quand elle quittera le centre de Mutobo, elle fera du commerce : elle vendra des pommes de terre et des haricots. Elle dit qu'elle a un peu peur, mais qu'elle a foi en l'avenir. Elle vous remercie de l'avoir écoutée et priera pour que Dieu vous garde.»

* L'Armée de libération du Rwanda (ALiR) était l'un des mouvements politico-militaires qui préfiguraient celui des FDLR. Il était constitué de militaires de l'ancienne armée régulière rwandaise (FAR) et de miliciens *Interahamwe* et *Impuzamugambi*.

LES REVENANTS

Il me faut aller donner les cours d'alphabétisation. Je vais vous laisser avec le major. De toute façon, il parle le français. Même s'il parle un peu bizarrement.

Je m... m... Je m'appelle Kizinkiko. Dans les F... F... FDLR, j'avais grade de m... m... major. En 1994, j'avais 27 ans. J... J... J'étais élève adjudant à l'ESO de B... B... Butare.

L'ESO ? L'École des sous-officiers ? Là d'où sont partis tous ces massacres de Tutsis ?

Je... J... J... Je n'y étais pas. J... J... J'étais sur ma colline. J... J... J'étais seulement élève adjudant. M... M... M... Mais, ce que vous voulez savoir, c'est ce qui s... s... s'est passé en juillet 1994, n... n... n... n'est-ce pas ?

À Cyangugu en juillet 1994

En juillet, après avoir perdu les batailles, n... n... nous sommes passés au Zaïre par Cyangugu. Les Français tenaient la frontière. N... N... N... Nous sommes passés avec nos armes. Des armes légères.

N... N... Nous sommes restés dans les camps. Nous nous réorganisions. Nous préparions la reconquête du pouvoir. En tout cas, c'est ça que N... N... N... C'est ça qu'on croyait.

En 1996, il y a eu la Première guerre du Congo. Les gens de l'AFDL de Mzee Kabila ont détruit les camps près des frontières du Rwanda, avec les soldats du FPR, puisqu'à l'époque, K... K... Kabila était ami avec le FPR.

Nous avons fui et avons traversé toutes les forêts du Zaïre. Nous étions ensemble : les militaires et les civils. N... N... Nous avons parcouru ces milliers de kilomètres. Au bout du chemin, nous sommes passés au Congo-Brazzaville, et c'est là que nous sommes restés.

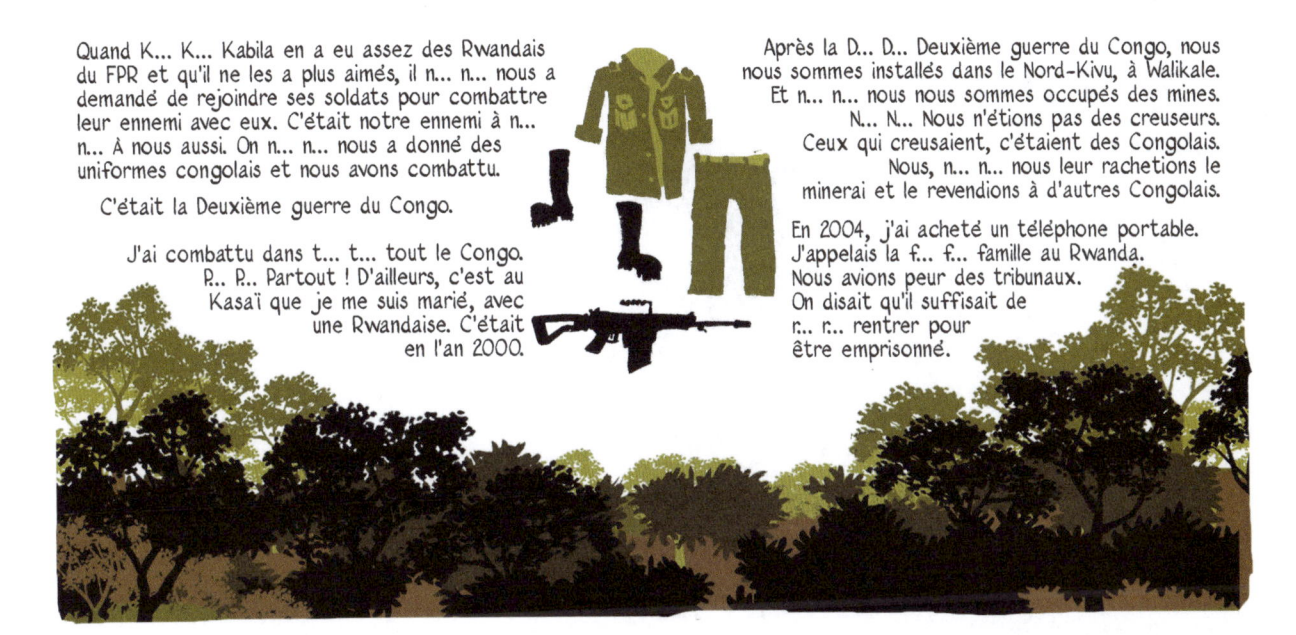

À Brazzaville, nous étions au moins 10 000 Rwandais. Il y avait plusieurs camps de réfugiés hutus là-bas.

Quand K... K... Kabila en a eu assez des Rwandais du FPR et qu'il ne les a plus aimés, il n... n... nous a demandé de rejoindre ses soldats pour combattre leur ennemi avec eux. C'était notre ennemi à n... n... À nous aussi. On n... n... nous a donné des uniformes congolais et nous avons combattu.

C'était la Deuxième guerre du Congo.

J'ai combattu dans t... t... tout le Congo. P... P... Partout ! D'ailleurs, c'est au Kasaï que je me suis marié, avec une Rwandaise. C'était en l'an 2000.

Après la D... D... Deuxième guerre du Congo, nous nous sommes installés dans le Nord-Kivu, à Walikale. Et n... n... nous nous sommes occupés des mines. N... N... Nous n'étions pas des creuseurs. Ceux qui creusaient, c'étaient des Congolais. Nous, n... n... nous leur rachetions le minerai et le revendions à d'autres Congolais.

En 2004, j'ai acheté un téléphone portable. J'appelais la f... f... famille au Rwanda. Nous avions peur des tribunaux. On disait qu'il suffisait de r... r... rentrer pour être emprisonné.

Mais à partir de 2009, beaucoup ont qu... qu... quitté les FDLR.
Il y a trois mois, j'ai décidé à mon tour de d... d... d... déserter.
Et me voici au centre de Mutobo.

Je ne sais pas ce que je ferai quand je sortirai d'ici, à la fin du processus de démobilisation...

... On ne peut pas m'offrir de boulot. J... J'irai travailler dans les champs.

Ce que j'aimerais ajouter, c'est qu'il faudrait que le g... g... g... gouvernement pardonne. Même à ceux qui ont fait des choses en 1994. Sinon, ils ne rentreront pas. Mais Vous allez voir le colonel ; il parle mieux que moi : il était lieutenant-colonel.

LES REVENANTS

L'ex-«colonel» Bizimana a 46 ans. En 1994, il était un sous-lieutenant FAR de 28 ans. Il est père de quatre enfants.

À Goma en juillet 1994

Le 17 juillet, le FPR a pris Gisenyi. Nous nous sommes repliés au Zaïre, et installés dans les camps autour de Goma.

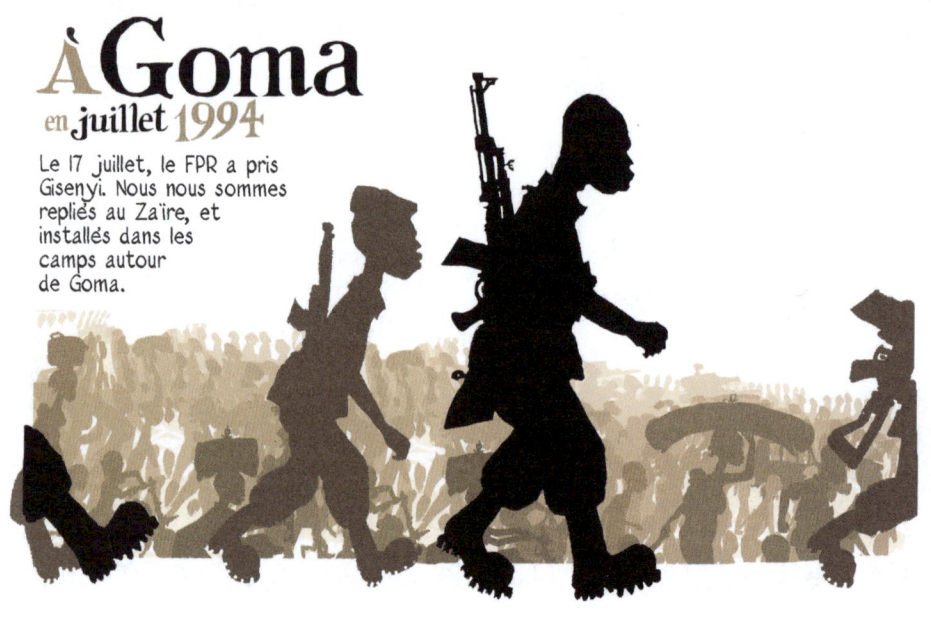

Nous avons passé la frontière avec 600 000 réfugiés. Et nous sommes passés avec nos armes ; après négociations, bien sûr, avec les militaires zaïrois (avec les Congolais, tout se négocie...).

Car, en principe, nous aurions dû être désarmés en passant Grande Barrière.

Au début, les rapports étaient difficiles entre, d'une part, nous, les soldats FAR et miliciens *Interahamwe*, et, d'autre part, les humanitaires. Mais nous avons pu nous occuper de l'organisation des camps : découpage administratif, maintien de la sécurité et surveillance du commerce. En 1997, avant leur destruction, tout fonctionnait bien dans ces camps.

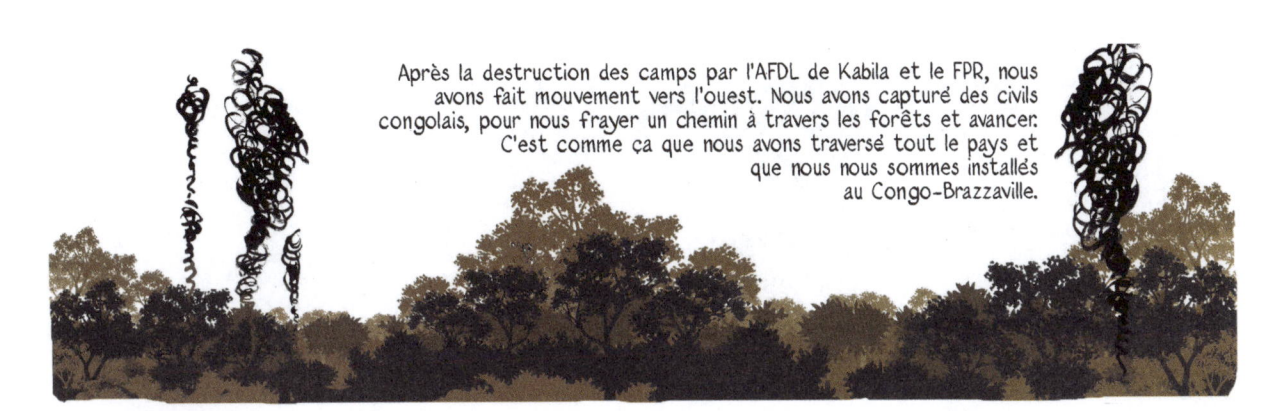

Après la destruction des camps par l'AFDL de Kabila et le FPR, nous avons fait mouvement vers l'ouest. Nous avons capturé des civils congolais, pour nous frayer un chemin à travers les forêts et avancer. C'est comme ça que nous avons traversé tout le pays et que nous nous sommes installés au Congo-Brazzaville.

De Brazzaville, nous avons assisté à la suite des événements : la prise de pouvoir par Kabila à Kinshasa en mai 1997. Nous avons aussi suivi le reste : le renversement d'alliance entre Kigali et Kinshasa. Après avoir été ses alliés et lui avoir offert le trône, les Rwandais du FPR étaient devenus les pires ennemis de Kabila. Fin 1998, des haut gradés des FAR et d'importants hommes politiques hutus sont venus nous rendre visite à Brazzaville. Ils nous ont fait passer à Kinshasa pour nous enrôler sous uniforme congolais. Nous étions devenus les camarades d'ex-soldats de l'AFDL !

Et ça ne vous dérangeait pas de combattre aux côtés de vos anciens ennemis ?

C'est vrai, certains d'entre eux étaient ceux-là même qui avaient détruit nos camps, massacré nos frères et violé nos soeurs. Mais notre pire ennemi demeurait le FPR et, comme on dit : le pire ennemi de mon pire ennemi devient mon allié.
Pour l'armée congolaise, j'ai fait des campagnes au Katanga, au Kasaï et en Équateur. J'étais chef du renseignement des «Forces spéciales».

Après la fin de la Deuxième guerre du Congo, les accords de paix nous ont fait changer de statut : de «Forces spéciales», nous, les combattants hutus rwandais, étions devenus des «forces négatives».

LES REVENANTS

Nous ne portions déjà plus l'uniforme congolais, sauf ceux que nous achetions aux militaires. Les Congolais sont toujours prêts à vous vendre quelque chose.
Malgré leur qualité d'ennemi, nous reconnaissions aux soldats du FPR une réelle valeur militaire. Ils étaient des Rwandais, tout comme nous ; mais les soldats congolais, eux, sont naturellement lâches : face au péril, ils fuient.

Notre objectif était toujours de reconquérir le pouvoir à Kigali.
En 2003, nous avons opéré la jonction avec nos frères FDLR de l'est, dans le Kivu. Je suis devenu le conseiller du général. J'étais chargé des relations civils-combattants. J'étais aussi chargé des "logistiques non conventionnelles", du commerce en somme... Au Congo, tout se vend et tout s'achète.
Dans les combats contre le RCD-Goma puis le CNDP, qui étaient soutenus par le Rwanda du FPR, nos alliés étaient les Maï-Maï, et souvent les soldats congolais, même si les alliances pouvaient parfois se renverser. Tout allait bien, et nous gardions encore l'espoir de rentrer dans notre pays pour en chasser le FPR.

Mais en 2009, le Rwanda de Kagame et le Congo de Kabila fils ont décidé de se rapprocher, et ils ont lancé l'opération *Umoja Wetu* ("Notre Unité"), qui n'était conçue que pour nous combattre et nous contraindre au retour. Certains d'entre nous ont été capturés et renvoyés au Rwanda.
Dans les troupes, le moral baissait. On commençait à douter de la possibilité d'un retour victorieux au pays. Les cas de désertion se multipliaient.
Moi-même, je sentais le découragement m'envahir. J'étais seul, j'avais envoyé ma femme et mes enfants en Zambie car dans la forêt, il n'y avait pas d'école pour eux.

Il y a quatre mois, j'ai sauté le pas : je ne croyais définitivement plus à la victoire. Je me suis rendu aux casques bleus. On m'a fait passer par le centre de transit puis je suis arrivé ici.

Je crois avoir fait le bon choix. J'ai suivi des cours très intéressants, ici. Celui qui m'a le plus intéressé, c'est le cours sur l'histoire de notre pays.
On y apprend comment vous, les Belges, nous avez montés les uns contre les autres, nous les Rwandais, Hutus et Tutsis. Vous savez ? Cette histoire de livret d'identité avec la mention ethnique...

— Dans deux semaines, le processus sera terminé. Ils me donneront une carte d'identité et je pourrai faire venir ma famille de Zambie. J'espère que nous nous installerons à Kigali. J'en ai assez de la brousse. Je sais que depuis dix-huit ans, la ville a changé, mais ils n'ont quand même pas changé la place des rues ! Avec mes pieds, je retrouverai mon chemin.

— Heu... Mon colonel, on vous attend pour le cours sur le rôle des femmes dans le développement.

Tout au long du processus de démobilisation, les pensionnaires doivent suivre une impressionnante série de cours. Les matières enseignées vont du tourisme aux politiques de prévention du SIDA en passant par les droits humains, la citoyenneté, le système fiscal, la bonne gouvernance et la lutte contre la malaria.
Tous les cours ne sont pas également intéressants. Mais ils ont beaucoup de choses à rattraper. Dix-huit ans dans la forêt sans aucun contact avec ce qu'est devenu le Rwanda... Pour moi, c'était bien plus facile. C'était il y a déjà plusieurs années. J'étais resté peu de temps au Congo, et le Rwanda n'avait pas tellement changé quand je suis passé par ici.
Vous aussi, Aimable, vous avez été pensionnaire du centre de Mutobo ?
Bien sûr. Moi aussi, j'ai été naguère un combattant de la cause hutu.
... Et cela vous étonne qu'on embauche d'anciens combattants FDLR dans ce type d'institution ?
Mais, c'est , il me semble, précisément le but de notre travail que de réussir la réinsertion des anciens combattants dans la société.
Oui, bien sûr. Mais je pensais aux rescapés. Souvent, ils pensent être moins bien traités que ces gens-là.
Je comprends leur amertume et même leur peur. Mais je vais vous dire ma conviction profonde : la meilleure protection pour les rescapés, c'est la cohabitation avec les anciens perpétrateurs. Les gens se regardent, et la méfiance sera toujours préférable à la peur.

LES REVENANTS

À Musanze
(anciennement Ruhengeri)
en juin 2012

Au début du processus de démobilisation, tous les combattants rwandais du Congo passent par un centre de transit. Les adultes sont ensuite acheminés vers le centre de Mutobo, tandis que ceux qu'on a pu identifier comme mineurs sont dirigés vers le centre Muhoza, à Musanze.

Le centre Muhoza compte une petite cinquantaine de pensionnaires. À la fin de leur séjour au centre, les "enfants ex-combattants" se verront remettre une carte d'identité nationale, une aide en matériel et une aide au logement. Entre les cours d'alphabétisation et d'éducation civique, les pensionnaires jouent au volley, et dansent sur du hip-hop.

Je regrette un peu le temps où le centre était au bord du lac Muhazi. Tous ces gamins sont d'excellents nageurs. Il paraît qu'au Congo, il y a beaucoup de rivières - enfin, c'est ce qu'on dit, je n'y suis jamais allé... Et ils adorent se baigner. Hem... C'est l'heure de la leçon de tambour et c'est un peu bruyant dans la cour... Nous allons plutôt parler dans la salle de classe.

Ils ne sont pas tous dans la même situation. Certains ont de la famille au Rwanda, et ceux-là quittent le centre plus vite, mais pour la plupart d'entre eux, nous n'avons trouvé personne. Nous travaillons avec le CICR pour rechercher des parents qui pourraient les accueillir chez eux.

Claude a 16 ans. Il est né au Zaïre. Le directeur du centre Muhoza assure la traduction de son récit :
«Hum... Il dit se rappeler la guerre de 1996 (l'année de sa naissance). Sa mère est morte dans la forêt. Son père est mort en 1999, d'une cartouche.»
«Un Congolais de Masisi l'a recueilli. En 2006 (il avait 10 ans), le Congolais l'a amené à l'école. Mais, là, il entendait beaucoup de mauvaises paroles de la part de ses camarades congolais, des mauvaises paroles sur les Rwandais.
À 11 ans, il a décidé tout seul d'intégrer les troupes des FDLR.»
«Après l'instruction militaire, il a reçu une Kalashnikov. Il a tenu des positions militaires dans le Masisi.
Là, il combattait contre l'armée congolaise et contre le CNDP.»
«Il y a un an, il a entendu parler du processus de démobilisation et réintégration par la radio.
Il a demandé l'autorisation à ses chefs de rendre visite à un oncle dans le Sud-Kivu et il en a profité pour se rendre aux casques bleus.
Il est ici, maintenant.»
«Son avenir, il le voit bon, car il est dans son pays.
Il n'a rien à dire de plus.»
Jean-Pierre a 17 ans. Il est né au Zaïre.
«Ses premiers souvenirs sont ceux de la guerre dans le Masisi. Quand ses parents sont morts, il a été ramassé par son grand frère.»

LES REVENANTS

"Un homme rwandais les a récupérés, lui et son grand frère. Cet homme était militaire (peut-être FAR, peut-être Interahamwe, il ne sait pas). Il est mort au front quand il avait 8 ans, en 2003. Il a alors été recueilli par un autre combattant rwandais."

"En 2008, à 13 ans, il est allé à l'école des FDLR. C'était une période d'accalmie, l'école ne bougeait pas. Ils y apprenaient la lecture et l'écriture, mais aussi l'histoire de leur pays, le Rwanda. On leur y apprenait que le Rwanda d'aujourd'hui était un très mauvais pays, où la guerre sévit toujours. Que c'était pour cela qu'ils avaient dû se réfugier, que tous ceux qui restaient au Rwanda étaient tués, qu'il n'y avait plus d'école ni d'hôpitaux."

"Tout le monde avait une arme, ceux qui n'en avaient pas, c'était ceux qui n'avaient pas encore fait l'instruction militaire.
Il a participé à de nombreuses batailles. L'ennemi ? C'était ceux qui les attaquaient : les FARDC, l'Ouganda, les *Maï-Maï*.
Il a acheté un téléphone mobile à un soldat des FARDC. L'argent ? Quand il y avait des accalmies, il vendait des bananes, il faisait du commerce. Non, bien sûr, il ne faisait pas l'agriculture. Et aussi, quand l'ennemi fuyait, il laissait de l'argent, il le jetait en fuyant."

"Avec le temps, il a vu que certains rentraient au Rwanda, et on les entendait parler sur Radio Rwanda et Radio Okapi. Avant, ils ne pouvaient pas écouter la radio, mais après, ils ont pu. Les soldats parlaient et ils disaient que tout allait bien dans le pays.
Avant, les téléphones mobiles aussi étaient interdits, mais plus tard, il en a eu un. Une femme était rentrée puis était revenue ; elle lui a dit qu'il fallait rentrer. Il a alors demandé la permission de rendre visite à l'homme qui l'avait élevé. Il est parti avec son arme. Il l'a jetée dans le poste des FDLR, c'était la nuit. Et il est parvenu au poste du HCR. Voilà."

Jean de Dieu a 17 ans. Il est né au Zaïre.

"Ses parents sont morts au Congo l'année passée. Le père au front, la mère d'une balle perdue."

"Il n'est devenu soldat que cette même année, à 16 ans. C'était à Shabunda, dans le Sud-Kivu. Ils y exploitaient les mines de coltan et de cassitérite. Pour creuser, ils employaient des Congolais ; et le minerai, ils le vendaient à d'autres Congolais.
Il y avait des batailles pour le contrôle des mines. Très souvent.

S'il sait à quoi servent le coltan et la cassitérite ? Il dit que ça sert à faire de l'argent."

"Après la mort de ses parents, il a senti qu'il ne faisait plus rien au Congo. Qu'il n'avait plus rien à y faire. Et il n'avait pas peur de "rentrer" au Rwanda.

Oui, il est content d'être dans son pays. D'autant qu'il a un grand frère ici, et qu'il pourra aller habiter avec lui."

À Kigali en 2012

Il y a quelques années, les délestages étaient encore fréquents à Kigali et dans certains quartiers de la ville, il arrivait que l'on soit privé d'électricité plusieurs jours durant. Aujourd'hui, il y a encore quelques coupures de courant mais la situation n'a plus rien à voir avec ce qu'elle était à l'époque. Et du haut des collines, on peut savourer le panorama illuminé qu'offre la villle la nuit.

Solange et Immaculée discutent depuis un bon moment en kinyarwanda. Leur conversation est entrecoupée de rires très caractéristiques.

LES REVENANTS

Tu sais, c'est incroyable, les blagues qu'elles se racontaient en kinyarwanda, incroyable !

Andrew est resté silencieux toute la soirée. Silencieux et attentif aux paroles des deux soeurs.

Elles parlaient de trucs horribles qui leur étaient arrivés pendant le génocide, et après, elles faisaient des blagues et elles riaient ! Mais c'étaient des très bonnes blagues, mais très... Très cruelles. Ces *Sopecya*, ellles sont incroyables !

Tu sais, c'est difficile pour nous, les jeunes, d'imaginer que tout ça s'est passé ici. Dans ce pays où tu peux marcher la nuit comme si c'était le jour...

...Tu comprends ce que je veux dire ? On sait que ça s'est passé, mais on ne peut pas l'imaginer.

À Paris
en juillet 2012

Un mois plus tard et vu d'Europe, le conflit qui oppose le nouveau mouvement rebelle M23 à l'armée congolaise ne semble pas en voie d'être réglé.

Et la carte de la position des divers groupes armés n'a pas gagné en lisibilité.

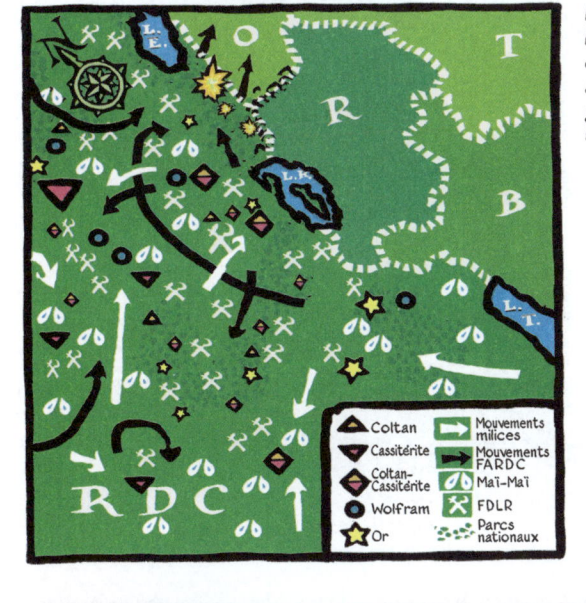

Rendez-vous dans un restaurant du XIIIe arrondissement de Paris avec le lieutenant-colonel Epenge. Originaire du Katanga et "porte-parole en Europe" du mouvement du M23.

Ce que nous voulons, c'est la paix.

Oui, mais dans ce cas, pourquoi faites-vous la guerre ?

Parce que nous voulons la paix pour toutes les Congolaises et tous les Congolais... Alors, il faut remonter bien avant la création de l'AFDL. Grmf...
Au départ...
... Kabila...
... Onusumba...
... Kanyarwanda...
... Nkunda... CNDP
... Yoredia...
... Kaberebe...

Bien entendu, le dîner s'est conclu par un "si vous le souhaitez, nous vous enverrons de la documentation complémentaire".

...

J'ignore quel sera le destin de la rébellion du M23, du Nord-Kivu, de la sous-région et de toutes les Congolaises et de tous les Congolais. Je leur souhaite évidemment le meilleur (au moins au Nord-Kivu, à la sous-région, à toutes les Congolaises et à tous les Congolais), mais je faisais partie de ceux qui, il y a trois ans, étaient relativement optimistes pour la région. C'est sans doute mon pacifisme primaire qui fait que je me suis toujours méfié de la guerre. En fait, ça m'énerve. Et simplement, je n'ai pas envie d'en parler. Je préfère remercier les gens qui m'ont aidé ces mois de juin et juillet 2012.

Merci à M. Sayinzoga, M. Musonera, M. Rucyahana, à Aimable. Merci à mes amies Nyampinga, Kabasinga, Uwizeye, Bayizere ; à mes amis Rurebwayire, Munyazikwiye. Merci à M.

J-P S

LES REVENANTS — POUR ALLER PLUS LOIN

Le Rwanda

1916
L'armée belge chasse les Allemands du Rwanda. Le pays est rattaché au Congo belge en 1925.

1931
La mention ethnique (Hutu/Tutsi/Twa) est introduite dans les livrets d'identité.

1959
Après avoir favorisé les Tutsis, la Belgique soutient les Hutus. Entre 1959 et 1963, trois cent mille Tutsis fuient les pogroms.

1961
Abolition de la monarchie. Grégoire Kayibanda, un Hutu, devient président de la République. Pour justifier les persécutions envers les Tutsis, il invoque le péril que constituent les tentatives d'infiltration des exilés.

1962
Indépendance du Rwanda.

1973
De nouvelles campagnes anti-Tutsis sont menées. Le général Habyarimana prend le pouvoir par la force.

1982
L'Ouganda expulse les réfugiés tutsis rwandais de son territoire. Le Rwanda refuse leur retour au pays.

1990
La rébellion du Front patriotique rwandais (FPR) attaque à partir de l'Ouganda. Une force franco-belgo-zaïroise intervient, puis la France seule, jusqu'en 1993.

1993
Un accord de paix est signé entre le FPR et le gouvernement rwandais. Une mission de Casques bleus est mise en place.

1994
Le président Habyarimana décède dans un attentat. Les opposants politiques sont assassinés, et le génocide des Tutsis est perpétré : de huit cent mille à un million de civils sont tués en trois mois.

Le FPR prend le pouvoir. Les Hutus rwandais fuient massivement pour s'installer dans des camps proches de la frontière et contrôlés par les ex-Forces armées rwandaises (FAR) et les miliciens Interahamwe, auteurs du génocide.

1996-1997
Une coalition d'opposants au régime du président zaïrois Mobutu, menée par Kabila et épaulée par le Rwanda et l'Ouganda, attaque les camps de réfugiés. C'est la première guerre du Congo. Mobutu fuit, le Zaïre est rebaptisé République démocratique du Congo.

1998-1999
Le nouveau président Kabila se retourne contre ses anciens alliés rwandais. Le Rwanda appuie une nouvelle rébellion dans l'est du pays. C'est la deuxième guerre du Congo. Après le cessez-le-feu, une mission de Casques bleus est constituée.

2003
Paul Kagame est élu président du Rwanda. Il est reconduit en 2010.

2009
Kigali et Kinshasa se rapprochent. Les armées rwandaise et congolaise mènent une opération dans la région congolaise du Kivu.

2012
Les rebelles du M23 poursuivent leur offensive dans le Nord-Kivu.

Kigali la moderne

Siège de la banque de Kigali, 2011. AFP/STEVE TERRILL

Ces dernières années, la population de Kigali a explosé et atteint le million d'habitants. Gros bourg étriqué, triste et poussiéreux il y a dix-huit ans, la capitale du Rwanda a désormais le visage d'une vraie capitale. Développée sur les modèles de Chicago et Singapour, la ville a vu pousser de hauts immeubles rutilants au bord d'irréprochables chaussées asphaltées ou pavées.

Les restaurants, cabarets et boîtes de nuit sont non-fumeurs, souvent même jusqu'aux terrasses et jardins. La possession de sacs en plastique est prohibée – c'est la première chose dont s'enquièrent les douaniers aux postes-frontières –, le port de tongs ou les pieds nus sont interdits.

Les propriétaires d'immeuble sans étages sont fermement invités à construire en hauteur et, s'ils n'en ont pas les moyens, ils sont expropriés tout aussi fermement. Les motards, tous casqués, ont aussi un second casque pour leur passager et s'arrêtent aux feux rouges ultramodernes avec décompteur de secondes.

Les langues

Contrairement à la quasi-totalité des États africains, le Rwanda possède une langue nationale parlée par l'ensemble de la population, le kinyarwanda.

Le français et l'anglais sont les deux autres langues officielles, mais elles restent des langues étrangères. Elles ne sont parlées que par une petite partie de l'élite urbaine.

Chaque semaine, des jeunes de cette élite présentent au Ishyo Arts Centre un spectacle comique de la troupe des Comedy Knights qui entremêle allègrement anglais, français et kinyarwanda.

En 2010, l'anglais – langue officielle depuis 2003 – est devenu la langue prioritaire de l'enseignement. Mais dans ce pays membre du Commonwealth, son usage ne s'est pas généralisé. Les enseignes des commerces et même des ministères peuvent être indifféremment rédigées dans l'une des trois langues. Et il n'est pas rare, quand un étranger demande son chemin en anglais, qu'on lui réponde, un peu gêné : « Hum... I am sorry... My English is... Do you speak French ? »

Les groupes armés

L'Alliance des forces démocratiques pour la libération du Congo (AFDL) était le mouvement politico-militaire qui a permis à Laurent-Désiré Kabila de prendre le pouvoir. Coalition d'opposants à Mobutu et de combattants tutsis congolais du Kivu, elle devait sa puissance militaire au soutien du Rwanda et de l'Ouganda.

Le Congrès national pour la défense du peuple (CNDP) était un mouvement rebelle longtemps dirigé par Laurent Nkunda, à l'est du Congo. Nombre de ses combattants ont été intégrés à l'armée régulière congolaise. Depuis 2009, Laurent Nkunda est en résidence surveillée au Rwanda.

Les Forces armées rwandaises (FAR) étaient l'armée régulière du Rwanda jusqu'en juillet 1994. Presque exclusivement composées de Hutus, elles se sont massivement investies dans la perpétration du génocide d'avril à juillet 1994.

Les Forces démocratiques de libération du Rwanda (FDLR) sont un groupe armé sévissant surtout dans le Kivu, constitué par d'ex-militaires des FAR et des miliciens Interahamwe. C'est un acteur important de l'exploitation illégale des ressources naturelles du Congo.

Les Interahamwe sont l'ancien mouvement de jeunesse du parti du président Habyarimana et la première force paramilitaire utilisée par le gouvernement rwandais pour perpétrer le génocide.

Le Front patriotique rwandais (FPR) est le parti au pouvoir à Kigali depuis la fin du génocide. Ce sigle est souvent utilisé pour désigner ce qui fut d'abord sa branche armée, l'Armée patriotique rwandaise.

Les Maï-Maï sont une nébuleuse de groupes armés congolais utilisant des techniques de guerre traditionnelles ou « authentiques ». Leurs alliances avec d'autres groupes armés sont fluctuantes et souvent inattendues.

Le Mouvement du 23 mars (M23), groupe rebelle apparu en avril 2012, regroupe d'anciens combattants du CNDP. Plusieurs groupes Maï-Maï sont ses alliés objectifs.

Le Rassemblement congolais pour la démocratie (RCD) fut, après sa fondation en 1998, l'un des acteurs majeurs de la deuxième guerre du Congo. Une brouille entre les deux parrains du mouvement, le Rwanda et l'Ouganda, a conduit à son morcellement en différentes factions.

À LIRE, À VOIR...

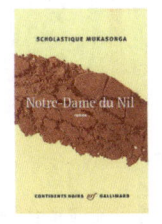

NOTRE-DAME DU NIL
de Scholastique Mukasonga (Éd. Gallimard, 2012).

Si cet ouvrage est sous-titré « roman », ce n'est sans doute que pour mieux mettre en évidence l'authentique talent d'écrivain de l'auteure.

GÉNOCIDÉ
de Révérien Rurangwa (Presses de la Renaissance, 2006).

Écrit en collaboration avec un journaliste, le témoignage nu de Révérien.

RWANDA, LE RÉEL ET LES RÉCITS
de Catherine Coquio (Éd. Belin, 2004).

Un livre savant et dense, d'intelligence, mais aussi d'empathie.

LE JOUR OÙ DIEU EST PARTI EN VOYAGE
de Philippe Van Leeuw (2009).

Passé inaperçu lors de sa sortie, ce travail documentaire a été injustement négligé par la critique. Une vie de « Sopecya » dans les marais, témérairement, mais humblement imaginée par un réalisateur belge.

VÉCU

« L'ÉNIGME DU SERPENT ET DE LA MURAILLE »

Médecin généraliste, né dans une famille de confectionneurs immigrés de Pologne, Claude Wainstain est collectionneur de timbres depuis l'enfance. Alors qu'il travaille à la préparation d'un ouvrage, *Judéopostale* (Éd. Biro, 2007), il tombe sur un courrier, portant cinq mystérieux petits signes hébraïques surmontés d'un point. Les plus grands érudits ne parviennent pas à déchiffrer l'abréviation codée. Jusqu'au jour où…

« *Et si, tout simplement, ça voulait dire "négociant"?* » Celui qui me propose cette interprétation, et scrute avec une loupe le document que je lui ai apporté, est Norbert S., un talmudiste patenté qui a contribué à la publication d'une série d'ouvrages sur le texte fondateur de la Loi juive. Et comme il est aussi pharmacien, c'est dans l'arrière-boutique de son officine qu'il me reçoit, en cette fin mai 2004, du côté de Ménilmontant.

En lieu et place des boîtes multicolores, des fioles et des pharmacopées qu'on s'attend à trouver dans ce genre d'endroit, ses rayonnages sont remplis de livres sur la kabbale et la mystique, de rituels de prières et d'exégèses hermétiques. Un pan de sa bibliothèque est consacré à des ouvrages de philosophie et de religions comparées. Quant à son ordinateur, qu'il me montre avec fierté, il est doté d'un tout nouveau clavier français-hébreu qui permet d'écrire de gauche à droite ou de droite à gauche. Un must! J'ai frappé à la bonne porte.

Je m'étais déjà adressé à lui en 1996 pour un article consacré à la lettre « mêm » de l'alphabet hébraïque. « *Que peut-on en dire d'intéressant?* », lui avais-je demandé. J'avais alors appris que cette lettre, dérivée d'un gribouillis sinueux qui, en protosinaïtique, l'un des plus anciens alphabets connus, se prononçait « mâ » et signifiait « l'eau », valait son pesant de mystère.

En effet, et contrairement à l'opinion de Blaise Pascal (*Pensées*, 506-515), ce n'est pas un hasard si elle se présente sous deux formes, la forme ouverte et la forme fermée.

« *L'ouverture vaut engendrement et la fermeture contraction* », m'avait expliqué Norbert S., toujours soucieux de m'initier aux arcanes de l'ésotérisme messianique.

Mais aujourd'hui, nous sommes penchés sur l'image agrandie d'une énigme réfractaire aux spéculations. Le problème qu'il nous faut résoudre, c'est une abréviation, cinq petits signes hébraïques surmontés d'un point, incorporée – mais dans quel but? – dans l'adresse de deux lettres expédiées de Sfax respectivement le 15 septembre 1869 et le 24 octobre 1870.

Tandis que nous cherchons à en percer le sens, en invoquant telle citation biblique, telle parabole talmudique, le préparateur de la pharmacie fait soudain irruption, et rien n'est plus surprenant que de voir Norbert S. quitter soudain son personnage de vieux sage docte et pénétré pour se mettre à discuter ordonnances, carte Vitale et remboursement de collants de contention.

Deux lettres, anciennes et spectaculaires

L'histoire de ces deux lettres est remarquable : faute de poste officielle, les marchands italiens de Sfax, sur la côte est de la Tunisie, avaient créé en 1860 leur poste privée, la Posta Sfaxina, pour communiquer avec Sousse et Tunis. Ce service postal avait duré une vingtaine d'années, et comme il n'y avait pas encore de timbres en Tunisie, et encore moins d'enveloppes, les lettres étaient de simples feuilles de papier pliées en quatre, estampillées, après paiement du port, d'un gros cachet « Posta Sfaxina ».

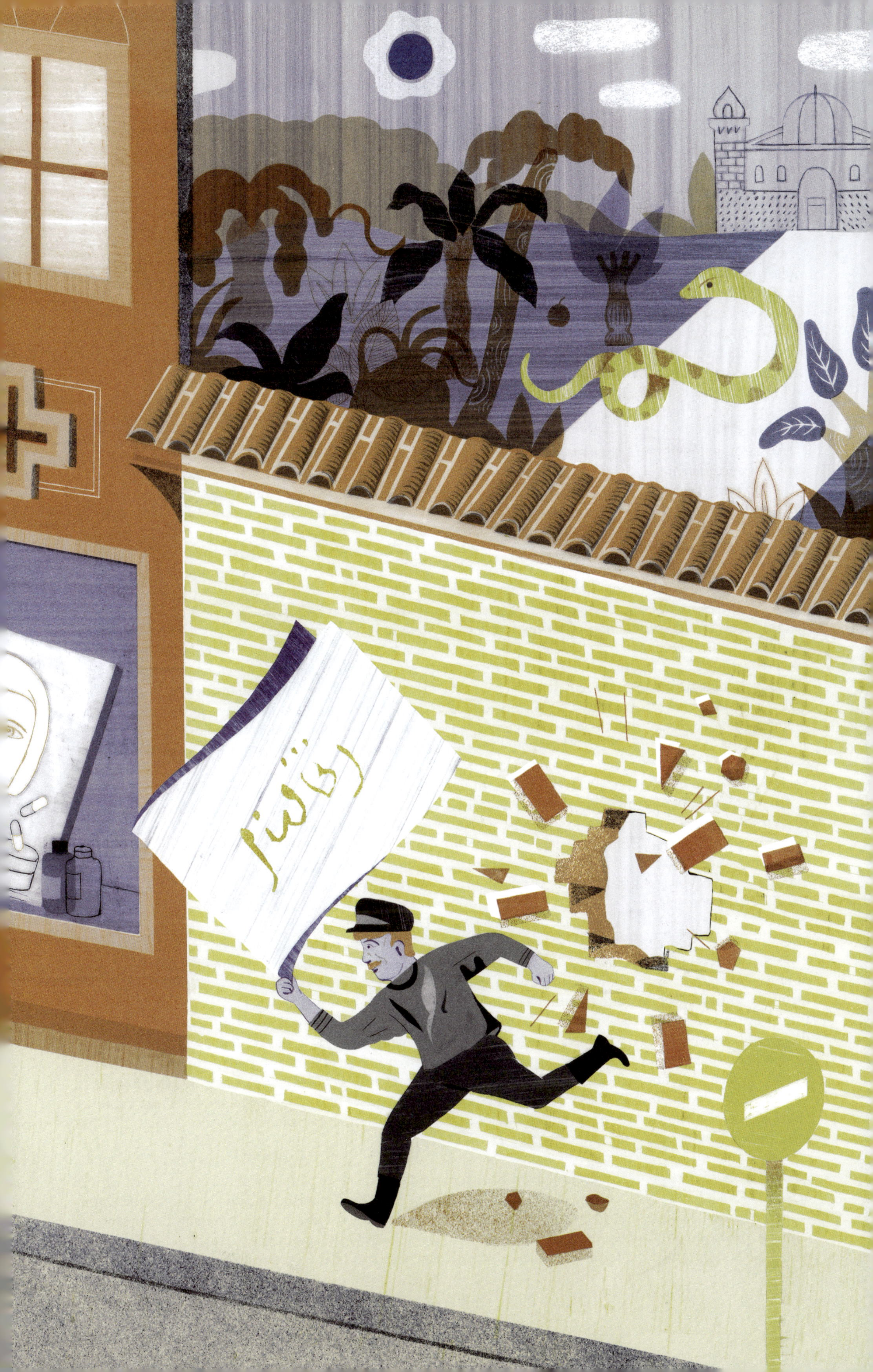

VÉCU

> « Et il y a encore une dernière abréviation, faite de cinq lettres, peut-être vav, pé, tav, guimel et noun, dont la signification, honnêtement, m'échappe totalement. »

Très rares, on n'en connaît que quelques dizaines, et donc très chères, estimées entre trois mille et quatre mille euros l'une, elles avaient fait l'objet d'un article paru en 2001 dans *L'Écho de la timbrologie* sous la plume de Guy Dutau, un éclectique philatéliste toulousain.

À l'époque, je cherchais des documents pour un projet de livre d'art consacré à l'histoire des Juifs par le timbre et le courrier, et mon regard fut attiré, non par le fameux cachet postal, objet de toutes les convoitises, mais par l'adresse en hébreu qui figurait sur l'une des lettres.

Aussitôt, je téléphone à Guy Dutau : « *Pourrais-je reproduire cette lettre et son inscription en hébreu ?*
— *Comment ! Elle est écrite en hébreu ? Mais je pensais qu'elle était en arabe ! Je vous permets de la reproduire, bien entendu. Et à vrai dire, j'en possède d'autres, qui sont peut-être aussi en hébreu. Je serais très intéressé si vous pouviez me les traduire.* »

Quelques jours plus tard, je reçois les photocopies de plusieurs lettres, dont l'une, effectivement, est écrite en hébreu. Elle est adressée au même destinataire que la première, un certain Haï di Itzhak Bessis, à Tunis, et malgré la différence de graphie – l'un des expéditeurs devait être plus lettré que l'autre –, le texte hébraïque est strictement identique. Deux lettres superbes, anciennes et spectaculaires : exactement ce qui convient à un livre d'art. Reste à en rédiger la légende.

Mais d'abord, qui était ce fameux Bessis ? Après recherches, il s'avère qu'il faisait partie d'une famille de financiers installés à Tunis de longue date, enrichis dans la banque et les placements fonciers, et qui ont notamment construit à Carthage, sur un site caillouteux et inhabité du bord de mer, une belle demeure, la Dar Bessis, qui devint la résidence du bey sous le nom de Palais beylical de Carthage.

UNE ABRÉVIATION FRÉQUEMMENT UTILISÉE

J'en arrive ensuite à la traduction du texte en hébreu, et pour commencer, je consulte un linguiste réputé qu'on m'a indiqué, le professeur Tedghi, spécialiste de littérature judéo-hébraïque à l'Inalco. « *L'adresse*, me déclare-t-il, *semble commencer par "Senior", à l'espagnole, les Bessis étant d'origine turque séfarade, ou peut-être par "Signor", à l'italienne, l'italien étant la langue commerciale en Tunisie. De toute manière, en hébreu et sans voyelles, impossible de faire la différence. Le nom du destinataire est le suivant : "Hai di Its'hak Bessis", ce qui signifie : "Haï, fils d'Isaac Bessis". En effet, le "di" italien était utilisé par les Juifs d'origine italienne pour marquer la filiation. Et enfin la ville : "Touns", Tunis.* »

Je remercie vivement le professeur Tedghi pour son aide précieuse, mais il enchaîne : « *Attendez, ce n'est pas fini. Il y a aussi les abréviations traditionnelles. On les reconnaît au fait qu'il y a un point au-dessus des lettres. Après le nom du destinataire, je lis les initiales de "Yishmereho Tsouro Veyi'hayeho", "que Dieu le garde et lui donne vie". Après Tunis, je lis les initiales de "Yaguèn Aléha Amen", "que Dieu la protège, amen". Et il y a encore une dernière abréviation, faite de cinq lettres, peut-être vav, pé, tav, guimel et noun, dont la signification, honnêtement, m'échappe totalement.* » L'éminent professeur Tedghi qui sèche sur de l'hébreu ? Voilà qui est étonnant !

J'ouvre mon *Encyclopaedia Judaica* en seize volumes, puis mon dictionnaire hébreu-français, et en effet, il n'y a pas trace de cette abréviation dans les différentes listes fournies. Je tape alors « *abréviations mystérieuses* » sur Internet : les réponses ne manquent évidemment pas.

On en trouve de très anciennes qui datent de l'époque romaine, et de très modernes, celles qu'on utilise pour les « tweets » et les « chats ». Je remarque aussi que certaines ont piqué la curiosité de mes prédécesseurs : « *Quelques Maçons, en petit nombre*, écrit Nicolas de Bonneville en 1788, *soupçonnent que les Chiffres représentent quelquefois des Lettres ; il en est encore, en plus petit nombre, qui savent que les Chiffres représentent des Lettres. Sans la découverte générale du Système, on seroit fort embarrassé quand on sauroit toutes ces belles choses : car il resteroit toujours le sens caché sous toutes les abréviations mystérieuses.* »

En revanche, s'agissant de l'hébreu, ma récolte se résume à des inscriptions funéraires qui, d'après le rabbin Segal, auteur du guide *Comment visiter un cimetière juif*, s'apparentent à des messages codés.

Et pourtant, cette abréviation devait être fréquemment utilisée, puisque je l'ai sur deux lettres différentes. J'imagine qu'elle en appelle à la protection divine, à l'instar du « *Q.D.C.* » que m'a signalé Guy Dutau, ce « *que Dieu conduise* » qui suivait le nom du navire sur les plis transportés par la Marine royale.

« UN VRAI CASSE-TÊTE »

Il ne me reste plus qu'à diffuser l'abréviation sur Internet, dans l'espoir qu'un universitaire hébraïsant, un religieux, un philologue, bref, un gymnaste du syntagme, pour parler en anagrammes, mette un point final à mes recherches. Hélas, les réponses qui me parviennent sont peu convaincantes, et plus le temps passe, plus l'énigme circule, plus je constate que la perplexité domine.

« *Je veux bien tenter l'expérience*, m'écrit Rachel Simon, spécialiste de l'hébreu du Maghreb à l'université de Princeton, *même si l'écriture séfarade cursive est parfois un vrai casse-tête.* » Mais quelques semaines plus tard, c'est un constat d'échec.

Le rabbin Alan Corré, professeur d'études hébraïques à l'université du Wisconsin-Milwaukee, ne fait que confirmer ce que je sais déjà : « *La phrase en hébreu "Yishmereho Tsouro", "que Dieu le garde", est traditionnellement ajoutée au nom du destinataire*, m'écrit-il. *La phrase après "Tunis" semble tronquée, mais il s'agit probablement d'une courte prière pour la reconstruction de Jérusalem.* » Il n'émet aucune hypothèse pour la troisième abréviation.

Tour à tour, Ora Schwarzwald, professeur d'hébreu à l'université Bar-Ilan, en Israël, David Bunis, professeur de linguistique juive à l'université hébraïque de Jérusalem, et Sarah Bunin Benor, professeur d'études juives à l'université de Californie du Sud, jettent l'éponge.

Et c'est pourquoi, par une belle matinée de printemps, je me retrouve dans l'officine de Norbert S., lequel n'a pas non plus d'idée définitive sur cette irritante question. « *Et si, tout simplement, ça voulait dire "négociant" ?* »

Comme le livre doit tout de même avancer, je range les lettres de Sfax dans le fichier « Terminé », et je conclus ma légende par cette phrase désabusée : « *Quant au dernier mot du texte – est-ce encore une abréviation ? – cent trente-cinq ans plus tard, personne ne semble capable de le traduire.* » Puis je passe à d'autres sujets.

LA CLÉ DU MYSTÈRE

Un an plus tard, un patient, Richard P., se présente à ma consultation. Après l'examen, nous bavardons, et comme c'est un Juif du Maroc, je lui montre quelques images de mon projet, dont bien entendu les deux lettres tunisiennes. « *Vous voyez*, lui dis-je, *plus personne aujourd'hui ne connaît la signification de cette abréviation.*

— *Ah*, me répond-il, *mais mon frère Élie, qui habite en Israël, s'occupe de vieux textes rabbiniques séfarades. Laissez-moi lui poser la question, il est vraiment calé sur le sujet !* »

Et il sort avec l'image des deux lettres.

Le lendemain, tout heureux, il repasse au cabinet en agitant un papier : « *Regardez, Docteur*, s'exclame-t-il, *j'ai une réponse !* » Je lis le message : « *Cher Monsieur. En abrégé, Vav Pé Guimel Yod Noun signifie Ou-Porets Gader Ichkeno Na'hash. Chabbat chalom.* »

Immédiatement, je me précipite sur Internet pour avoir la traduction de cette phrase. C'est un passage de *L'Ecclésiaste* (10,8) : « *Celui qui renverse une muraille sera mordu par un serpent.* » Je n'en reviens pas. Que viennent faire ici cette « muraille » et ce « serpent » ?

Un correspondant de Brooklyn, Jonathan Baker, me l'explique. « *Cette phrase*, m'écrit-il, *fait référence aux interdits formulés par le rabbin Gershom de Mayence dont la transgression était punie d'excommunication. Ce fameux Gershom, surnommé "Meor Hagola", "La Lumière de l'exil", né à Metz en 960, est considéré comme l'autorité rabbinique la plus réputée de l'Occident médiéval. Il est surtout connu pour ses interdits qui, entérinés par trois cents rabbins réunis à Worms, acquirent force de loi. Parmi ceux-ci, on trouve la polygamie, la répudiation d'une épouse contre sa volonté, et… la violation du courrier d'autrui !* »

Ainsi, celui qui contreviendrait à l'une de ces interdictions, qui renverserait la muraille, métaphore désignant l'observance des prescriptions bibliques, serait mordu par un « serpent », c'est-à-dire, serait banni de sa communauté et deviendrait pour toujours un paria.

Question polygamie, les Ashkénazes l'interdirent effectivement, en raison de l'environnement chrétien, mais elle resta licite chez les Juifs séfarades, surtout en terre d'islam. En revanche, toutes les communautés suivirent l'injonction du rabbin de Metz en ce qui concerne le secret de la correspondance.

Mais si, du temps du rabbin Gershom, l'interdiction de lire le courrier d'autrui était absolue, s'étendant même au courrier des défunts et aux lettres ouvertes par erreur, elle fut progressivement amendée au cours des siècles.

Ainsi, déclarèrent les décisionnaires ultérieurs, le péché n'existe-t-il que pour celui qui « ouvre » la lettre – lire une lettre déjà ouverte ne pose pas de problème – et encore faut-il qu'au préalable l'expéditeur ait bien inscrit la fameuse abréviation. Sinon, le décret ne s'applique pas.

Et dès lors, tout est permis.

Claude Wainstain

LES AUTEURS DE XXI

L'armoire aux lettres, p. 32-43
Adrien Jaulmes

Je suis devenu reporter un peu par hasard, en faisant un stage au service Étranger du *Figaro* en 2000. On m'a gardé, je ne l'ai jamais regretté. Les dix années qui ont suivi ont été pleines de guerres et de reportages, entre l'Afghanistan, l'Irak et les révoltes arabes. Mais les conflits ne sont qu'une condition un peu extrême du reportage, pas le plus important. L'essentiel de ce métier, ce qui fait son intérêt sans cesse renouvelé, c'est d'aller voir les gens, et de leur demander : *« Qui êtes-vous ? Pourquoi faites-vous ce que vous faites ? »* Et le plus souvent, on vous répond. On n'a plus après qu'à raconter leurs histoires.

L'enfant de l'amour, p. 44-55
Justine Augier

Après un début de carrière dans l'humanitaire, je pars pour Jérusalem et commence à écrire. Deux romans paraissent, puis quelques reportages. Installée depuis peu à New York, je finis de travailler à un livre de portraits sur des habitants anonymes de Jérusalem, dont les histoires permettent de raconter un peu cette ville, à l'actualité toujours controversée et singulièrement brûlante.

Les arpenteurs, p. 56-67
Renaud Lavergne

Dans ma famille, on penche au Sud, mes aimants sont contraires : le Nord, ou l'Est, le vrai. J'ai tendance à fréquenter les chemins de traverse, voire de travers, plutôt que les sentiers battus. Après avoir arpenté l'Ukraine pour y couvrir des matchs de foot pour l'AFP, depuis Berlin ou Marseille, mes derniers ports d'attache, j'y suis retournée avec une indicible attirance – littéraire, historique, géographique – pour la Galicie, région pauvre qui fut un temps riche de tout.

Les Robinsons d'Amérique, p. 68-89
Lucas Foglia

J'ai grandi dans une ferme de Long Island, à une quarantaine de kilomètres de New York. Mes grands-parents l'avaient acheté dans les années 1960. Nous la chauffions au bois, avions un potager et recevions de nombreuses visites. Ma mère, Heather Forest, écrivait des livres pour enfants. Je suis devenu photographe après être passé par l'école d'art de Yale et je vis dans une communauté des environs de San Francisco. Nous faisons pousser des légumes et nous approvisionnons auprès des fermiers locaux. Quand je ne voyage pas, mes amis passent régulièrement. Mon premier livre, *A Natural Order*, a été publié par Nazraeli Press.

La double vie de Krys, p. 90-103
Marie-Dominique Lelièvre

D'abord reporter, Marie-Dominique Lelièvre a commencé au *Matin de Paris* puis à *L'Événement du jeudi*, avant de signer au *Nouvel Observateur*, à *L'Express*, *Marianne*, *Vogue* ou *Citizen K*. Elle collabore aujourd'hui à la page « Portrait » de *Libération*. Elle écrit des livres, parfois des romans, *Martine fait du sentiment*, *Je vais de mieux en mieux*, parfois des enquêtes biographiques sur Gainsbourg, Sagan ou Saint Laurent. En janvier, elle a publié *Brigitte Bardot plein la vue*. Parfois, un prix littéraire lui est accordé. Ses portraits ont été publiés en poche, ça s'appelle *Portraits pleine page*.

Le diplomate du 9-3, p. 104-117
Anne Brunswic

Quel trait commun entre ses livres, ses reportages écrits ou audio et son engagement dans le cinéma documentaire ? Le goût du voyage, de la rencontre, ou une certaine passion de l'élucidation du réel ? En attendant de changer le monde, Anne Brunswic s'exerce à le regarder autrement. www.annebrunswic.fr

À la reconquête de Gela, p. 118-129
Agnès Gattegno

J'ai découvert Palerme peu après les attentats de 1992 et la mort des juges Falcone et Borsellino. L'omniprésence de l'armée lui donnait des airs de Beyrouth. Mais les draps blancs du « printemps palermitain » aux balcons semblaient annoncer la paix. La paix, tout apparente qu'elle soit avec une Mafia toujours « plus propre », les Siciliens la doivent au combat singulier de quelques magistrats et policiers. Ce sont ces hommes et ces femmes qui me ramènent vers le Sud et ses déchirures pour leur donner voix sur Arte, Canal+. Ou dans *XXI* !

« Le Thé ou l'Électricité », p. 130-141
Jérôme Le Maire

Né en 1969, à Liège (Belgique), j'ai d'abord été assistant à la réalisation sur des longs-métrages. En 2000, j'ai éprouvé un ras-le-bol des gros plateaux de cinéma et débuté dans la réalisation de documentaires. J'écris, je cadre et parfois je fais le son. Avec ma femme et mes deux filles, je me suis rendu en 2004 dans une petite palmeraie isolée au sud du Maroc. Nous voulions y séjourner une année, cultiver notre champ, apprendre l'arabe, et rencontrer les gens du bled. Nous y sommes restés trois ans. *Le Thé ou l'Électricité* est mon dernier documentaire après *Où est l'amour dans la palmeraie ?* et un long métrage de fiction déjanté, *Le Grand'Tour*.

Enquête sur le parrain de Bombay, p. 142-153
Célia Mercier

Une enfance entre Égypte, Turquie et Indonésie, des études à Paris, des voyages. En 2003, je découvre le Pakistan et l'Afghanistan et décide d'y rester. À Islamabad, j'ai travaillé pour *Libération* et *Le Soir*. J'écris aussi pour la presse magazine et réalise des reportages télévisés. J'ai publié chez Flammarion le témoignage d'une jeune Pakistanaise brûlée à l'acide, et reçu, en 2009, le prix Ouest-France Jean-Marin des correspondants de guerre à Bayeux, pour l'article « Tarzan et Jane, version pachtoune » publié dans *XXI*. Je continue mes reportages, dans le sous-continent, entre bas-fonds et paillettes de ces sociétés en mutation.

Entretien avec Rithy Panh, p. 154-167
Anne-Laure Porée

La recherche en histoire me paraissait un chemin bien trop austère et solitaire, alors je suis devenue journaliste. Puis, j'ai repris mes études d'histoire tout en travaillant. Installée au Cambodge depuis bientôt huit ans, j'ai inévitablement plongé dans son histoire récente, celle du régime khmer rouge. Lorsque Duch a été jugé pour les crimes commis à S 21, j'ai suivi les audiences au quotidien, racontées et archivées sur un blog (www.proceskhmersrouges.net). Aujourd'hui, j'élargis mon champ d'action à d'autres pays d'Asie du Sud-Est, tout en continuant à approfondir l'histoire du Cambodge.

Les revenants, p. 168-201
Jean-Philippe Stassen

Né en 1966, il grandit à Liège. À 15 ans, le remboursement des frais de nettoyage d'un rideau de fer sur lequel son ami Hafid et lui-même avaient réalisé une magnifique fresque (qu'on ne leur avait pas commandée) lui fait accepter un premier travail rémunéré : une BD sur l'immigration marocaine en Belgique. En 1994, l'actualité rwandaise change sa façon de voyager et de travailler. Il s'intéresse à l'histoire des anciennes colonies. En 2005, installé dans une maison du sud du Rwanda, il prend six mois pour lire *Au cœur des ténèbres* de Joseph Conrad en anglais. Il vit aujourd'hui à Paris. Ses amis et même ceux qui ne le sont pas lui reconnaissent un certain talent de cuisinier.

« L'énigme du serpent et de la muraille », p. 202-205
Claude Wainstain

Je suis né à Paris en 1947, dans une famille de confectionneurs d'origine juive polonaise. Nul en maths et excellent en lettres, je voulais être journaliste. Mes parents m'ont fait faire médecine. Je ne le regrette pas : être généraliste à Bobigny, c'est discuter en huit langues avec des patients de tous les continents. Mais le journalisme m'a rattrapé. Après avoir publié pendant dix ans des articles sur les timbres à sujet médical dans *Le Généraliste*, j'ai tenu pendant vingt ans une rubrique mensuelle dans *L'Arche*, consacrée cette fois aux timbres à thème juif.

LES ILLUSTRATEURS

Couverture et p. 28-31
Petica

Né en 1978 à Brest, Petica vit à Berlin. Auteur de comics et illustrateur, il travaille beaucoup pour la communication d'entreprise. Sous le surnom de Claude Cadi, il a publié chez Misma et L'Employé du moi. Petica édite lui-même ses livres à une poignée d'exemplaires.

Détonnant, p. 12-13
Mlle Ben

Bénédicte Waryn, alias Mlle Ben, est illustratrice, costumière, créatrice d'objet et même coiffeuse à ses heures. Elle apprend à utiliser ses mains, et sa tête, pendant dix ans à Saint-Luc Tournai en Belgique. Elle utilise ses jambes pour parfaire ses compétences dans différentes fonctions telles que prof d'art plastique, coloriste pour Uderzo, designer de luminaires, costumière de danse et théâtre... Mais c'est dans l'illustration qu'elle aime se manifester le plus, pour des éditions enfantines, sérigraphie et papeterie, artbook, affiches culturelles, fresques, tatouages...

Il a dit, p. 20-21
Olivier Dangla

Né à Toulouse en 1969, j'ai toujours aimé la lumière et les gens, leurs visages, leurs silhouettes, les villes, les grands espaces, les saisons et les tempêtes. Je fabrique des images où je tente de rassembler tout ce dont j'ai besoin, jamais trop loin de la petite musique des mots.

L'armoire aux lettres, p. 32-43
Gabriella Giandelli

Je suis née à Milan en Italie en 1963. Diplômée de l'institut d'art et de l'école de cinéma de Milan, j'ai commencé à 24 ans à publier des bandes dessinées et à travailler comme illustratrice pour des quotidiens, des magazines et des maisons d'édition. Depuis plusieurs années, j'illustre la section littérature de *La Repubblica*. Également designer, j'ai dessiné des tapis, des tissus et des objets pour plusieurs entreprises.

L'enfant de l'amour, p. 44-55
Laurent Moreau

Diplômé des Arts décoratifs de Strasbourg, je suis auteur illustrateur dans l'édition jeunesse (Hélium, Actes Sud Junior, Gallimard...). Je conçois aussi régulièrement des affiches de musique et de théâtre. À Strasbourg, où je vis, je partage un atelier avec d'autres illustrateurs et joue dans un groupe de rock.

Les arpenteurs, p. 56-67
Véronique Joffre

Née en 1982 dans le Gers, elle est diplômée de l'École Estienne et des Arts décoratifs de Strasbourg. Arrivent alors les premières commandes d'éditeurs (Rue du Monde, Syros, Flammarion, Milan...) et d'autres qui sortent du monde de l'édition, comme la réalisation d'un *kamishibaï* pour le musée de la marionnette de Lyon. Installée à Londres depuis 2008, Véronique Joffre se régale à illustrer les beaux textes qu'on lui offre, en gardant dans un coin de sa tête l'envie d'écrire un jour ses propres histoires !

La double vie de Krys, p. 90-103
Gala Vanson

Je suis née aux Lilas en 1985. Après une vocation de contorsionniste, je décide de me livrer à la torsion des lignes sur une piste en papier. Mon passage aux Arts décoratifs de Paris m'apprend à dessiner pour le cinéma d'animation et fortifie mon goût pour le mouvement. Je travaille en ce moment à plusieurs projets pour l'édition jeunesse, la bande dessinée et le spectacle vivant.

Le diplomate du 9-3, p. 104-117
Julie Maurice

Je suis née en 1986 au cœur des Vosges où j'ai passé mon enfance à construire des cabanes. Après des études de littérature, je suis entrée à l'École supérieure d'art d'Épinal dont je suis sortie en 2010. Aujourd'hui installée à Metz, je travaille en librairie où je vois de beaux livres qui me nourrissent et me donnent envie de dessiner pendant mon temps libre.

À la reconquête de Gela, p. 118-129
Fabrice Pellé

Natif de Brest, je me suis intéressé de près à l'impression d'affiches vantant sans scrupule les mérites de produits culturels plus ou moins... subventionnés. Après les singes, les ours sont mes bêtes préférées. Je laisse de côté les poissons, parce que pour moi ce sont à peine des animaux, plutôt des objets vivants. De la main droite, je transporte des costumes de célébrités à travers Bruxelles. Grâce à ma main gauche – qui reste à Paris –, je dessine, peins et grave.

« Le Thé ou l'Électricité », p. 130-141
Yann Kebbi

Né à Paris en 1987, ancien champion de boxe thaïlandaise, je suis aussi le vainqueur 2009 du festival de la langoustine de Lesconil. J'ai étudié l'illustration à l'École Estienne et fini des études aux Arts décoratifs de Paris. J'aime varier les médiums et techniques, entre dessin, image numérique et estampe.

Enquête sur le parrain de Bombay, p. 142-153
David Lanaspa

Graphiste illustrateur autodidacte depuis 1998, je vis dans le Sud-Ouest. Après avoir longtemps été directeur artistique d'une des marques pionnières dans le *streetwear* français, j'ai fondé en 2004 Cell Division. Attiré par les scènes urbaines et l'ambiance qui s'en dégage, je baigne dans la « skate culture », mélange de musique, de graphisme et de rencontres. Toujours prêt à saisir l'instant, je réalise de nombreux croquis sur le vif et j'ai plaisir à laisser parler les gens croqués sur les dessins.

Entretien avec Rithy Panh, p. 154-167
Richard Yeend

Né en 1945, il rejoint le *Boston Herald*, qu'il redessine. Il a aussi rénové le *New York Times*, l'*International Herald Tribune* et *Die Welt* avant de devenir directeur artistique du *Wall Street Journal Europe* en 1999.

« L'énigme du serpent et de la muraille », p. 202-205
Annabelle Buxton

Née en 1986 à Basingstoke en Grande-Bretagne, je suis diplômée de l'École Estienne à Paris et des Arts décoratifs de Strasbourg. Mon univers hétéroclite lie bande dessinée et illustration en un monde loufoque et foisonnant. Mon travail a été récompensé par le prix Jeunes Talents 2011 de l'Académie des sciences, lettres et arts d'Alsace. J'ai travaillé pour l'opéra du Rhin et la revue d'illustration *Nyctalope*. Mon premier livre jeunesse, *Le Tigre blanc* (Éd. Magnani), sort cet automne.

XXI SUR FRANCE INFO

Chaque dimanche à 8h54

Dès le premier numéro de la revue *XXI*, le compagnonnage avec France Info a été évident. Les reporters de la radio saisissent l'événement sur le vif, ils sont les indispensables veilleurs de la première alerte.

Les auteurs de *XXI* racontent l'histoire d'après ou d'avant, tout ce qui ne se voit pas au premier regard. Ils sont les indispensables témoins de l'histoire qui dure. Ce sont deux façons de vivre la passion du reportage, mais ce qui les anime, c'est la même curiosité insatiable, le même souci du « détail vrai », le même goût pour la liberté. Il est donc naturel qu'ils se rencontrent sur France Info.

Chaque dimanche, lecteurs et auditeurs ont rendez-vous avec les auteurs, dessinateurs, photographes pour découvrir les coulisses de leurs enquêtes et, chaque année depuis 2011, la radio et la revue s'associent pour offrir le prix du reportage *XXI*-France Info.

Pierre-Marie Christin, directeur de France Info

Sur www.france-info.com et www.revue21.fr., près de 100 témoignages, dont :

Thomas Dandois
La confession du prêtre tueur

Juliette Joste
Enquête sur Élisabeth Badinter

Pierre Bottura
Entretien avec Jean-Paul Kauffmann

Camilla Panhard
Les cartels ou la vie

À écouter, chaque dimanche matin, les auteurs de ce numéro 20 interrogés par Célyne Bayt-Darcourt

20 histoires vraies à redécouvrir et à offrir

650 pages de récits graphiques parus dans *XXI* et réunis dans un album, vendu 39,80 €, disponible en librairie.

Drôles, émouvantes, curieuses, cruelles, toujours humaines. Ces histoires vraies en BD explorent le XXIe siècle en train de s'écrire. Plonger dans le plus grand bidonville de Bombay... Monter dans la cabine d'un routier en Iran... Partager l'espoir d'une cordée de malades à l'assaut du mont Blanc... Suivre le destin d'un enfant soldat du Congo... Soulever le voile d'une femme au Yémen...

**LE SOUFFLE DU RÉCIT ET LA PUISSANCE DU RÉEL
650 PAGES À DÉVORER**

Le XXIᵉ siècle en images

Le numéro 4 est sorti le premier jour de l'automne. En dix-huit mois, la revue est devenue une référence.
Disponible en librairie, comme toute la collection. 356 pages. 25,50 €.
Aperçu et abonnement possible sur le site www.6mois.fr.

**Avec la rédaction de 6Mois et les photojournalistes du monde entier
(plus de vingt nationalités à chaque numéro),
découvrez la puissance d'évocation des récits en images.**

L'histoire d'une *success story* à l'américaine qui tourne au fiasco... Le retour chez lui de Scott, le courageux, après quatre ans chez les Marines en Irak... La métamorphose de Brockton, la ville des champions... Une école de jeunes moines en Birmanie, entre rêverie et ordinateur. Une île prison en Norvège, sans enceintes ni barreaux... Les chantiers bengladais où sont désossés les géants des mers, à l'abri des regards... Trois jeunes Chinoises de 23 ans au carrefour de leur vie, quand tout est possible mais rien n'est garanti... Les foires en Irlande, drôles et décalées... La photobiographie de la Brésilienne Dilma Rousseff, la chef d'État la plus puissante du monde... Après chaque reportage, des pages «pour en savoir plus»... Et vingt autres rubriques : actualité, témoin, archives, album de famille, entretien, éclairages...

6MOIS : LA REVUE DE PHOTOJOURNALISME LA PLUS VENDUE AU MONDE EST FRANÇAISE

XXI

27, rue Jacob, 75006 Paris
01 42 17 47 80 ; fax 01 43 31 77 97
info@rollinpublications.fr
www.revue21.fr

Directeur de la publication
Laurent Beccaria
Rédacteur en chef
Patrick de Saint-Exupéry
Directeurs artistiques
Quintin Leeds, Sara Deux
Directrice de la communication
et du 27, rue Jacob
Laurence Corona
Secrétariat général
Jean-Baptiste Bourrat
Responsable pages actualité
Dominique Lorentz
Adjointe à la rédaction en chef
revue21.fr
Léna Mauger
Ils font avancer le monde
**Mathilde Boussion,
Marion Quillard**
Mise en pages
Placid
Secrétariat de rédaction
Matthieu Recarte
Iconographie
Victoria Scoffier
Correction
Sarah Ahnou
Infographie
WeDoData
Fabrication
Aleth Stroebel
Relations libraires et diffusion
Pierre Bottura
Relations abonnés
Christine Blaise
Comptabilité et gestion
Christelle Lemonnier
Droits étrangers
Catherine Farrin

Abonnements: XXI,
service des abonnements, 27, rue Jacob,
75006 Paris. 01 42 17 47 80
abonnement@rollinpublications.fr
Formulaire téléchargeable
sur www.revue21.fr

Édité par Rollin publications,
SAS au capital de 55 728 €.
Siège social : 27, rue Jacob, 75006 Paris
Président : Laurent Beccaria.
Actionnaires : BSA (Beccaria Sivry et
associées), Patrick de Saint-Exupéry,
Madrigall (groupe Gallimard),
Patrick Bréaud, Charles-Henri Flammarion,
Laurent Hebenstreit,
Dominique Villeroy de Galhau.
Avec le soutien de l'AFP et de France Info

Impression : Druckhaus Kaufmann
(Allemagne).
Commission paritaire : 0210 I 89299
ISSN 1960-8853
ISBN 978-2-35638-053-1
Dépôt légal : octobre 2012.

PROCHAIN NUMÉRO 10 JANVIER 2013

DOSSIER
DES VIES DE COURAGE

RÉCIT GRAPHIQUE
UN AMBASSADEUR CHEZ LES SAUVAGES